三联·哈佛燕京学术丛书

钟雨柔 著　钟雨柔 张千可 译

汉字革命

中国语文现代性的起源（1916—1958）

Chinese Grammatology

Script Revolution and Literary Modernity, 1916-1958

生活·讀書·新知三联书店

图书在版编目（CIP）数据

汉字革命：中国语文现代性的起源：1916-1958 /
钟雨柔著；钟雨柔，张千可译. —北京：生活·读书·
新知三联书店，2024.1 （2024.6 重印）
（三联·哈佛燕京学术丛书）
书名原文：Chinese Grammatology: Script
Revolution and Literary Modernity, 1916–1958
ISBN 978-7-108-07738-7

Ⅰ.①汉… Ⅱ.①钟… ②张… Ⅲ.①汉字改革－中
国－1916-1958 Ⅳ.① H125

中国国家版本馆 CIP 数据核字 (2023) 第 196229 号

CHINESE GRAMMATOLOGY: Script Revolution and Literary Modernity, 1916-1958.
by Yurou Zhong Copyright © 2019 Columbia University Press
Chinese Simplified translation copyright © 2024
by SDX Joint Publishing Company Ltd.
Published by arrangement with Columbia University Press
through Bardon-Chinese Media Agency 博达著作权代理有限公司
ALL RIGHTS RESERVED

责任编辑　钟　韵
装帧设计　宁成春　鲁明静
责任校对　张国荣
责任印制　董　欢
出版发行　生活·讀書·新知 三联书店
　　　　　（北京市东城区美术馆东街 22 号　100010）
网　　址　www.sdxjpc.com
图　　字　01-2021-3223
经　　销　新华书店
制　　作　北京金舵手世纪图文设计有限公司
印　　刷　河北鹏润印刷有限公司
版　　次　2024 年 1 月北京第 1 版
　　　　　2024 年 6 月北京第 2 次印刷
开　　本　880 毫米×1230 毫米　1/32　印张 9.5
字　　数　220 千字　图 15 幅
印　　数　6,001－9,000 册
定　　价　69.00 元
（印装查询：01064002715；邮购查询：01084010542）

本丛书系人文与社会科学研究丛书，
面向海内外学界，
专诚征集中国中青年学人的
优秀学术专著（含海外留学生）。

·

本丛书意在推动中华人文科学与
社会科学的发展进步，
奖掖新进人才，鼓励刻苦治学，
倡导基础扎实而又适合国情的
学术创新精神，
以弘扬光大我民族知识传统，
迎接中华文明新的腾飞。

·

本丛书由哈佛大学哈佛 – 燕京学社
（Harvard–Yenching Institute）
和生活·读书·新知三联书店共同负担出版资金，
保障作者版权权益。

·

本丛书邀请国内资深教授和研究员
在北京组成丛书学术委员会，
并依照严格的专业标准
按年度评审遴选，
决出每辑书目，保证学术品质，
力求建立有益的学术规范与评奖制度。

献给我的母亲戎跃鱼

目　录

第三部分　中　止

Chinese Grammatology

SCRIPT REVOLUTION AND CHINESE LITERARY
MODERNITY, 1916–1958

CONTENTS

无声的中国及其语音中心主义之转向

> 语言是拿来说的，书写至多是语言的附庸；若有语言只能写不能说，且只适用于科学，那这门语言便不适合社会生活。
>
> ——卢梭《爱弥尔》

> 文明人和野蛮人的分别，其一，是文明人有文字，能够把他们的思想，感情，藉此传给大众，传给将来。中国虽然有文字，现在却已经和大家不相干，用的是难懂的古文，讲的是陈旧的古意思，所有的声音，都是过去的，都就是只等于零的。
>
> ——鲁迅《无声的中国》

汉字是中华民族的瑰宝。2017 年的热播电视节目《国家宝藏》第一季第一集就隆重介绍了被誉为"中华第一古物"的石鼓。石鼓传自先秦，共十面，上刻有大篆，是中华文字的活化石，当之无愧的镇国之宝。借拼死护卫石鼓的北宋文官司马池之口，节目阐述了一个似乎很容易接受的道理："很多人都说我们华夏民族没有信仰，可其实我们的信仰就是自己的文字和历史。"作为信仰，汉字不仅承载了华夏历史和文化，而且建构出了一个带有宗教意味的机制，并神圣化了一个基本观念——中华文字不曾断裂、中华文明源远流长。我们于是有足够的理由为自己的文字骄傲并忠诚于自己的文化。石鼓的故事以及关于汉字的看似不言自明的道理完全俘获了 21 世纪的年轻观众，然而荧屏前后的观众们恐怕想不到的是，短短一个世纪前，华夏民族对自己的文字和历史之信仰几近崩塌，中华民族的瑰宝几乎面临灭顶之灾。一场让人惊诧的、浩浩荡荡的汉字革命曾真实发生，辐射几乎半个 20 世纪，构成了一场人类历史上最大规模的语言和文字革命。

这场翻天覆地的革命或许已然被人淡忘，但它在退出集体意识的过程中倒也留下蛛丝马迹，供人考古。最重要的两项"遗迹"分别是汉字的繁简之分以及辅助汉字学习的汉语拼音。汉字简化是中华人民共和国的文字改革政策，旨在降低汉字学习难度，理论上是向拼音文字过渡的第一步。❶ 而拼音既是汉字革命的基本准则，也是中华人民共和国法定的罗马化拼音系统，甚至一度成为国家意识形态。❷ 从字面理解，拼音即"拼写读音"，它不仅仅是辅助汉字学习的记音系统，也可以是取代汉字的拼音文字。有意思的是，这场汉字革命恰在社会主义时期的中国达到高潮。虽然汉字革命在周恩来总理 1958 年的讲话《当前文字改革的任务》中戛然中止，但它语音中心主义的印记至今仍清晰可见。❸ 所谓语音中心主义，即系统性地把语言凌驾于文字之上的意识形态。需要

---

❶ 汉字的简化古已有之，是汉字发展史的一部分。20 世纪的简体字运动之前，简体字在宋元两代发展最为蓬勃。中华民国于 1934 年颁布《第一批简体字表》，中华人民共和国于 1956 年公布第一批简体字，于 1977 年公布第二批简体字。根据语言学家赵元任的估计，中华人民共和国现今使用的简体字中的 80% 沿用了历史上已经存在的简体，参见赵元任：《赵元任全集》（第 16 卷），北京：商务印书馆，2007，第 245 页；罗家伦：《简体字运动》，台北："中央"文物供应社，1954，第 1 页。

❷ 历史上，汉字的拼音方案数不胜数，现行的汉语拼音可以被认为是汉字拉丁化运动的延续。赵元任：《赵元任全集》（第 16 卷），第 120 页。

❸ 周恩来：《当前文字改革的任务》，引自王均主编：《当代中国的文字改革》，北京：当代中国出版社，1995，第 556—569 页。

说明的是，语言凌驾于文字之上在古今中外都有先例，但是现代语音中心主义在世界范围内的发酵伴随了书写技术的新发展，见证了语文学和语言学学科此消彼长，又同时被 20 世纪的革命洪流裹挟，对形塑中国文学与文化现代性起到了决定性作用。

本书以这场史无前例的文字革命为主题，试图追索一系列最基本的问题：汉字革命为什么发生？它如何发生和发展，又如何影响中国现代书写、文学与文化？汉字革命如何中止？讨论的起点要追溯到 19 世纪末 20 世纪初关于汉字的话语转型，其曾经的民族瑰宝地位一落千丈，被当成了民族负累。曾经被热爱中国的启蒙思想家们（如培根、约翰·威尔金斯、莱布尼茨）夸赞具有跨文化属性和超语音的合法性的汉字，似乎一夜之间成了阻碍提高识字率的拦路虎，有碍民主科学发展的绊脚石。中外知识精英齐声挞伐，国宝一时间变成了"无声的"、无生命的，亦无价值的书写系统。❶ 对汉字评价的话语转换间，汉字革命似乎发生得理所应当。鲁迅如是解释："汉字是古代留下来的宝贝，但我们的祖先比汉字还要古，所以，我们更是古代传下来的宝贝。为汉字而牺牲我们，还是为我们而牺牲汉字呢？这是只要还没有丧心病狂的人，都能够马上回答的。"❷ 废除汉字、取用字母俨然成了现代性的

---

❶ David Porter, *Ideographia: The Chinese Cipher in the Early Modern Europe* (Stanford, Calif.: Stanford University Press, 2001), pp. 18, 37. 由汉字引发的文学、技术与现代主义艺术想象，参见 Christopher Bush, *Ideographic Modernism: China, Writing, Media* (Oxford: Oxford University Press, 2010); Andrea Bachner, *Beyond Sinology: Chinese Writing and the Scripts of Culture* (New York: Columbia University Press, 2014)。汉字合法性的另一层面的讨论涉及到语法问题，参见 Lydia H. Liu, *The Clash of Empires: The Invention of China in Modern World Making* (Cambridge, Mass.: Harvard University Press, 2004), chap. 6；林少阳：《"五四"新学之修辞学：语言思想之现代嬗变》，《中国现代文学》2018 年第 34 期，第 33—64 页。

❷ 鲁迅：《汉字和拉丁化》（1934），《鲁迅全集》（第 5 卷），北京：人民文学出版社，2005，第 586 页。

基本条件，再次套用鲁迅的说法：我们此后实在只有两条路，要么抱着汉字而死掉，要么舍掉汉字而生存。❶ 然而历史告诉我们，汉字革命还有第三条路，即从汉字革命的内里出发，改革中文书写系统，联手文学革命并为之注入新的能量，以唤醒那个"无声的中国"。

　　本书从催生汉字革命的语音中心主义转向开始，讨论汉字革命的三个维度。首先是这场革命本身，即其发生、变异和中止。其次是这场酝酿中的汉字大变局如何影响了中国现代语言与文学的发生和发展，从而形成了文字与文学的双生革命。再次，在理论层面上，讨论作为非字母书写系统的代表——汉字——如何在这场革命中重塑作为科学的书写学（grammatology），同时指涉短20世纪的革命政治。❷ 简言之，汉字革命是理解中国文字、文学以及文化现代性的钥匙，并为思考全球范围内的字母与非字母书写系统和文化之间的遭遇提供养分。导论的余下篇幅将首先介绍开启和终结文字革命的两个全球性时刻，并解释我所谓的"语音中心主义的二律背反"，即语音中心主义内部互相缠绕的正反两面力量。正是这两股力量的对抗与博弈，使得语音中心主义在汉字革命的语境中不停地变异和发展，并最终走向自己的反面。其次，我将梳理中文文学传统内部的拼音化先例，并梳理所谓"无声的中国"如何为语音中心主义之转向做出话语准备。最后，我将以提出"无声的中国"的鲁迅为例，通过爬梳鲁迅关于汉字问题的

---

❶ 鲁迅《无声的中国》（1927）里的原文是："我们此后实在只有两条路：一是抱着古文而死掉，一是舍掉古文而生存。"见《鲁迅全集》（第4卷），第15页。

❷ 霍布斯鲍姆将"短20世纪"定义为"一战"开始到苏联解体，即1914年到1991年，参见 Eric Hobsbawm, *The Age of Extremes: A History of the World, 1914–1991* (New York: Vintage Books, 1996), pp. ix–xii. 汪晖进一步将"短20世纪"缩短，其说法中最短的时间段为1911年到1976年，参见汪晖：《世纪的诞生》，北京：生活·读书·新知三联书店，2020，第169页。

写作，探究语音中心主义机制内部是否有可能生长出反语音中心主义的、基于文字学的解构性批判。以"汉字革命"为基本问题和方法，我希望考察文字与文学的共生，书写与政治的纠葛，并以中国的文字改革为例理解字母与非字母世界的碰撞。

从 1916 到 1958

公元 1916 年，即本书定义的现代汉字革命的初始元年，是界定席卷世界的文字革命的第一个全球性时刻。当年，年轻的、即将成为中国语言学之父的赵元任（1892—1982）发表了人生第一篇英文学术论文，题为《中国语言的问题》，第一次正面论证废除汉字、采用拉丁罗马字母的可行性和必要性。❶ 现代中国的语音中心主义就此开启。两场字母化运动随即铺开：首先是 1920 年代由中外学者联袂主导、国民党支持的罗马化运动；其次是 1930 年代发端于苏联、由中国共产党支持的拉丁化运动。两场运动虽然在政治立场上相互抵牾，但在废除汉字、取用字母的大前提上高度统一。而拉丁化作为异见运动，强调方言的字母化拼写，并在新中国成立后，达到空前的规模，成为社会主义社会动员的重要场域，又在巅峰时落下帷幕，淡出集体记忆。

无独有偶，1916 年还出版了现代语言学之父索绪尔的遗作《普通语言学教程》。❷ 虽然用索绪尔传的作者约翰·约瑟夫的话来

---

❶ Yuen Ren Chao, "The Problem of the Chinese Language: Scientific Study of Chinese Philology," *Chinese Students' Monthly* 11, no. 6 (1916): 437–443; no. 7 (1916): 500–509; no. 8 (1916): 572–593.

❷ Ferdinand de Saussure, *Cours de linguistique générale* (Lausanne: Payot, 1916).

说，这部里程碑式的作品出版于该年不过是个"历史的偶然"，但这部巨著之所以成为语言学告别语文学（philology）的独立宣言、结构语言学的出生证，绝非巧合。❶索绪尔生前的自我定位是一名语文学家，且自认从未试图为发展"共时性语言学"而边缘化语文学，但这并不妨碍他的整个学术生涯见证并加速了德国传统的语文学的衰落，导致结构语言学的逐渐崛起以及最终与语文学的分道扬镳。❷需要廓清的是，当语文学不再是"科学皇后"，而语言学自豪地成为"研究活语言的科学"时，索绪尔并未一味偏袒活语言的研究，而是从一开始就指出语言与书写的难以分割、互相缠绕，甚至警惕着语音中心主义的民族主义甚或帝国主义倾向。❸尽管如此，《普通语言学教程》作为现代语言学的奠基之作而备受期待，索绪尔也顺理成章地被追认为"现代语言学之父"。

中国现代汉字革命的肇端与语言学作为独立学科的诞生，因1916年而完美同步。当然有必要指出，这巧合一早便开始酝酿，至少可以追溯到19世纪末20世纪初。放眼世界，书写作为科学

---

❶ 约翰·约瑟夫在传记《索绪尔》中梳理了《普通语言学教程》的出版历程。索绪尔1913年去世后出版事宜便被提上日程，但受遗稿整理、遗作管理人以及第一次世界大战等诸多因素影响，直到1916年这部遗作才得以问世，详见 John E. Joseph, *Saussure* (Oxford: Oxford University Press, 2012), p. 634。

❷ Sheldon Pollock, introduction to *World Philology*, eds. Sheldon Pollock, Benjamin A. Elman, and Ku-ming Kevin Chang (Cambridge, Mass.: Harvard University Press, 2015), pp. 2, 22; Ku-ming Kevin Chang, "Philology or Linguistics? Transcontinental Responses," in Pollock, Elman, and Chang, *World Philology*, pp. 311–331. 索绪尔之所以离开巴黎回到日内瓦与他不喜语文学文本研究而更热衷于历史语言学分析有关，为此他失去了在索邦大学的梵文与比较语法的讲席，详见 Joseph, *Saussure*, pp. 349–358。

❸ 索绪尔在"语言符号的性质"中提到的对符号这个概念的第一条批评意见，就指向了语言与书写的不可分割，参见 Saussure, *Course in General Linguistics*, trans. Wade Baskin, eds. Perry Meisel and Haun Saussy (New York: Columbia University Press, 2011), p. 65。柄谷行人更指出索绪尔对基于民族国家语言的民族主义的警惕，Kojin Karatani, "Nationalism and Écriture," *Surfaces* 5, no. 201.1 (1995): 12。

（语文学）的衰落，语言作为科学（语言学）的壮大，以及全球范围内文字改革的风起云涌，之所以共时发生，自有缘由。最直接的原因就是现代语音中心主义的兴起。它毋庸置疑地置语言于书写之上，宣布语言先天优越，而书写注定命中卑微。如果语言更直接、更少地被中介，由此更接近真实，更能呼唤在形而上学意义上的绝对存在，那么书写则被认定至多是语言的摹写和转译，注定只能扮演补充的角色，永远有缺失，甚至用柏拉图的话来说，可能变得"邪恶"。❶

　　语音中心主义深深植根于西方形而上学的传统，从柏拉图到黑格尔，从卢梭到索绪尔，一以贯之地将语言凌驾于文字和书写之上，并不遗余力地弥合二者间的沟壑。在语音中心主义的逻辑中，书写必须尽可能地完整记录语言，以此把握真实，拼音文字由此被认为最有可能成为理想的书写系统，一方面拼音文字时时确认语言之于文字的优越性，另一方面它通过拼写语言来实践言文一致的许诺。再进一步，随着比较语言学与历史语言学的建立和发展，拉丁罗马字母（以下简称拉罗字母）逐渐在拼音文字内部被认为是摹写语音能力最强的拼音技术。❷借用研究口语与书面文化的美国学者沃尔特·翁（Walter Ong）的话来说，这个世界有"很多文字，但是只有一套字母"❸。指认拉罗字母的独一无二性当然是赞美这一特定表意系统有将语言可视

---

❶ 柏拉图在《费德鲁斯篇》中对书写有激烈批评，认为"书写的邪恶在于它的外在属性"，引自 Jacques Derrida, *Of Grammatology*, trans. Gayatri Chakravorty Spivak (Baltimore: Johns Hopkins University Press, 2016), p. 37。卢梭对书写的指控更进一步，认为书写会导致政治上的恶，参见 Derrida, *Of Grammatology*, p. 182。

❷ 约翰·约瑟夫在索绪尔的传记里特别提到了比较论与结构语言学的一个重要来源，即索绪尔"与梵文的相遇"，并指出梵文学者波你尼（Pāṇini）的工作对 20 世纪重要语言学家如布龙菲尔德（Leonard Bloomfield）以及乔姆斯基（Noam Chomsky）有很深刻的影响，参见 Joseph, *Saussure*, pp. 82–98。

❸ Walter Ong, *Orality and Literacy: The Technologizing of the Word* (London: Routledge, 1991), p. 84.

化的功能，与此同时更建构了一个属于世界书写系统的等级秩序。在这个等级秩序中，拉罗字母打败其他所有书写系统，拔得头筹。❶更关键的是，书写系统的等级判断自带文明论意涵。当有且仅有的那"一套字母"成为所有拼音字母的代表以及世界文明的巅峰，它的独一无二便清晰地演绎了西方本民族中心主义（ethnocentrism）如何成功倾轧其他书写系统，成为一个全球性现象。❷

这一现象席卷全球之时，西欧殖民扩张接近尾声，美国作为新帝国登上历史舞台。现代语音中心主义的崛起因应了信息技术的发展。电报、电话、打字机这些深刻变革世界的新技术加持了语音中心主义的崛起，加速了其在全世界范围内的扩张。❸19 世纪末 20 世纪初这个时间节点，于是见证了诸多非拉罗书写系统面对"独一无二"的拉罗字母不得不做出的回应。现代中国的语音中心主义转向就是一例，而与汉字革命几乎同时发生的、世界其他众多文字改革包括：埃及对阿拉伯文的改革、奥斯曼土耳其对阿拉伯波斯文的改革、苏联对西里尔字母的改革、越南对喃字的

---

❶ 沃尔特·翁如是解释拉罗字母的独特性："字母最了不起的一点无疑是它只被发明一次。"参见 Ong, *Orality and Literacy*, p. 88. 汉学家德范克认为各种书写系统最终都会殊途同归地追求完全书写、描摹语言，见 John DeFrancis, *Visible Speech: The Diverse Oneness of Writing Systems* (Honolulu: University of Hawai'i Press, 1989)。研究书写系统的学者库马思则提醒每个拼音书写系统及其正字法都有属于自己语言的特殊性，且都经历过历史建构，参见 Florian Coulmas, *The Writing Systems of the World* (Oxford: Blackwell, 1989), pp. 33−34。

❷ 德里达《论书写学》的"文字的历史与系统"一节，条分缕析地梳理了卢梭对于三种文明状态、社会形态、文字的描述与判断：野人／蒙昧／文明，捕猎／牧人／农人，象形字／形声字／分析性表音文字，明确指出逻各斯中心主义是本民族中心主义。

❸ 关于这些新技术在东亚的应用与发展，可参考的相关历史专著有 Thomas Mullaney, *The Chinese Typewriter: A History* (Cambridge, Mass.: MIT Press, 2017); Kerim Yasar, *Electrified Voices: How the Telephone, Phonograph, and Radio Shaped Modern Japan, 1868−1945* (New York: Columbia University Press, 2018); Youming Zhou, *Historicizing Online Politics: Telegraphy, the Internet, and Political Participation in China* (Stanford, Calif.: Stanford University Press, 2005)。

改革、日本对假名和汉字的改革等。[1]但凡被全球范围的文字改革风潮所裹挟，非拉罗书写系统总是或多或少地被改变。有些书写系统，如土耳其和越南的文字，选择对拉罗模式完全臣服；其他书写系统虽在革命浪潮中存活下来，却也不可避免、不同程度地被这场与拉罗模式的遭遇战改变。

汉字与拉罗模式的遭遇当然远早于20世纪。如后节所述，中文书写系统遭遇拼音文字而进行的或主动或被动的调整，从佛教传入中国开始，由晚明到晚清，未曾停歇。[2]但是第一次真正将语音中心主义全面植入中文书写，直到今日仍对汉字书写及其相关学术研究持续发力的，还数20世纪之汉字革命。1916年的赵元任大概不曾意识到语音中心主义已然在全球范围内悄然成势，也不会料到自己的《中国语言的问题》将开启汉字字母化的革命进程。同样，汉字革命的拥趸们大率也不会认为支持罗马化和拉丁

---

[1] 蒂莫西·米切尔在《再造国家：埃及在19世纪》的第五章里对埃及的书写问题有过精彩解析，见 Timothy Mitchell, *Colonizing Egypt* (Berkeley: University of California Press, 1991)。内尔吉斯·埃蒂尔克（Nergis Ertürk）的专著 *Grammatology and Literary Modernity in Turkey* (Oxford: Oxford University Press, 2011) 对土耳其文字改革与文学现代性以及比较文学有开拓性分析。特里·马丁（Terry Martin）在 *The Affirmative Action Empire: Nations and Nationalism in the Soviet Union, 1923–1939* (Ithaca, N.Y.: Cornell University Press, 2001) 中对苏联的文字、语言与文化改革做过全面梳理。约翰·德范克（John DeFrancis）在 *Colonialism and Language Policy in Vietnam* (The Hague: Mouton, 1977) 中讲述了越南语文改革的历史。约翰·范（John Phan）的博士论文 "Lacquered Words: The Evolution of Vietnamese under Sinitic Influences from the 1st Century BCE through the 17th Century" (PhD diss., Cornell University, 2013) 研究了前现代时期越南的书写问题。关于日本的文字改革，可参考柄谷行人：《日本现代文学的起源》，赵京华译，北京：生活·读书·新知三联书店，2006；小森阳一：『日本語の近代』，东京：岩波书店，2000；Lee Yeounsuk, *The Ideology of Kokugo: Nationalizing Language in Modern Japan*, trans. Maki Hirano Hubbard (Honolulu: University of Hawai'i Press, 2010); David Lurie, *Realms of Literacy: Early Japan and the History of Writing* (Cambridge, Mass.: Harvard University Press, 2011)。

[2] 陈平原、王德威、商伟编：《晚明与晚清：历史传承与文化创新》，武汉：湖北教育出版社，2004。

化运动会有向语音中心主义殖民势力投诚的意味。但正如历史学家张谷铭所指出的，赵元任从学术训练来说属英法系语言学，而英法系语言学恰是对德国传统语文学的反叛。赵元任学术生涯之显赫，毋庸置疑，其最重要贡献之一就是让英法系语言学在中国生根发芽。❶ 而这一切便从他 1916 年的那篇英文文章开始。值得玩味的是，中国现代语言学之父开启终生志业之际，恰是汉字革命打响第一枪之时。革命的号角召唤中国现代语言学的建立，甚至不惜以扬弃汉字及其独有的语文传统为代价。

如果第一个全球性时刻被语音中心主义定义，那绝不仅仅是因为它那被信息技术加持的强大普世力量，也不能只归因为西方本民族中心主义的不可一世。事实上，第一个全球性时刻的巨大能量来自其内部的复杂性，我将其定义为"语音中心主义的二律背反"。具体到汉字革命，对语音中心主义的忠诚意味着将汉字化约成一种不合格的表音系统，无视汉字代表的文明价值，由此造成对中国文化、哲学和知识论无可辩驳的伤害；与此同时，这种知识论的暴力又被解读成中华复兴的必要牺牲，有现代性导向，甚至在技术和政治层面都有相当的革命意义。这种新的字母中文将不仅承载新中国的民族语言与文学，更重要的是，由于它的简单易学和善于记音，新字母中文对被侮辱、被损害的人民来说，标志着劳苦大众用自己的声音说话、用新文字书写的可能，象征着 20 世纪最重要的若干母题，即民主、自由与革命的实践。从理

---

❶ 张谷铭对历史语言研究所中英文名称的差异做出了精妙分析。中文名称里的"语言"在英文里是"语文"，这一关键差异不仅反映了赵元任与傅斯年的个人偏好——赵元任喜"语言"，傅斯年作为经德国语文学训练的学者、史语所的创始人则认为"语文"更好，更为关键的是，这一差异标志着"语言学从语文学学科内的剥离"，详见 Chang, "Philology or Linguistics?," pp. 312, 317, 322。

解现代性的角度来说，语音中心主义的二律背反似乎无外乎是对现代性症候之语言文字面向的描述。但正反两面现象的背后，更值得关注的是语音中心主义的二律背反其实构成了持续推动汉字革命的关键机制，并使得文字和文学双生革命成为可能。梳理汉字革命推进的过程，我们将不难发现：正是语音中心主义的二律背反给了革命不停变异的许可，直到革命目标不再是那看似独一无二的拉罗字母。对语音中心主义正面力量的信心于是乎总能压倒它那负面的、本民族中心主义的、排他求同的暴力，并出人意料地创造出一个双生革命的空间，让文字革命与文学革命互相缠绕、来回激荡。本书正是从语音中心主义的内部机制入手，以其二律背反为主线，理解这场人类历史上最大的文字革命。

1949 年后，汉字革命获得了空前的国家支持。可以说，社会主义文字改革本将是最终的汉字革命，却在高潮时出人意料地急停了。周恩来总理于 1958 年宣布的《当前文字改革的任务》所定义的三项主要任务——简化汉字，推广普通话，制定和推行汉语拼音方案——小心避开了汉字革命的终极目标，在事实上中止了革命进程。❶理论上最决绝的汉字革命为何最后以保留汉字的简化体而偃旗息鼓，半个世纪以来一直让汉字革命的支持者们感到费解。这一谜题在学理上自有答案，本书第三部分将尝试作答。但从历史政治的大框架来看，汉字革命让人讶异的中止暗合第二个国际时刻，即"二战"后反殖反帝、亚非团结运动的兴起。在社

---

❶ 周恩来：《当前文字改革的任务》。周恩来所说的"普通话"指有统一标准的官方语言，在英文里被含混地译作"Mandarin"，中文对应的是普通话与官话。需要说明的是，与英文里独一无二的"Mandarin"不同，中文的官话是一个有地方性的复数概念，不同地区有不同官话，详见第 3 章，第 141 页注释❶。而普通话除了官方语、标准语之外，另指蓝青官话式的、非标准的、普通的语言，详见第 2 章，第 85 页注释❶。

会主义文字革命的最后几年里，第一次亚非会议（1955）、第一届亚非人民团结大会（1957）、亚非作家会议（1958）于印尼万隆、埃及开罗以及乌兹别克斯坦的塔什干相继召开，昭示第三世界人民为争取民族独立、维护世界和平而团结合作。❶ 这第二个国际时刻在支持反殖反帝的政治抵抗的同时，宣告了语音中心主义意欲把拉罗字母模式强加给所有书写系统的霸权逻辑的破产。有必要说明的是，1958 年虽是拙作考查的终点，但绝不是中国文字改革的终点，更不是语音中心主义在中文书写里的终点，1980 年代因计算机技术的冲击带来的新一轮的汉字落后论就是一例。1958 年之所以可作汉字革命的一个节点，是因为国家最高权力于彼时发声，明确中止和搁置了语音中心主义最激进的废汉字诉求，标志着语音中心主义对汉字书写系统最暴力攻击阶段的结束，而汉字民族形式的保留更呼应了"二战"后反殖反帝、亚非团结运动的兴起，构成我所定义的第二个国际时刻。汉字革命的第二个国际时刻鼓励民族形式，认为它是反西方本民族中心主义之正道。就中国知识分子而言，在文学领域探索民族形式的努力早在抗日战争时期就已开始，❷ 但在文字层面对民族形式进行理论化的思考，却要等到社会主义文字改革时才从语音中心主义内部生发出来。在这一时期出现的文字民族形式中，特别值得注意的是由古文字学家唐兰提出的"综合文字"，他对汉字形声字的重新理论化，一

---

❶ 万隆会议反殖反帝的基本精神以及由万隆开启的不结盟运动对当代亚洲与国际关系有"规范性"影响，参见 Seng Tan and Amitav Acharya, eds., *Bandung Revisited: The Legacy of the 1955 Asian-African Conference for International Order* (Singapore: National University of Singapore Press, 2008)。而亚非作家会议则思考文学在反殖反帝斗争中的作用，并为冷战时期两阵营知识分子间的交流提供宝贵平台，详见王中忱：《作为事件的文学与历史叙述》，台北：人间出版社，2016，第 198—201 页。

❷ 见第 5 章，第 218 页注释 ❷。

方面暴露出了语音中心主义负面的暴力倾向，另一方面牢牢把握了语音中心主义正面的革命脉搏。语音中心主义的秩序内部于是不期然地生长出一种反语音中心主义的、以书写为本的、将书写当作科学来研究的理论批判。

事实上，界定汉字革命的两个国际时刻——1916年与1958年——完美契合了语音中心主义在中国的起讫时间，汉字革命以语音中心主义对中国语文的统御为开端，以出现针对语音中心主义的理论批判，即汉字书写学（Chinese grammatology）为尾声。解构主义意义上的书写学，以拼音书写的形而上学为基本切入点，批判西方本民族中心主义，为第二个国际时刻做出了批判理论界的贡献。而汉字书写学，以同样的拼音书写的形而上学批判作为切入点，从汉字革命的实际出发，早于解构主义提出了对语音中心主义的批判。颇具讽刺意味的是，达到巅峰的语音中心主义召唤出了自己的反面，最终遏制废汉字运动的力量正是从主张废汉字的语音中心主义逻辑内部生长出来的。从这个意义上说，语音中心主义发展出了一套属于自己的辩证法。本书以汉字革命的发生、变异和中止为主轴，追踪语音中心主义之辩证法如何浮出历史地表。

需要指出的是，对书写中反映的语言元素的兴趣，或者更进一步认为语言对书写具有优先级的逻辑，并非西方形而上学的独创，而同样内在于中国文学传统。对于赵元任和其他汉字革命支持者来说，问题的症结不是中国缺少音韵学研究，而在于这千年的学术传统缺少科学的研究方法。所以万里长征的第一步必然是以科学的态度重新梳理中国文学传统内部的拼音化倾向，从而为字母拼音化背书做知识论上的准备。通过爬梳拼音化的先例，汉字革命支持者们建构出了一部汉字拼音化前史，为现代中文书写之语音中心主义转向做足准备的同时，也确立了自己在这场革命大业中的领导地位。

从拼音化到语音中心主义

现代汉字革命发生之前，被认为有四次拼音化的先例。第一，中国小学传统的反切；第二，受梵文启发的注音字母；第三，明清以降，由耶稣会和新教传教士创制的、采用拉罗字母的拼音方案；第四，晚清出现的一系列切音、速记、简字和注音字母运动。有必要补充说明的是，千年来有不计其数的小学家、僧侣、传教士在汉字拼音化的问题上做出了各种各样的努力，但是他们当中鲜有发出废汉字这样决绝的呼声。他们创制的众多拼音方案无一例外地是作为学习汉字的辅助工具而出现的。然而这并不妨碍汉字革命的旗手们如赵元任、黎锦熙、倪海曙，把以上四种拼音化先例作为20世纪汉字革命的先声。❶

首先，反切法使用两个汉字，取第一个字（上字）的声母，取第二个字（下字）的韵母、声调，有韵尾的时候还要包括韵尾，将两部分拼在一起，从而得到第三个汉字的读音，所以被认为是第一个系统的拼音方法。反切法对汉字的使用是灵活的，同样的声母和韵母可以使用任意汉字来代表，只要上下字能构成需要的音节。反切法起源于东汉，其时佛教甫入中国，故有学者认为反

---

❶ 黎锦熙和倪海曙分别为汉字罗马化和拉丁化运动撰写过详尽历史，见黎锦熙：《国语运动史纲》（1935），北京：商务印书馆，2011；倪海曙编著：《拉丁化新文字运动的始末和编年纪事》，上海：知识出版社，1987。四种拼音化先例在以下著作中被引为汉字拼音化的前辈，即黎锦熙：《国语四千年来变化潮流图》，北平：文化学社，1929；倪海曙：《汉语拼音的故事》，上海：少年儿童出版社，1958；Chao, "The Problem of the Chinese Language"。

切正是为翻译梵文佛经而发明的。❶ 隋唐以来，韵书开始大量使用反切来给汉字注音，比如陆法言的《切韵》（601）。❷

其次，唐代开始出现的字母拼音方案，到宋代得到进一步发展。唐末僧人守温创制三十字母，虽然这些字母仍以汉字形态出现，依反切法取声母，但守温确立了汉字与声母一对一的关系，亦即"汉字字母"。❸ 守温系统里汉字和声母的对等性，相较反切法，在拼音化汉字的路上前进了一大步。

再次，基督教传教士前赴后继地创制的拼音方案。明末，耶稣会传教士利玛窦（Matteo Ricci）和金尼阁（Nicolas Trigault）率先尝试用拉罗字母拼写汉字。利玛窦的方案由另两位耶稣会教士罗明坚（Michele Ruggieri）以及郭居静（Lazzaro Cattaneo）协助完成，含 26 个辅音和 44 个元音，最终成果录于《西字奇迹》。利玛窦去世后，金尼阁将他的方案精减到 20 个辅音和 5 个元音。❹ 虽然明末的拼音方案对时人颇有启发，比如引得方以智和刘献庭开始思考取用字母的益处，但是这些方案最终也仅是外国人学习汉字的工具。❺ 继耶稣会士后，新教传教士开始大量创制并输出以拉罗字母拼读中国各地方言的《圣经》译本，我称之为"字母体方言《圣经》"。❻ 自 1852 年出版第一部字母体闽南语《圣经》

❶ 赵荫棠：《等韵源流》，北京：商务印书馆，2011。

❷ 陆法言：《切韵》，南京：江苏广陵古籍刻印社，1987。

❸ 赵荫棠：《等韵源流》，第一编附录二"守温韵学残卷后记"。

❹ 利玛窦的原书已失传，其注音方案的部分存于《程氏墨苑》，倪海曙在《中国拼音文字运动史简编》（上海：时代书报出版社，1948，第 5、6、8 页）中复制了利玛窦一篇"注音文章"的部分以及金尼阁《西儒耳目资》的声韵表。罗常培从利玛窦、金尼阁开始研究，对耶稣会士的音韵学工作做过全面考察，见《耶稣会士在音韵学上的贡献》，《国立中央研究院历史语言研究所集刊》，1930 年第 1 本第 3 分，第 267—338 页。

❺ 倪海曙：《中国拼音文字运动史简编》，第 7—9 页。

❻ 第 2 章，第 79 页注释 ❷ 对"方言"一词在本书中的用法有具体讨论。

后，新教传教士打马字（J. V. N. Talmage）、丁韪良（W. A. P. Martin）、汲约翰（John C. Gibson）、马士曼（Joshua Marshman）、马礼逊（Robert Morrison）、麦都思（Walter Henry Medhurst）、郭士立（Karl Gützlaff），以及托马斯·巴克利（Thomas Barclay）等生产了大量的《圣经》译本，使用的语言既有官话也有方言，使用的文字既有汉字也有拉罗字母。据不完全统计，仅 1891 年到 1904 年间就至少有 137870 册各式各样的中译《圣经》问世，读者甚众。❶ 其中，字母体方言《圣经》特别值得注意，不仅因其是用拉罗字母进行扫盲的第一次尝试，更因为它给现代中文写作注入了新的、字母的、方言的想象力，催生出了新的作品。更值得玩味的是，切实践行方言拼音化的字母体方言《圣经》不期然地揭示了现代中国语音中心主义转向的内在局限，亦即以方言为主体的字母书写与尚待建设的民族文学之间不可调和的矛盾，此为后话。

而 20 世纪汉字革命全面爆发前，最后一次尝试汉字拼音化的运动是晚清的切音字运动，它于民国初年演变成注音字母运动。❷ 两场运动在不同程度上分别受到了西洋传教士和东瀛言文一致运动的影响，但均未明确提出废除汉字的诉求。第一个提议用拉罗

---

❶ 倪海曙:《中国拼音文字运动史简编》，第 18 页。

❷ 倪海曙:《中国拼音文字运动史简编》，第 32—91 页。仅英文学界，对清末民初的文字改革就有大量研究，包括 John DeFrancis, *Nationalism and Language Reform in China* (Princeton, N.J.: Princeton University Press, 1950), pp. 31–54; Jing Tsu, *Sound and Script in Chinese Diaspora* (Cambridge, Mass.: Harvard University Press, 2010), pp. 18–47; Elizabeth Kaske, *The Politics of Language in Chinese Education, 1895–1919* (Leiden: Brill, 2008), pp. 27–54; W. K. Cheng, "Enlightenment and Unity: Language Reformism in Late Qing China," *Modern Asian Studies* 2 (2001), pp. 469–493; Victor H. Mair, "Advocates of Script Reform," in *Sources of Chinese Tradition*, eds. Wm. Theodore de Bary and Richard Lufrano (New York: Columbia University Press, 2000), 2, pp. 302–307; Gina Anne Tam, *Dialect and Nationalism in China, c. 1860–1960* (Cambridge: Cambridge University Press, 2020), chap. 2。

字母为汉字拼音的中国学者是卢戆章。作为厦门人，卢戆章有机会接触到一些字母体中文《圣经》，其中就包括前文提到的字母体闽南语译本。卢戆章对传教士们采用的正字法进行了简化，编纂了一系列切音字教科书，如《一目了然初阶》（1892）、《新字初阶》（1893）、《天下第一切音新字》（1895）。❶ 这些教科书激发了切音字运动的生产力，一大批汉字拼音化方案随之涌现，包括吴稚晖的"豆芽字母"、蔡锡勇的《传音快字》（1896）、力捷三的《闽腔快字》（1896）、王炳耀的《拼音字谱》（1897）以及沈学的《盛世元音》（1896）等。❷ 但这些早期教科书都未能大规模传播，影响有限，直到王照的《官话合声字母》（1900）和劳乃宣的《合声简字》（1905）。❸

清末拼音方案林林总总，有的取用速记法，也有用日文假名，当然也有拉罗字母，但必须重申的是，尽管所有方案都表达了对汉字言文不符的不满，但鲜见对汉字统治的正面挑战。卢戆章在《一目了然初阶》里的表达相当接近后来以拉罗字母代替汉字的主张，但也并未提出废汉字的口号。❹ 即便是1910年严复代表资政

---

❶ 倪海曙：《中国拼音文字运动史简编》，第 32 页。

❷ 倪海曙仔细爬梳了各式各样早期的拼音方案。在王照和劳乃宣的方案出现之前，沈学的《盛世元音》最有影响，梁启超曾为其作序，详见倪海曙：《中国拼音文字运动史简编》，第 32—53、59—62 页；倪海曙：《清末汉语拼音运动编年史》，上海：上海人民出版社，1959，第 48 页。

❸ 王照是河北人，戊戌变法失败后出逃日本，模仿日本假名做拼音方案，主要用来拼写北方方言，1900 年秘密回国，自称"台湾僧人"，并出版推广官话字母。劳乃宣是浙江人，等韵专家，曾任京师大学堂总监督、学部副大臣，在偏北方的官话字母基础上，加入南方方言音素，作"合声谱"。两人有"南劳北王"之称，更多生平，参见倪海曙：《中国拼音文字运动史简编》，第 42—52 页；黎锦熙：《国语运动史纲》，第 100 页。

❹ 卢戆章认为"中国字或者是当今普天之下文字之至难者"，然而"窃谓国之富强，基于格致；格致之兴，基于男妇老幼皆好学识理；其所以能好学识理者，基于切音为字……省费十余载之光阴，将此光阴专攻于算学、格致、化学以及种种之实（转下页）

院提出为切音字运动"正名"，要求改切音字为"音标"的报告书也并未主张废汉字。❶最接近后来汉字革命诉求的要数远在巴黎的《新世纪》同仁，主张同时废除汉字汉语，代之以万国新语（即世界语）。但清季的激进主张，直到民初都未真正撼动汉字的合法性，万国新语一派的主张与其说是彰显现代语音中心主义的威慑力，不如说是对中国文字和语言缺乏普遍性的双重焦虑。❷对《新世纪》激进主张提出最严正反对的当数章太炎。值得玩味的是，章太炎一面捍卫汉字，一面追求古音，在《驳中国用万国新语说》中介绍自己基于"古文篆籀"的切音方案，最终成为民初读音统一会审定的注音字母方案（注音符号）的基础，于 1913 年正式通过。❸所谓注音符号，顾名思义是要为汉字注音，进入新时代的汉

（接上页）学，何患国不富强也哉！"。倪海曙指出卢戆章有文字国际观，但并未真正要求废汉字，见倪海曙：《清末汉语拼音运动编年史》，第 21—23 页。

❶ 严复：《资政院特任股员长严复审查采用音标试办国语教育案报告书》，见《清末文字改革文集》，北京：文字改革出版社，1958，第 133—135 页。

❷ 《新世纪》提倡废除汉字汉语改用万国新语的主要文章包括——醒：《万国新语》（1907 年 7 月 27 日）；吴稚晖：《新语问题之杂答》（1908 年 4 月 25 日）；真：《进化与革命》（1907 年 11 月 2 日）等。关于采用世界语并废中国语言与文字的、关乎普遍主义的诉求，见第 1 章第一节。有必要进一步指出的是，与后继罗马化拉丁化的革命志士认为汉字丧失表音功能不同的是，《新世纪》一派实际上承认汉字有"合声"功能，但又认为这不能与西文的合声功能相提并论。

❸ 章太炎原本的注音方案里含 36 个"纽文"（声母）、22 个"韵文"（韵母），《驳中国用万国新语说》，载《国粹学报》第 41、42 期，收录于《章太炎全集》（第四卷），上海：上海人民出版社，第 337—353 页。读音统一会审定读音与确定注音符号都引发了激烈论辩，王风对大会如何在注音符号问题上达成共识有洞见，见《世运推移与文章兴替——中国近代文学论集》，北京：北京大学出版社，2015，第 188—209 页。需要说明的是，章太炎对汉字的捍卫以书契与口语统一为前提，即便注音字母不曾挑战汉字，但其思想谱系自有强调语音的重要面向，相关研究参见彭春凌：《以"一返方言"抵抗"汉字统一"与"万国新语"——章太炎关于语言文字问题的论争（1906—1911）》，《近代史研究》2008 年第 2 期；王东杰：《声入心通：国语运动与现代中国》，北京：北京师范大学出版社，2019，第二章；黄锦树：《章太炎语言文字之学的知识（精神）系谱》，新北：花木兰文化出版社，2012，第四章。

字俨然安全无虞，切音运动至此画上句点。然而，切音并不是汉字拼音化的终曲，汉字革命正要拉开序幕。

本书选择在清季文字改革之后开始，意欲彰显的是现代中国的语音中心主义转向与 20 世纪前的中国拼音化运动的核心区别。问题的关键不仅在于汉字作为工具的存废，更重要的是如何评价基于汉字生长出来的文本、文化与知识论。进入 20 世纪，对汉字的敌意与日俱增，任何与汉字相关的学问与传统，从韵学到考证学，从儒家经典到格致之学，都随之贬值。❶鲁迅有个言简意赅的总结性意见："我以为要少——或者竟不——看中国书，多看外国书。"❷当然，鲁迅为拉丁化运动写过多篇文章，但凡愿意细读深究的读者都会发现一个比全盘否定汉字与汉字文化丰富得多的立场。然而不可否认的是，现代中国的文字危机确实威胁到了中华知识传统，似乎汉字与中华文化都将被历史抛弃。用语音中心主义的标杆来丈量汉字之长短似乎只能得出一个结论：汉字作为书

---

❶ 明清之际道学日渐式微，考证学兴起，传统的格致与博物学更受到西方科学的挑战。历史学家艾尔曼的两部专著精准把握了从理学到朴学、从格物致知到科学的中国知识与社会转型，见 Benjamin A. Elman, *From Philosophy to Philology: Intellectual and Social Aspects of Change in Late Imperial China*, 2nd ed. (Los Angeles: University of California Press, 2001); Benjamin A. Elman, *On Their Own Terms: Science in China, 1550−1900* (Cambridge, Mass.: Harvard University Press, 2005)。赵黎明定义汉字革命百年历史有三次"语文自我否定运动"——清末民初、五四前后和三四十年代——并认为是五四前后真正出现废汉字的"主旋律"，见赵黎明：《"汉字革命"：中国现代文化与文学的起源语境》，北京：中国社会科学出版社，2010，第二章。

❷ 鲁迅的《青年必读书》是对《京报副刊》征集"青年爱读书""青年必读书"的回应，作于 1925 年。鲁迅的回答引来诸多争议，又引发作者回应，此话题被重复提起，至少延续到 1933 年，见《鲁迅全集》（第 3 卷），第 12—13 页。鲁迅此时对中国书的全面否定并不能完全推翻他自己早先对中文书写与知识论所做的诸多努力，相反更能证明废除中文书写、否定中华文化的暴力不仅存在而且势力巨大。鲁迅早年写古文、做翻译的努力与早期商务印书馆的工作类似，即在文化大转型的历史时刻，动用古文、朴学知识与方法来应对"符号现代性"，参见 Yue Meng, *Shanghai and the Edges of Empires* (Minneapolis: University of Minnesota Press, 2006), chap. 2。

写技术，在记录语言、再现声音和传递信息各方面都是不合格甚至毫无价值的。现代科技放大了书写拼音化的需求，文字革命的使命就在于给原本"无声"的汉字赋声，进行拼音化升级。于是乎，以汉字革命为己任的中国知识精英将汉字拼音化的历史先例收编入汉字字母化的革命征程，建构了一个新话语——汉字历史似乎本就呈现技术化、拼音字母化的趋势，且已然为语音中心主义的全面转向做好了准备。

关于汉字拼音化前史的话语准备于1926年正式完成并登上国际舞台。是年，费城举办世界博览会，同时纪念美国建国150周年。一张来自中国、题为《国语四千年来变化潮流图》的作品（以下或简作《演进图》）于5月31日呈交展会。❶ 由著名语文学家和罗马化运动首席史官黎锦熙绘制，这张图大开大合地描绘了中国文字和语言从公元前1800年开始的历史，并展望中国语文在20世纪的发展，前后跨度近四千年。大图历数从"图画文"、大小篆一直到草书的不断演进的字体，解释外来潮流如何影响中国语文的发展，强调梵文佛教经典和西方文学的作用，还着重出汉字的拼音方案，包括前述所有四个先例，特别提到明清传教士的罗马字方案。大图的结论是，中国语言文字四千年的"变化"将最终进化为以"国语罗马字"书写的"国语"。❷ 如是之，有着

---

❶ 《国语四千年来变化潮流图》自带英文标题 *Diagram Showing the Evolution of Chinese over the Last Four Millenniums*。值得注意的是"国语"与"变化"的英文翻译。1926年的费城博览会一方面纪念美国建国一百五十周年，一方面庆祝百年纪念博览会五十周年。参加展览会的所有国家名单及展品，可参考 E. L. Austin and Odell Hauser, *The Sesqui-Centennial International Exposition* (New York: Arno Press, 1976), pp. 81-103。

❷ 黎锦熙：《国语四千年来变化潮流图》。中华教育改进社邀黎锦熙创制此图，赵元任、刘半农、钱玄同参与修订。后文将多次提到中华教育改进社，它于1921年成立，在新旧大众教育运动中扮演了重要角色。

四千年历史的中国语言文字被塑造一新，隆重亮相国际舞台，庆祝一个国家（美国）以及一个国语（中国国语）的诞生。

黎锦熙的跨语际实践显而易见。与英文标题里的"Chinese"对应的内容包括中国历代文字、拼音方案、文学文体，它们最终都被划归于"国语"范畴。这张《演进图》以国语与国语文学的生产为例，生动清晰地展示了语言如何凌驾于书写之上的话语建构。有意思的不仅仅是这张雄心勃勃的大图让我们亲眼看到建构民族国家语言的每一笔如何勾勒，更意味深长的是，它将一个民族国家的语文放置到更大的世界图景，即海德格尔所谓的"世界图像"（*Weltbild*）当中。[1] 如果说世界博览会聚集起来的来自世界各地的图像让这个世界能以一定秩序被再现，那么也正是这个再现的世界秩序激活了世界各个角落的图像，让它们所代表的民族国家有了合法性。中国国语是且仅是其中一例。

所以，黎锦熙的《演进图》一面展示，一面也被当成国语与国语文学的蓝图。四千年来悠远庞杂的文的传统在被有效组织成一幅"世界图像"的过程中，将语音中心主义作为语文进化的主导力量生动清晰地呈现出来。黎锦熙为国语及其文学的线性发展赋予颜色和形状，贯穿全图的是一条绿松石色的河流，不计其数的小河向它汇聚，直到 20 世纪初形成一条"言文一致"的大河，让人不能不联想到日本明治维新时期的同名运动。[2] 最终，大河一

---

[1] Martin Heidegger, "The Age of the World Picture," in *The Question Concerning Technology and Other Essays*, trans. William Lovitt (New York: Harper Torchbooks, 1977). 关于博览会的文化与政治，另见吉见俊哉：《博览会的政治学——视线的现代性》，苏硕斌等译，台北：群学出版公司，2009；郑毓瑜：《姿与言：诗国革命新论》，台北：麦田出版社，2017，第一章。

[2] 倪伟：《清末语言文字改革运动中的"言文一致"论》，《杭州师范大学学报·社会科学版》2016 年第 5 期，第 41—53 页；程巍：《语言等级与清末民初的"汉字革命"》，刘禾主编：《世界秩序与文明等级：全球史研究的新路径》，北京：生活·读书·（转下页）

路奔流，留在身后的是赶不上进化潮流的"各体汉字"（文字史）、"各种古体文"（文学史），而大河的出海口，即潮流进化的终点，则是用"国语罗马字"书写的"国语文学"。历史的终结宛然就在眼前。

从语音中心主义到汉字书写学

语音中心主义的诱人之处不仅在于那抽象的、人造的、誓将世间所有书写都字母化的世界图像。语音中心主义的二律背反决定了抽象、秩序井然甚至优雅的世界图像必然与具体、众声喧哗、反同一主义的表达共存。所以语音中心主义的承诺伴随着它的暴力，向所有人许诺能发出自己的声音且被听见。本书要讲述的正是汉字革命的志士们如何被语音中心主义及其二律背反吸引的故事。他们满怀热情地投入革命潮流，渐渐发现语音中心主义的内在局限，然后在其二律背反的作用下认识、接受并探索语音中心主义的变异，以期完成革命大业。[1] 而恰恰是对汉字革命的忠诚、对语音中心主义及其二律背反的执着，使得一个反叛语音中心主义的汉字书写学成为可能。汉字革命的尾声所揭示的道理让人惊

（接上页）新知三联书店，2016，第347—404页。黄遵宪、裴廷梁是最早介绍明治"言文一致"运动并将这个表达移用到中文里的晚清学者中最著名的两位。见黄遵宪：《日本国志》，上海：上海古籍出版社，2001；裴廷梁：《论白话为维新之本》，《北京新闻汇报》1901年8月，第2785—2799页。

[1] 我对"语音中心主义"的处理深受安敏成（Marston Anderson）的启发。他在《现实主义的限制》中概括该书主旨："本书讲述了这样一个故事：中国作家们逐渐发现现实主义的真正属性以及他们最终不得不放弃现实主义这一模式。"Marston Anderson, *The Limits of Realism: Chinese Fiction in the Revolutionary Period* (Berkeley: University of California Press, 1990), p. 25.

讶却又理所应当：对语音中心主义的理论性批判必须从它的内部生长出来，对它的反叛必须从对它的服膺开始。

让我们现在就明确一个基本事实：书写学这个概念不是法国哲学家雅克·德里达（Jacques Derrida）的专利。这个概念至少可以追溯到 1820 年代，意指"关于语法的论著"或书写的"形态"（typology）。❶ 语言学领域更常拿来做参考的是伊格纳斯·盖尔布（Ignace Jay Gelb）在《书写的研究》（1952）中对"书写学"的定义，即"关于书写的全面的科学"。❷ 德里达在他 1965 年的文章《字母产生之前的书写》中沿用了这个定义，此文原载于法文《批判》杂志，为后来大名鼎鼎的《论书写学》（1967）奠定了雏形。❸ "汉字书写学"可以算作是本书创制的新词，❹ 但它作为具有批判性的理论概念其实早在 1958 年汉字革命的高潮即尾声就已出现。这个概念当时虽并未被命名，但它从汉字与语音中心主义的纠葛中有机生长出来，批判锋芒直指语音中心主义的书写观，在这一点上比解构主义从书写的角度批判西方形而上学更加彻底且有的放矢。当然，我将这个重要概念命名为"汉字书写学"在一定意义上是向德里达致敬，他在"书写学"作为研究领域和研究方法上做出了开拓性贡献，他的《论书写学》使得从书写本身出发解构逻各斯中心主义（logocentrism）成为可能。德里达将

---

❶ "Grammatology" 早期用法见 Gabriel Surenne, *French Grammatology; or, A Course of French* (1824) 以及 George Dalgarno, *The Works of George Dalgarno of Aberdeen* (1834)，前者取义"语法"，后者表"形态"。

❷ I. J. Gelb, *A Study of Writing* (Chicago: University of Chicago Press, 1952), pp. 23, 249.

❸ Benoît Peeters, *Derrida: A Biography*, trans. Andrew Brown (Cambridge: Polity Press, 2013), p. 159.

❹ 另有 Jane Geaney, *Language as Bodily Practice in Early China : A Chinese Grammatology* (Albany, NY: State University of New York Press, 2018)，在讨论名实问题时也使用了这个表达。

逻各斯中心主义定义为"拼音书写的形而上学",是"最有原创性、最强大的本民族中心主义",可通过以下三个渠道将自己的意志"强加于这个地球":一、一种特殊的书写系统;二、形而上学的历史;三、处理科学的方式。而这三者当中最核心的是书写问题。❶同理,本书将"汉字书写学"定义为对语音中心主义的解构性批判,也由三部分构成:一、一个被重构的形声字书写模式;二、20世纪进步政治的范式;三、能为书写探索新意义的中国文字学传统。值得注意的是,就语音中心主义的问题而言,现代汉字革命的尾声比解构主义几乎早十年得出相同的结论,汉字书写学的批判甚至比德里达的批判更有机而辩证。同样值得注意的是,汉字书写学虽植根于文字学传统,但若不经历语音中心主义的洗礼,不首先反对自己的传统,将不可能打破语音中心主义的桎梏,也不可能回首唤醒属于汉字自己的传统。

如果说1916年见证了语音中心主义的强大、殖民势力的扩张以及语言学的崛起,那么1958年则召唤出了书写学批判、反殖民的进步政治以及书写作为科学的回归。事实上,德里达个人的智识成长就刻印着反帝反殖的时代烙印。❷所以我把汉字革命的洞见概括为"汉字书写学",与其说是和德里达或者盖尔布争夺书写学这个概念,不如说是重现汉字与语音中心主义遭遇的历史场域,回溯中止汉字危机的历史潮流,而同样的潮流将解构主义推上潮头。之所以用带有解构主义色彩的术语来描述解构主义成形前的

---

❶ Derrida, *Of Grammatology*, p. 3. 另外,德里达将逻各斯中心主义定义为"全语言的时代",意在追求神学意义上的"在场"。德里达关于逻各斯中心主义、存在、在场的定义,参 Derrida, *Of Grammatology*, pp. 43, 19−28。

❷ Jacques Derrida, *Monolingualism of the Other; or, The Prosthesis of Origin*, trans. Patrick Mensah (Stanford, Calif.: Stanford University Press, 1998).

历史，是希望廓清汉字革命最内核的、关于语音中心主义的批判，还原其在国际范围内的历史语境，重新正确认识它的知识论分量及历史意义。作为非拉罗书写系统的代表之一，汉字虽然不得不做出调整和妥协，但汉字革命确是一次有积极生产意义的生存挑战和重生机会。❶让人惊讶，尤其是让一众汉字革命急先锋惊讶的是，这个世界并非只能容纳一种独一无二的字母；相反，即便在语音中心主义的王国里，也有机会找到反本民族中心主义、拥有国际主义视野、基于书写学的批判维度。

鲁迅便是一例。汉字革命的所有支持者中，最戏剧化地展示语音中心主义与汉字书写学之间张力的大概就要算鲁迅了。鲁迅无疑是中国现当代文学史上最重要的作家。一位从来都用汉字写作的大作家，却高声疾呼废汉字之刻不容缓；一名最激进而不留余地的汉字革命者，却从未尝试用拉罗字母进行文学创作。鲁迅生命的最后几年正是拉丁化运动进入中国并茁壮成长的时期。1934 年到 1936 年短短两年的时间里，鲁迅至少为拉丁化运动以及与之相关的文艺大众化运动写下八篇文章。❷在这八篇文章里，鲁迅秉承一贯风格，对汉字的鞭挞毫不留情，宣布其为"死症"或"阻碍传布智力的结核"，而认为拉丁化运动的成败关乎"中国大众的存亡"。❸鲁迅在汉字字母化问题上的激进立场广为人知，

---

❶ Sheldon Pollock 认为保护历史语言与保护全球生物多样性同样重要，见 *World Philology*, p. 4。

❷ 据不完全统计，鲁迅的拉丁化系列文章包括：《答曹聚仁先生信》（1934 年 8 月 2 日）、《门外文谈》（1934 年 8 月 16 日）、《汉字和拉丁化》（1934 年 8 月 23 日）、《中国语文的新生》（1934 年 9 月 24 日）、《关于新文字》（1935 年 9 月 10 日）、《从"别字"说开去》（1935 年 3 月 21 日）、《论新文字》（1935 年 12 月 23 日）、《论现在我们的文学运动》（1936 年 6 月 10 日），分别见于《鲁迅全集》（第 6 卷）第 78—81 页，（第 6 卷）第 86—114 页，（第 5 卷）第 584—587 页，（第 6 卷）第 118—120 页，（第 6 卷）第 165—166 页，（第 6 卷）第 289—294 页，（第 6 卷）第 457—459 页，（第 6 卷）第 612—614 页。

❸ 鲁迅：《鲁迅全集》（第 6 卷），第 289、119 页。

他对汉字的一系列攻击也有丰富史料可供查证，我选择在此处细读鲁迅并非要讨论鲁迅废汉字主张的对错，我希望的是沿着鲁迅的路径，推进对语音中心主义问题的思考。尽管鲁迅的废汉字檄文读起来充满语音中心主义的意味，但他关于声音和文字的写作却酝酿出了反语音中心主义的批判立场。通过对"声"这个概念的反复推敲，我们可以发现鲁迅在转向语音中心主义的正向解放可能性之前，确立了自己书写学批判的基本立场。

前文提到的鲁迅1927年在香港的演讲《无声的中国》，取用的便是类似卢梭关于世界文字的文明论论调。鲁迅直言中国的文字因为无声而是野蛮人的文字，并在演讲结尾邀请"青年们先可以将中国变成一个有声的大国"，那声音应当是"现代的声音""真心的话"，因为"只有真的声音，才能感动中国的人和世界的人；必须有了真的声音，才能和世界的人同在世界上生活"。❶但到底什么才是"真的声音"？我们或许可以迅速指认鲁迅心目中的"真的声音"为大众的、左倾的、革命的声音，毕竟鲁迅后期明确支持文艺大众化和"左联"，尽管他与"左联"的关系较为复杂。但是鲁迅的早期作品里对于不同类型和意涵的"声"有更细微深刻的讨论。鲁迅1908年在同盟会河南分会的机关刊物《河南》杂志上发表了《破恶声论》，这篇作于日本留学期间的未完稿系统讨论了"真的声音"，鲁迅将其命名为"心声"。❷《破恶声论》在鲁迅的整个写作生涯里堪称最诘屈难懂的作品，文章刻

---

❶ 鲁迅：《鲁迅全集》（第4卷），第15页。

❷ 鲁迅在1907—1908年间，写了五篇长文和一篇译述，全部发表在《河南》杂志上：《人间之历史》（第1期）、《摩罗诗力说》（第2、3期）、《科学史教篇》（第5期）、《文化偏至论》（第7期）、《裴彖飞诗论》（译述，第7期）和《破恶声论》（第8期），分别见于《鲁迅全集》（第1卷）第8—24页，第65—120页，第25—44页，第45—64页；（第10卷）第457—458页；（第8卷）第25—40页。

意使用古文，用典古奥、立意艰深，意欲分六部分批判当时盛行的关于"国民"和"世界人"的两种恶声。此处我无意全面注释或细读《破恶声论》，❶ 而是希望能循着"声"的痕迹，听到鲁迅反语音中心主义的、基于书写学的批判。

《破恶声论》开篇诗意地描摹了一个二十年后便成为"无声的中国"的场景："本根剥丧，神气旁皇""寂漠为政，天地闭矣"。可是接下来，鲁迅马上解释这个"寂漠"实为聒噪，充斥"众嚣"或"众欢"，要么如"万喙同鸣"，要么"仅从人而发若机栝"。❷ 在声音、噪音和静默的三角结构里，鲁迅把噪音等同于静默，并认为二者都有害于声音的发生与存在。鲁迅于是将声的三角结构化约为声音与非声音的两极，并严格在名称上对二者进行区分。非声音可以是"林籁"、"鸟声"、"唱喁"、"语言"或"阒"，但不能被称为"声"。若要被唤作声，那么这个声音必须发自个人内心，是所谓"心声"。这里鲁迅借用了后汉扬雄在《法言·问神》篇中的说法，指称能够区别君子与小人的语言。❸ 在此基础上，鲁迅进一步将其定义为"心声者，离伪诈者也"，并将它与"内曜者，破瘰暗者也"相提并论，认为发自内心的声音和光芒并非易事，希望只能寄托在"一二士"身上。而这些少数有心声和

---

❶ 汪晖对《破恶声论》有重要解读，详见《声之善恶：什么是启蒙？——重读鲁迅的〈破恶声论〉》，《开放时代》2010年第10期，第84—115页。季剑青从鲁迅早期的译作入手解释鲁迅的语言选择，参见其文《"声"之探求：鲁迅白话写作的起源》，《文学评论》2018年第3期，第104—114页。

❷ 鲁迅：《破恶声论》，《鲁迅全集》（第8卷），第25—28页。

❸ 扬雄撰，韩敬注，《法言注》，北京：中华书局，1992，第110页："言不能达其心，书不能达其言，难矣哉！惟圣人得言之解，得书之体。白日以照之，江河以涤之，灏灏乎其莫之御也。面相之，辞相适，捨中心之所欲，通诸人之嘴嘴者，莫如言。弥纶天下之事，记久明远，著古昔之唔唔，传千里之忞忞者，莫如书。故言，心声也；书，心画也。声画形，君子小人见矣。声画者，君子小人之所以动情乎！"

内曜的"一二士"，类似于让鲁迅醉心的尼采式的超人，将启发众人找寻到各自的心声和内曜，从而驱散笼罩华夏的"寂漠"："盖惟声发自心，朕归于我，而人始自有己；人各有己，而群之大觉近矣。"❶ 横亘在"一二士"展示的心声内曜与众人的无声之间的，恰恰就是恶声。鲁迅总结说，主要有两大类恶声："一曰汝其为国民，一曰汝其为世界人。"这两大类恶声——前者可以理解为民族主义，后者可以理解为世界主义，进一步又可以各分为三小类：民族主义治下有"破迷信也，崇侵略也，尽义务也"，世界主义思潮则要求"同文字也，弃祖国也，尚齐一也"。鲁迅不无讽刺地说，这六条是新世界的生存法则，"非然者将不足生存于 20 世纪"（8：28）。文章余下的篇幅讨论了前两条，认为"伪士当去，迷信可存"，并坚决批驳任何"颂美侵略"的言论。首先，关于迷信，鲁迅认为伪士要废除的迷信，包括民间宗教，恰恰有可能激发个人的创造性，引导个人形而上的追求，帮助个人为发现自我内在世界进行健康的精神实验（8：28-33）。其次，鲁迅认为军国主义是民族主义情绪中最廉价的表达，他鼓励中国人向有国际主义精神的真英雄学习，比如为匈牙利民族独立奋斗的波兰将军贝谟（Józef Bem）以及为希腊独立解放献身的拜伦（Lord Byron）（8：33-36）。全文以"未完"结束，留下了民族主义第三条"尽义务"以及世界主义的全部三种恶声，未及发声。

《破恶声论》最早收录于《〈集外集拾遗〉补编》（1952），至今未发现完稿。究竟是鲁迅未及完成这篇宏文，还是完稿不幸散佚，我们不得而知；余下的恶声种种，鲁迅会如何批驳，我们也

———————
❶ 鲁迅：《破恶声论》，《鲁迅全集》（第 8 卷），第 26 页。下文对《破恶声论》的引用会在正文中用括注标出页码。

只能揣度。所幸鲁迅评价前两种恶声时给出了一个评判标准："二类所言，虽或若反，特其灭裂个性也大同"（8:28）。若依此标准，那么显而易见地，世界主义的三种恶声合起来与鲁迅 1930 年代对拉丁化新文字的支持是相抵牾的。❶ 把"同文字"与"弃祖国"相提并论，鲁迅描述的正是语音中心主义的齐一、趋同的暴力倾向，并毫不犹豫地把它们一起划归到恶声行列。但是，鲁迅的反语音中心主义立场的前提是对心声的忠诚。所以，与其说鲁迅在未完成的《破恶声论》后半段可能自相矛盾地反对"声"，不如说他的反语音中心主义的批判立场进一步定义和加强了"心声"。结合起来读，鲁迅的破恶声以及他对现代的、真的声音的推崇恰恰是语音中心主义的二律背反的完美演绎。对于真的声音的忠诚，意味着对恶声的扬弃，而对正向的语音中心主义的信仰则不啻为汉字革命进行变异和转化的原动力。换句话说，语音中心主义可能是暴力的，同样也可能创造、保护和弘扬心声，鲁迅可以反对语音中心主义暴力地以齐一的方式统一天下文字，也同样可以支持其对真的声音的追求，并把这种追求落实到文字与写作层面，从而发展出汉字书写学的批判。

写下《破恶声论》的二十年后，尽管鲁迅似乎对汉字火力全开，但他的拉丁化系列文章其实又重新把问题聚焦到了书写。《门外文谈》是拉丁化系列文章里论述最完整丰富的一篇，全文由十二部分组成，连载于 1934 年 8 月至 9 月间的《申报》，据鲁迅自己说此篇是沪上苦夏的晚饭后与邻居们在门外乘凉时关于文字的闲谈。前四部分讨论文字的起源，第五、六部分讲古代文字

---

❶ 须说明的是，鲁迅此处对于书写系统的意见大体上与章太炎对万国新语（世界语）的反感一脉相承，见林少阳：《鼎革以文——清季革命与章太炎"复古"的新文化运动》，上海：上海人民出版社，2018，第九章。

的高门槛与特权属性，第七部分讲打破文字垄断的必要以及出现"不识字的作家"的可能，第八、九部分讨论如何打破文字垄断，分别着重谈拉丁化运动和大众化运动，第十、十一部分安抚关于大众化的"恐慌"并阐述知识分子之于大众应有的立场，第十二部分总结全部"文谈"，得出关于大众化运动的基本结论："目的只是一个：向前。"❶

与《破恶声论》对读，《门外文谈》尽管明确无误地为汉字革命摇旗呐喊，但也同时为鲁迅早年的反语音中心主义立场做出了书写学的批判性补正。如果说《破恶声论》示范了语音中心主义的执念如何在概念上催生书写学的政治性批判，那么鲁迅后期的拉丁化系列文章，特别是《门外文谈》，则具体展示了对语音中心主义的追求如何一步步演变成指向书写的基本诉求。鲁迅用一句话提炼了文章主旨："将文字交给一切人。"他继而补充认为，普及文字的各种方案里最简单有效、值得研究的就是"拉丁化"："倘要中国的文化一同向上，就必须提倡大众语，大众文，而且书法更必须拉丁化。"❷更重要的是，拉丁化值得推荐的前提是它必须坚持解放不识字的人们，让大家能够可持续地、真正地探索内曜、寻找心声；但凡普及文字的工具不能做到这一点，那就无异于恶声。更进一步说，只要忠诚于个人自我启蒙，心声用什么方言土语抑或国语表达、用什么书写系统记录都无关紧要。所以鲁迅自始至终对于任何妨碍个人自我认识、实现和表达内曜的可能性都保持警惕。他敲打坚称"大众只要教给'千字课'就够的人"（6:95），提醒拉丁化支持者在使用方言土语时不要限制自身发展，

❶ 鲁迅：《门外文谈》，《鲁迅全集》（第6卷），第105页。
❷ 鲁迅：《门外文谈》，《鲁迅全集》（第6卷），第103页。

不要拒绝"渐渐的加入普通的语法和词汇去"（6:100），明确反对大众语为普及而拒绝"精密的所谓'欧化'语文"，而应"支持欧化文法，当作一种后备"（6:79-80）。若文字是大众自我觉醒、寻觅心声的工具和自我表达的内容，那它必须掌握在大众手中。最终，无论是正向的基于语音中心主义的自我实现，还是对负面的语音中心主义进行的书写学批判，都必须"将文字交给一切人"，将书写还给所有人。

本书分章

让所有人书写、让所有人发声也正是汉字革命的承诺。这一高尚的承诺在"破恶声"的同时，充分肯定了语音中心主义二律背反的正面意义。这个承诺的复杂性似乎预示着要成功兑现它将有相当的难度。兑现的过程中，汉字革命本身将不可避免地发生变异，甚至以出人意料的方式中止。事实上，语音中心主义在中国的统御地位一经确立，就开始因为对自身进步性的追求而不得不做出各种各样或成功或失败的调整，直到它以汉字书写学的方式完结。本书将分三部分讲述汉字革命的历程：肇端、嬗变、中止。

第一部分即第1章，讨论汉字罗马化运动。作为汉字革命的第一枪，罗马化运动一方面标志着语音中心主义在中国的兴起，另一方面也不期然地见证了字母普遍主义在中国的终结。本章以中国现代语言学之父赵元任的罗马化工作为主线，重审废除汉字的激进主张的理论源流、跨国际发展，以及随之带来的技术化书写观的结果。罗马化运动在中国生根发芽的过程，事实上就是中外知识精英基于对语音中心主义的共同信仰而缔结罗马化国际联盟的过程。本章通过细读赵元任的早期作品以及他与瑞典汉学家高本汉（Bernhard Karlgren）的通信，来一窥这个国际联盟的内部张力，揭示中国字母化运动如何在加入这个国际联盟之初便对与之傍生的字母普遍主义提出挑战。罗马化运动于1928年随着国语罗马字的正式诞生达到高潮。这套中国字母效忠语音中心主义的同时，也毫不掩饰国有化字母普遍主义的野心。当国语罗马字之父赵元任继续探索对可视语言的追求并对贝尔实验室的声谱仪发生浓厚兴趣时，日趋技术化的书写观必须承认字母——即便是拉罗字母都不再是最先进的记音工具。一方面，汉字字母化的进程高度契合殖民全世界的语音中心主义；另一方面，汉字字母化运动一开局就发现了语音中心主义与字母普遍主义之间的吊诡关系，从一开始就提出重新思考书写意义的必要性。

第二部分由三章组成，分别讨论汉字革命的三次嬗变。第2章探究汉字革命的第一个变异，即罗马化运动的异见运动——拉丁化运动。同样效忠于语音中心主义，拉丁化运动对罗马化支持的国语提出异议，认为方言也有被字母化的权利。本章首先梳理拉丁化运动的谱系，从晚清的传教士字母体方言《圣经》到1920年代确立的中国方言研究，再到1930年代在苏联发端的拉丁化运动，并思考这三股不同的历史源流如何观照拉丁化运动与现代文学的合流，如何影响现实主义写作传统。通过细读拉丁化旗手瞿秋白和许地山的作品，本章将发展联结全书的基本概念"语音中心主义的二律背反"，探究带有语音中心主义色彩的现实主义写作的边界。拉丁化运动将语音中心主义的正向许诺与创制民族国家新文学的宏大计划联系在一起，充分暴露了二者间的冲突，同时也彰显了汉字革命、普罗文化（Proletkult）与第三次文学革命之间激动人心的合流，并推敲革命文学的终极问题：如何真正听见庶民的声音？

第 3 章探讨汉字革命的第二种、大概最经得起时间考验的嬗变——五四白话话语，并考问一个基本问题：底层劳工能否写作？本章首先介绍第一个现代中文扫盲计划，此计划由年轻的基督教青年会志愿者、未来首屈一指的教育家和乡村建设运动倡导者晏阳初领导，旨在服务第一次世界大战为盟军服务的旅欧华工。通过细读这场扫盲运动中浮现的文本，我将回溯这些文本中的语体文写作如何被事后贴上白话文的标签，被追求语音中心主义的五四白话话语收编。这个扫盲计划中尤其宝贵的一篇文章，是由山东华工傅省三创作的政论短文，它不仅是"一战"华工留在世间罕有的文字，更向我们生动展示了语音中心主义之二律背反的局限。尽管华工的写作语言和批判性洞见不可避免地被知识精英移用和遮蔽，但华工自己写下的文字实实在在地记录了他们为"一战"盟军胜利做出的贡献、神圣劳工与五四起源的密切联系，以及他们对"一战"的深刻省思。

第 4 章考察第三种也是最后一种汉字革命的变异，在抗日战争这个民族危亡的关键时刻，它以勾连战争、扫盲运动和大众教育的三角形态出现。本章讨论三位拉丁化运动支持者、新大众教育家陈鹤琴、陶行知、叶圣陶的作品，勾勒在民族救亡与大众解放的紧急关头，汉字革命如何在坚持字母化的大前提下实践汉字语体文书写，废汉字与保汉字实现并行不悖。本章追踪拉丁化运动如何自我调整，文字文学之双生革命如何重新定义。叶圣陶的两部成长小说《倪焕之》与《文心》为这第三种变异赋形，通过展现儿童形象的转变提示中国现代文学的明确左转。文字革命与文学革命合流后，革命文学风起云涌，影响深远。

本书的最后一部分是汉字革命的中止与尾声。第 5 章尝试解开汉字革命于 1958 年戛然而止于社会主义文字改革高潮的谜题，并以此为契机提出理论化社会主义文字改革实践的可能性，理解汉字书写学对批判理论的重要性，以及发展其进步政治的必要性。社会主义文字改革无论规模还是力度都是空前的，甚至一度上升为国家意识形态。本章以陈梦家和唐兰这两位对文字改革持不同程度异议的文字学专家的工作为切入点，阐释语音中心主义的意识形态如何内爆，如何应和全世界范围内反殖反帝的历史大势，如何由内向外生发出极具生产意义的汉字书写学。基于汉字小学传统而充满后结构理论批判力的汉字书写学，提出了一系列重要议题，展示语音中心主义的内在局限性，考问以字母书写为载体的西方本民族中心主义，提示保护人类书写系统多样性的必要，呼吁重启短 20 世纪的先进政治，并重申复兴文字学作为科学研究的重要性。

　　本书以作者与周有光进行的简短访谈结尾。我有幸于周先生离世前不久拜访了这位文字改革委员会（后或简称"文改会"）最长寿也是最后的守门人。周先生的言谈和书写提示着我们汉字革命的遗产、意义及其未竟之事业。作为人类历史上最大规模的语文实验，汉字革命既昭示了令人振奋的希望，也展现出令人无奈的局限。我谨希望《汉字革命》一书能为我们理解它的复杂历史和宝贵政治意义贡献绵薄之力。

第一部分

肇端

第 1 章

字母普遍主义的开端与终结

  国语运动的经典叙述《四十自述》第六章"逼上梁山"里，胡适如是描述中国现代文学革命的开端。那是 1915 年的夏天，一位名叫钟文鳌的清华学监，利用每月给清华在美学生发放奖学金月费的机会，常在信封里附上各式各样的类似基督教福音书的小传单，如"不满二十五岁不娶妻"，"多种树，种树有益"以及"废除汉字，取用字母"。❶受这位学监的刺激，胡适在去信谴责此等对汉字的无知言论之后，旋即意识到骂学监不能解决中国文字的问题，其时中国文字已然开始被当成中国接受现代科学技术的绊脚石。胡适于是与好友赵元任商议，把"中国文字的问题"作为当年美东中国学生会的讨论题目，分别作论文探讨。值得玩味的是，"中国文字"的讨论题目成文之时改成了"中国语言的问题"，全文分四部分连载于 1916 年的英文杂志《中国学生月报》。胡适坦言他作的一部分针对的是汉文的教学问题，赵元任写的三部分"是国语罗马字的历史的一种重要史料"。❷胡适没有明言的是，国语运动的起因里还蕴藏着汉字革命的起因，而 1916 年的这篇文章，就是中国汉字革命的第一枪。

---

❶ 胡适：《四十自述·逼上梁山》，《胡适文集》（第 1 卷），北京：北京大学出版社，1998，第 140 页。

❷ 胡适：《四十自述·逼上梁山》，《胡适文集》（第 1 卷），第 141 页。

本章介绍汉字革命的开端——罗马化运动。罗马化运动标志着语音中心主义和字母普遍主义在中国的发生。需要定义的是，语音中心主义意味着将书写当成语音和语言的附庸和补充，认为书写本来就是语音的记录，且应该更好地服务语音。而字母普遍主义在这里有两层含义：其一，它意味着拼音字母因其记音功能而被认为是最好的文字；其二，拉丁罗马字母是拼音字母里最强大的文字。本章将字母普遍主义在中国的源起定位到1916年英文文章《中国语言的问题：中国语文学的科学研究》（简称《中国语言的问题》）的发表，确切地说是赵元任执笔的三部分，第一次清楚无误地要求废除汉字，取用字母。我们将以中国现代语言学之父赵元任的罗马化工作为线索，重审废除汉字的激进主张的理论源流、跨国际发展，以及随之带来的技术化书写观的结果。一方面，汉字字母化的进程高度契合殖民全世界的语音中心主义；另一方面，罗马化运动以支持改用拉丁罗马字母为前提，在追求可视语言与先进声音复制技术碰撞的过程中，出人意料地否定了字母普遍主义，并提示重新思考书写意义的必要。

"废除汉字，取用字母"

汉字字母化指的是什么？这个看起来简单的问题实则占据了汉字革命的中心位置。我们会想到拼音或者注音符号，尽管拼音使用拉罗字母，而注音符号也叫注音字母，但两者都是辅助汉字的标音系统，都在废除汉字的问题上进行了妥协。汉字字母化事实上是个复杂的大问题，且定义了汉字革命的动机。这个问题的答案注定不止一个。不同的汉字字母化，为汉字革命提供了不同的解决方案。这些方案分开检视，显示各不相同的激进程度，但勾连起来看，它们形成一个整体，为汉字革命的开端、嬗变和中止，以及革命的野心和焦虑，提供了重要线索。

汉字革命一开始就提出了两种方案：其一，废除汉字，取用字母；其二，彻底废除中国文字和语言。中国语言及其各地方言是否如此不可救药而需要废除，并无统一意见。但就废汉字而言，各方意见较为统一。以救亡图存为己任的智识精英鲜有反对废汉字的，大多数知识分子认为中国要成为一个新的、被承认的民族国家，废汉字是不可避免的代价。❶ 本来政见极不同的两个阵营——一方有蔡元培、胡适、吴稚晖，另一方则有瞿秋白、鲁迅、毛泽东——在废除汉字、取用字母的问题上达成了共识，即便双方在如何字母化的操作上又会有不同意见。❷ 汉字字母化运动打响的第一枪是 1920 年代由中国国民党支持的汉字罗马化运动，紧跟着的是 1930 年代由中国共产党推动的汉字拉丁化运动。尽管罗马化和拉丁化在政治上水火不容，但两者都高举拼音化和字母化的大旗。与之前的拼音化、字母化的前辈先例不同，如汉代的反切、唐代翻译佛经使用的字母、明代耶稣会士的拼音方案、晚清的切音字运动等，20 世纪的汉字字母化运动是有汉字以来第一次

---

❶ 当然也不是没有例外，比如章太炎、戴季陶、陈梦家就反对废汉字。汉字革命遇到的最大阻力恐怕来自旧体诗的创作，见 Shengqing Wu, *Modern Archaics: Continuity and Innovation in the Chinese Lyric Tradition, 1900−1937* (Cambridge, Mass.: Harvard University Asia Center Press, 2013)。针对戴季陶的保守革命视野及其反对废汉字的论述，见 Brian Tsui, *China's Conservative Revolution: The Quest for a New Order, 1927−1949* (New York: Cambridge University Press, 2017), chap. 2。

❷ 见《国语月刊》的"汉字改革号"，《国语月刊》第一卷第七期，1922 年。另有一封 1935 年由 688 位汉字革命支持者共同签署的公开信——《我们对于推行新文字的意见》，见渥丹：《中国文字拉丁化文献》，上海：拉丁化出版社，1940，第 153—157 页。

正面要求废除汉字，用字母代汉字以拼读口语，可谓三千年来头一遭。

如果汉字革命的第一个提案确立了革命的主要目标，那么第二个提案则暴露了其核心动机。钱玄同 1918 年的檄文《中国今后之文字问题》是绝好例证。作为重要的文字学家和罗马化运动的核心人物，钱玄同攻击汉字"非拼音而为象形文字之末流"，主要功能是"记载孔门学说及道教妖言"，他斩钉截铁地说："此种文字，断断不能适用于 20 世纪之新时代。"废除汉字，还应废除汉文，代之以英语或法语，当然最理想的莫过于"文法简赅、发音整齐、语根精良"的"万国新语"。❶ 如果这只是钱玄同的一家之言，如此激进的提议很容易被当成天马行空的不切实际之辞，或者恬不知耻的自我殖民。然而，对世界语的好感和兴趣在中国知识分子中相当普遍。吴稚晖在钱玄同之前就在总部设在巴黎的《新世纪》杂志上为万国新语站台。❷ 蔡元培创建的世界语学校则算是中国最早的一批世界语学校中的一例。鲁迅虽然曾在早期文章《破恶声论》中追随老师章太炎反对万国新语，但后来也为上海的世界语学校热心捐款，并支持俄国无政府主义世界语诗人爱罗先珂。知名作家如胡愈之、周作人、巴金等都不同程度

---

❶ 钱玄同：《中国今后之文字问题》，《新青年》第四卷第四号（1918 年 4 月 15 日），第 350—356 页；另见于《钱玄同文集》（第 1 卷），北京：中国人民大学出版社，1999，第 162—170 页。

❷ 围绕万国新语论辩展开的重要研究，见彭春凌：《以"一返方言"抵抗"汉字统一"与"万国新语"——章太炎关于语言文字问题的论争（1906—1911）》；罗志田：《清季围绕万国新语的思想论争》，《近代史研究》2001 年第 4 期；罗志田：《国家与学术：清季民初关于"国学"的思想论争》，北京：生活·读书·新知三联书店，2003，第四章；周质平：《晚清改革中的语言乌托邦：从提倡世界语到废灭汉字》，《二十一世纪》2013 年 6 月号；张仲民：《世界语与近代中国知识分子的世界主义想象——以刘师培为中心》，《学术月刊》2016 年第 4 期。

地掌握世界语。❶ 本章虽无力全面考查世界语在中国的历史，但此处须点明的是，中国知识界对世界语之着迷，实能揭示汉字字母化的真正动力。

诚然，柴门霍夫 1887 年发明世界语的时候对这个人工语言的定位并非是成为替代所有国语的"国际性语言"。❷ 世界语一旦有意取代国语，那么这种语言和文化上的帝国主义将迅速取消世界语中立、国际化、革命的普遍语言地位。相反地，世界语被设计成全世界人民可以共享的第二语言，带领人类超越巴别塔的普遍语言，是从国语中来但又超克国语的语言。中国世界语爱好者们对万国新语许诺的语言乌托邦异常敏感。钱玄同用世界普遍第二语言做中国新国语的提议，乍听之下不可思议，但细细想来自有道理，以诚实、热切的方式袒露出了汉字革命的真正动机。代汉文为万国新语虽挑战国文国语的中国属性，但中国语文在那个历史时刻求而不得的语言可通约性、可辨识度，甚至优越感，似乎可以通过移用和嫁接世界语及其普遍主义来达成。汉字革命的支

---

❶ 关于周氏兄弟和爱罗先珂合作翻译世界语文学一事，见周作人：《周作人日记》（第 2 卷），郑州：大象出版社，1996，第 228 页；鲁迅：《序》，《爱罗先珂童话集》，上海：商务印书馆，1922；孟庆澍：《无政府主义与五四新文化》，开封：河南大学出版社，2006，第二章；Gerald Chan, "China and the Esperanto Movement," *Australian Journal of Chinese Affairs*, no. 15 (January 1986): 1–18; Andrew F. Jones, *Developmental Fairy Tales: Evolutionary Thinking and Modern Chinese Culture* (Cambridge, Mass.: Harvard University Press, 2011), pp. 150–153，235.

❷ 尽管 Esperanto 这个名字并未明确表达世界语成为普及全世界的语言的希望（"espero" 在世界语中意为"希望"），钱玄同使用的中文名字倒是表达了语言普遍主义的野心。钱玄同：《钱玄同文集》（第 1 卷），第 167 页。更多世界语相关研究，见 L. L. Zamenhof, "What Is Esperanto？" *North American Review* 184, no. 606 (January 1907): 15–21; Peter G. Forster, *The Esperanto Movement* (New York: Mouton, 1982); Esther Shor, *Bridge of Words: Esperanto and the Dream of a Universal Language* (New York: Metropolitan Books, 2016)。

持者不会同意为字母化而字母化的操作。字母化最具雄心也最充满焦虑的核心问题，是中国语文追求的语言和书写的普遍主义。

所以字母化的两条路径标示出字母化的两项主要任务：其一，获得拉罗字母这一普遍形式；其二，将普遍主义的字母形式国有化，让中国字母有资格表现属于自己的普遍主义。第一项任务符合字母普遍主义的两种形式：第一，承认拼音字母的普遍主义；第二，在拼音字母中以拉罗字母为最终形式。对比而言，第二项任务对拉罗字母的普遍主义提出挑战，企图将其国有化。有意思的是，当汉字对字母普遍主义的追求被更先进的声音复制技术赋权后，连字母普遍主义的第一种形式也变得岌岌可危。汉字革命的开局很是值得玩味，字母普遍主义的世界迅速土崩瓦解，而语音中心主义的基本原则却屹立不倒。

尽管中国的世界语运动用最激进的方式阐明了字母化运动最根本的两个诉求，但若一旦以世界语为国语，那么字母化运动企图国有化普遍主义的雄心也就无从施展。所以，从切实践行字母化的双重诉求意义上说，第一个汉字字母化运动还要算是罗马化运动。尽管罗马化运动于 1920 年代中期才步入正轨，但其理论建设可追溯到十年之前。赵元任写于 1916 年的英文文章《中国语言的问题》是目前能找到的最早系统论述废除汉字、取用字母的学术著作。[1] 1916 年 4 月到 6 月，由美国新英格兰地区的留学生创立的《中国学生月刊》分三次连载了这篇中国罗马化运动的奠基之作。文章开宗明义地支持字母普遍主义，明确提出用拉罗字母代替汉字。作为中国罗马化运动的开山之作，要求废除汉字自是

---

[1] Yuen Ren Chao, "The Problem of the Chinese Language: Scientific Study of Chinese Philology," *Chinese Students' Monthly*, vol. 11, no. 6 (1916): 437–443; vol. 11, no. 7 (1916): 500–509; vol. 11, no. 8 (1916): 572–593. 本书出现的所有译文，若未特别注明，均出自笔者。

题中之意。但有意思的是，赵元任废汉字的檄文在承认拉罗字母优越性的同时，还暗示了中国字母化运动对字母普遍主义的野心，亦即将字母普遍主义国有化。更有意思的是，同年随着索绪尔遗作《普通语言学教程》的发表，语言学正式从语文学内部分离出来，成为独立学科。[1]1916年这个年份特殊，当然是历史的巧合——毕竟废除汉字的呼声有早于赵元任文章者，如钟文鳌1915年的传单；而索绪尔1913年过世之后，其弟子和遗孀便立即着手整理其生前作品，三年后付梓纯属偶然。然而，1916年这个精彩的巧合揭示了一个重要的历史洞见——在语音中心主义统御全球的时刻，中国的汉字革命是且仅是其中一环。颇具象征意义的是，中国现代语言学之父赵元任的英文学术处子作便是语音中心主义影响中国语文改革的开端。他对中国语文现代性向往之急切，甚至不惜以废汉字作为代价。[2]

彼时年仅24岁的赵元任不久成了罗马化运动的首席理论家，与罗马化同仁一起创制了国语罗马字（Gwoyeu Romatzyh），日后更成长为20世纪最重要的语言学家之一。作为一个现代文艺复兴式的人物，赵元任早年受数学、物理和哲学训练，和诺伯特·维纳（Norbert Wiener）、恩奈斯特·劳伦斯（Ernest Lawrence）、瓦伦·韦弗（Warren Weaver）等大科学家有共同的兴趣，也与之建立了长期的友谊。[3]作为一位现代的、文艺复兴式的人物，赵元任是翻译家（他译的刘易斯·卡罗尔的"爱丽丝"系列至今都是译界

---

[1] Ferdinand de Saussure, *Cours de linguistique générale*, Lausanne: Payot, 1916.

[2] 赵元任在此之前还写过不少中文文章，主要发表于《科学》杂志。例如，《心理学与物质科学之区别》，《科学》第一卷第一期，1915年1月；《能力》，《科学》第一卷第二期，1915年2月；《永动机》，《科学》第一卷第三期，1915年3月。

[3] 赵元任本科在康奈尔大学修数学和物理，后入哈佛大学攻读哲学博士。见赵新那、黄培云编：《赵元任年谱》，北京：商务印书馆，1998，第75页。

经典）、作曲家，还是控制论在中国传播的先锋人物，他曾作为唯一收到梅西会议（Macy Conferences）邀请的中国学者与会发表论文。❶赵元任多方面的才华让他的语言学转向变得尤为困难。事实上，这一转向就发生在1916年年初。赵元任在当年1月的日记里写道："我觉得我生来就是个语言学家、数学家和音乐家。"❷在上了一门他由衷喜爱的格兰金特（Charles H. Grandgent）教授的语言学课程后，赵元任做出了决定："我还是做个语文学家吧。"❸很快，这位语文学家就开始研究"中国语言的问题"。

《中国语言的问题》分三部分。第一部分讨论"中国语文学的科学研究"；第二部分专注"中国语音学"；最后一部分探索改革的可能，"特别关涉汉字的字母化"。❹前两部分强调"科学的、历史的研究"，最后一部分关心"有建设性的改革"。在第一部分中，

---

❶ 杨振邦对赵元任的语言学工作为其控制论研究提供了独特视角，亦有精彩论述，见 Chen-Pang Yeang, "From Modernizing the Chinese Language to Information Science: Chao Yuen Ren's Route to Cybernetics," *Isis* 108, no. 3 (September 2017): 553–580. 更多赵元任在梅西会议的情况，见 Lydia H. Liu, *The Freudian Robot. Digital Media and the Future of the Unconscious* (Chicago: University of Chicago Press, 2010), chap. 3. 关于梅西会议，见 N. Katherine Hayles, *How We Became Posthuman: Virtual Bodies in Cybernetics, Literature, and Informatics* (Chicago: University of Chicago Press, 1999)。

❷ 赵新那、黄培云编：《赵元任年谱》，第82页。赵对自己早年的智识成长有过总结，见《赵元任全集》（第16卷），北京：商务印书馆，2007，第59—74页。

❸ 赵新那、黄培云编：《赵元任年谱》，第82页。赵元任第一堂语音学课的授业老师是将奥托·叶斯柏森（Otto Jespersen）的《语音学课本》从丹麦语译为德语的赫尔曼·大卫森（Hermann Davidsen），赵元任后又跟随格兰金特——《普罗旺斯语的音系学和构词学提纲》的作者——上了一堂语言学概论。格兰金特师从保罗·迈耶（Paul Meyer），是索绪尔在法国高等研究应用学院的同事。高等研究应用学院是法国语文学和历史研究的重镇。理解德国语文学传统和英法语言学传统的区别，见 Ku-ming Kevin Chang, "Philology or Linguistics? Transcontinental Responses," in Pollock, Elman, and Chang, *World Philology*, pp. 311–331。

❹ Chao, "The Problem of the Chinese Language," pp. 437, 500, 572. 此文的页码下文均标注在正文的括号内。

赵元任把中国语言的研究分出四个分支："（1）语音学；（2）语法与方言表达；（3）语源学，包括汉字研究；（4）语法与文学语言的表达"（438）。在赵元任看来，"中国语言的问题"不在书面语的研究，毕竟小学传统里有大量经典，如《说文解字》《佩文韵府》《切韵》《康熙字典》等；其症结在于对中国口语研究的匮乏。这篇文章的第二部分讲的就是这个问题，赵元任日后的整个学术生涯想要纠正的也是这个问题。他坦承，最初对于中国语言和语音研究的匮乏感来自他对印欧语系的学习，对照"美、英、法、德学者"在"语音学领域"的"广度和深度"，中国学者的研究相形见绌。赵元任得出结论，必须把"外国的研究成果移用到中国"，借鉴"科学""历史""实证"的印欧语系的研究方法，丰富中国的语言和语音研究（438）。

文章第二部分讨论传统的"中国语音学"，并寻求其现代化的可能。在赵元任的评估体系里，从《切韵》到《康熙字典》每一个语音研究体系都有可取之处，但是没有一个足够有分析力，都不能承担科学研究中国语音的重任（507）。他对反切提出特别批评，认为反切的方法用上字取声母，下字取韵母和声调，不仅不能保证音素的准确，还不能排除切音者个人的发音习惯，反而在切音过程中引入诸多不确定因素。❶ 所以，"一套真正的字母"拼音系统应该是"每一个符号代表且仅代表一个音素"，"表音体系必须脱离方言而独立存在"（504-505）。

由此，赵元任开始寻找"一套真正的字母"。已有的几种中国字母的尝试——王照的官话字母、多种速记法、读音统一会的努力、章炳麟的注音符号——都不能满足要求，虽然他承认章太炎

---

❶ 赵元任使用的例子如下：老 lau^2 ＝沧（lun-un）＋岛（tau^2-t）反 ＝l+au^2=lau^2（505，509）。

的系统优于前人（506）。❶ 讨论完中国本土的拼音系统，赵元任迅速转向西方，提出以下"三个最重要的"系统：国际音标（IPA）、亚历山大·梅尔维尔·贝尔（Alexander Melville Bell）的"可视语言"，以及奥托·叶斯柏森的音标系统。他认为字母书写必须是"统一语言使用的合乎逻辑的书写系统"，该系统应优先考虑"罗马字母"（582、586）。

在文章的最后一部分，赵元任为中国语言的改造和统一制定了基本方案，亦即以罗马字母拼写中国语言，从而生产一套真正的中国字母。他列举了十四条"支持罗马化"的理由：

一、字母适用于我们日益变化的语言。

二、这样做有利于统一方言。

三、发音将不言自明。

四、我们只须学习十几、二十个符号，而不是上千汉字。

五、吸收外来词汇对思想和语言的发展有益。

六、一个重要面向是对技术用语的吸收。

七、翻译名词将变得容易……

八、若我们自己的文字是字母形式的，学起外语来会容易一些。

九、中国语言一旦字母化，外国人学起来将便利许多。

十、字母中文易于印刷。

十一、字母中文打起字来和英文一样快。

十二、索引、目录、字典、名录、归档系统都会大大得益

---

❶ 读音统一会在章太炎系统的基础上拟定了注音字母。关于中文速记系统（与英文及日文速记系统同期发展），参见黎锦熙：《国语运动史纲》，第98—99页。

于字母的使用。

十三、电报和密码用字母发会容易许多。

十四、我应当补充盲人识字教育为第十四个理由。（582-584）

从语言发展到技术问题，从大众教育和扫盲到跨语际、跨文化交流，赵元任判定拉罗字母相较汉字有着无可辩驳的优越性。但是，中国文字字母化的好处虽多，其对字母普遍主义服膺之核心是意欲借科学的、字母化的新书写系统，回应20世纪书写技术化的挑战，取得和世界其他先进文明等量齐观的资格。

赵元任似乎觉得十四条正面意见还不足以论证他的主张，紧跟着他又补充了十六组问答，预设反对汉字字母化的可能意见并一一进行驳斥，从语言进化论到如何正确处理文学遗产问题，从语言和文字的区别到拼音字母言文一致的高效（587-591）。❶他一面扫除罗马化反对派的顾虑，一面告诫支持罗马化的同志们，中国文字的字母化进程不会一帆风顺，但是只要遵循科学规则，那么新的中国字母就可以拼写标准的、"在方言中取得最大统一的"中国语（573-574）。到时，这个中国字母的拼音系统（正字法）将比现有的许多不规范的表音系统——比如英文——都要更规范（590）。至此赵元任明确了汉字字母化的双重任务：一、中文书写使用拉罗字母，实现字母普遍主义；二、国有化字母普遍主义，占据新的普世价值。任务一旦达成，一个新的普世的中国字母将成功书写中国现代新语言、新文学，一个新的中国终将出现。

---

❶ 赵元任在1922年的文章中，把条目精减到十条，参见赵元任：《国语罗马字的研究》，《国语月刊》第一卷第七期，1922年，第87—117页。

两种国语

汉字字母化作为汉字革命的终极目标被提出，标志着语音中心主义和字母普遍主义在中国的确立。尽管文字改革的多方势力对使用何种字母和正字法、效忠何种政治理念往往存在分歧，但他们共同的信念是，书写是语言的依附，文字是记录语音的工具。既然汉字作为记音工具尚不合格，遑论继续扮演承载中华文化和文明的历史角色，理应取而代之。新的中国文字必须首先是忠实记录语音的工具，才能进一步发展，寻求与其他书写和信息技术整合的可能。然而，语音中心主义带来的直接问题是：中国字母将记录何种语音？罗马化的支持者给出的答案是"国语"。❶然而国语作为一个经由日文翻译过来的新概念，并不是一个先验的存在。民国初年至少出现了两种国语——1913 年订立的老国音与 1924 年前后确立的新国音，先后由民国政府支持并通过。❷值得注意的是，民国语文改革者混用"国语"与"国音"，进一步加强了语音在国语建构过程中的重要性，也进一步凸显了赵元任在 1916 年英文文章里提出的棘手问题——如何才能让国语"在方言中取得最大统一"。

老国音指的是 1913 年由读音统一会商定的、折中各主方言区

---

❶ 中文的"国语"受日本明治维新国语的影响，见 Lee Yeounsuk, *The Ideology of Kokugo: Nationalizing Language in Modern Japan*, trans. Maki Hirano Hubbard (Honolulu: University of Hawai'i Press, 2010), pp. 54–61。赵元任撰写《中国语言的问题》前后，黎锦熙等人主张改"国文"为"国语"，1920 年 1 月教育部正式通令全国各国民学校改国文科为国语科，见黎锦熙：《国语运动史纲》，第 133、161 页。

❷ 1924 年见证了新国音的诞生，官方正式启用京音。同年，北京大学研究所国学门方言调查会成立。1924 年后的连续八年时间，文化和政治趋于保守，连带地，汉字字母化运动和国语运动也进入了较为收缩的阶段。黎锦熙：《国语运动史纲》，第 173—179、203 页。

方言的人造国语。❶ 读音统一会用半年有余的时间，审定了 6500
余字的读音，兼顾南北各地方言，保留部分古老的吴方言辅音、
粤语中的尾音，以及入声，成果见于 1919 年出版的《国音字典》。
同年，读音统一会改名为国语统一筹备会，以此表明委员会的新
任务，并招揽新成员入会，如蔡元培、吴稚晖、胡适、周作人、
林语堂、钱玄同和赵元任。赵元任更受命于 1921 年灌制《国语留
声机片》。❷ 让人造国音支持者们始料未及的是，普及工作才刚开
始，一场质疑国音统御地位的"京音国音"论辩便开始发难。❸ 老
国音的拥趸还没来得及为国语统一真正施展拳脚，便发现必须面
对新国音的挑战。

---

❶ 读音统一会（1912—1916）后被国语研究会（1916—1923）取代，再后来演变为国
语统一筹备会（1919—1923）。赵元任不是初始会员，是于 1920 年加入的。见赵新
那、黄培云编：《赵元任年谱》，第 101 页；赵元任：《赵元任全集》（第 16 卷），第
110 页。读音统一会从 1912 年 12 月开到 1913 年 5 月，最终通过了老国音和 39 个字
母的注音符号。关于读音统一会和以上三个机构的沿革以及它们对国语运动的贡献，
见黎锦熙：《国语运动史纲》，第 121—139 页。David Moser 对读音统一会上的戏剧性
事件和语言，有具体描述，见 David Moser, *A Billion Voices: China's Search for a Common
Language* (Sydney: Penguin Books Australia, 2016), pp. 18–28。

❷ 在此之前，王璞曾录制过赵元任认为不甚成功的留声机唱片。赵元任在《第一封绿
信》中认为王璞以北京话作旧国音是"不正确的"："原来的发音人是北京人。他的发
音不甚完美，其中保留了已从国音中去除了的北京地方特色，特别是他以北京话的 [ə]
音代替国音的饱满的 [o] 音。"参见《第一封绿信》（1921 年 1 月），《赵元任全集》（第
16 卷），第 315 页。绿信指的是赵元任写在绿色稿纸上发给世界各地朋友们的信。赵
元任一生共寄出五封绿信，第六封未完成。绿信诙谐幽默，内容通常包括赵元任的生
活近况、智识上的新兴趣，有时兼论学术议题。

❸ 关于京音与国音之争，详见朱麟公：《国语问题讨论集》第六编"国语统一问题"，上
海：中国书局，1921；黎锦熙：《国语运动史纲》，第 152—159 页。关于京音国音之争
与国语统一运动的研究，参见村田雄二郎：《五四时期的国语统一论争——从"白话"
到"国语"》，赵京华译，见王中忱等编：《东亚人文》（第一辑），北京：生活·读
书·新知三联书店，2008；袁先欣：《语音、国语与民族主义：从五四时期的国语统
一论争谈起》，《文学评论》2009 年第 4 期；王东杰：《声入心通：国语运动与现代中
国》，第七章。

赵元任便是其中一员。即便有学理和官方的双重支持，赵元任还是迅速感受到了京音的压力。北京华语学校校长、美国传教士裴德士（W. B. Pettus）当时向赵元任坦承，他的学校在京音国音的问题上，已然站到了国音的对立面，因为"京语请得到会说的教习；国语只存在纸上，找不到教习"。受裴德士启发，赵元任认识到要战胜京音，就要让国音资源和京音资源一样普及。在一封1922年5月寄给黎锦熙的讨论国音字母的信中，他说计划在商务印书馆请他录的留声机片外，另录一批教外国人学国音的唱片，并为人造国音量身定制一个罗马化草案，如此便可争取在两种国语间举棋不定的外国人，"因此就可以多一个推广国语的势力"。❶

赵元任对建成中外联盟共同支持老国音充满希望，并切实着手布局。然而，妨碍老国音普及的不仅仅是它的人造特性，更在于其难度。这一点即便是老国音的主要发音人赵元任也不得不承认。他在1923年4月《第二封绿信》中如此描述在纽约哥伦比亚唱片公司灌《国语留声机片》的经历："这是一种高级汉语，类似标准的巴黎学院里的语言，或者是德国舞台上的高级德语，是一种谁都不说的语言。但我必须流利使用，其结果还要经得起机器的测试，而留声机片容易夸大任何特征。所以我用《国音字典》查了每一个不确定的字，用红笔标在稿子上，演练了不同的表达方式，还做了节奏和强度的标记。"❷ 即便是老国音的指定发音人都不能确定国音的种种发音，普通受众学习国语的难度可想而知。赵元任的录音过程更是凸显了语音复制过程的技术本质。这个过程涵盖国语的发声、录入和复制的全过程，作用于留声机和赵元

❶ 赵元任、黎锦熙：《讨论国音字母的两封信》，《国语月刊》第一卷第七期，1922年，第165—176页；赵元任的草案，见赵元任：《国语罗马字的研究》。
❷ 赵元任：《第二封绿信》，《赵元任全集》（第16卷），第328页。

任本人。从老国音作为拼音系统开始，到赵元任作为发音人，最后通过留声机片记音，这是一连串记音书写趋向技术化的写照。书写最终成为可视语言，追求更高阶的声音复制和分析技术，将定义赵元任和中国罗马化运动所追求的中国字母的最后阶段，容后再叙。

京音国音的竞争最终以京音的胜利告终。京音胜出的种种原因中，最主要的一条，用达尔文引用马克斯·缪勒（Friedrich Max Müller）关于语言进化的讨论来说就是："更好的、更简短的、更简单的形式总是时时占上风。"[1]1924年5月，赵元任再次受商务印书馆之邀，录制《新国语留声片》（图1.1）。赵元任不再坚持老国音，在1925年3月的《第三封绿信》中向朋友们坦白："这回我用了纯粹的北京发音，而不是国音。因为不瞒您说，我以为受过教育的北京人的语音未来会比国音更有前途。不过我时下的想法还没成熟到可以广而告之的地步。"[2]事实上，早于赵元任，国语统一筹备会于1923年便取用京音作为新国音，虽然老国音直到1932年才正式被官方弃用。赵元任在新老国语问题上的立场转变颇具象征意义，同时还留下了相应的两张唱片和两个罗马化草案，分别是1921年的《国语留声机片》和1924年的《新国语留声片》，1923年的老国音罗马化方案和1926年与"数人会"的同仁共同拟定的国语罗马字。[3]可以认为，无论是留声机片还是罗马化方案，都是

[1] Charles Darwin, *The Descent of Man, and Selection in Relation to Sex* (1871; repr., Cambridge: Cambridge University Press, 2009), vol. 1, p. 60.

[2] 赵元任：《赵元任全集》（第16卷），第368页。

[3] 赵元任用国语罗马字拼老国音的例子，见《新文字运动底讨论》，《国语月刊》第二卷第一期，1924年，第1—17页。赵元任解释"数人会"名字的出典为陆法言的《切韵》："吾辈数人定则定矣。"见赵元任：《赵元任全集》（第16卷），第110页。大学院公布的国语罗马字原文，参见赵元任：《国语罗马字对话戏戏谱：最后五分钟》（以下或简称《最后五分钟》），上海：中华书局，1929，第40—52页。

图 1.1 赵元任受商务印书馆之邀录制的《新国语留声片》

语音书写的尝试；而从录制唱片到拟定国语罗马字，罗马化运动愈发追求语音书写的准确性和技术性，国语罗马字便是明证。

国语罗马字

毫无疑问，国语罗马字（简拼为 GR，简称国罗）标志着中国罗马化运动的高潮。国罗拼写新国音，于 1928 年正式被中华民国大学院公开认定为"国语注音符号第二式"，地位仅次于作为第一式的注音符号。由于注音符号不主张废除并取代汉字，国罗的官方身份自然被当成汉字革命的最高成就和希望所在。赵元任作为主要拟定人，在日记里激动不已："国罗已于 9 月 26 日公布了。

万岁！！！"❶三个感叹号既是对国罗成功的骄傲，也是对国罗远大前途的信心。在赵元任看来，国罗的未来，不光是要从国语注音符号第二式变成第一式，也不仅仅是做新的中国字母；国罗的终极使命是成为能描摹所有语言的普世字母。借赵元任友人、瑞典汉学家高本汉（Bernhard Karlgren，1889—1978）的话说，汉字的拼音方案多得比一年中的日子还要多；❷国罗能在众多拼音字母方案中脱颖而出，要仰赖它过人的记音能力。惯常对国罗的评价往往专注讨论国罗如何为追求记音准确，导致拼法复杂和不实用，从而遮蔽了国罗的真正野心：在达成字母普遍主义的同时将其国有化。同样被遮蔽的，是由国罗运动揭示的汉字字母化进程内部的潜在矛盾。服膺语音中心主义的字母普遍主义固然是国罗追求的形式，但当国罗为记音的完美进一步探索其他记音技术时，拉罗字母作为一切记音文字的普世形式自然要让位于更先进的、更能生产"可视语言"的书写技术，比如下文将论述的更科学的正字法、戏谱和声谱仪。可以说，20世纪的汉字革命，从一开始就发现了语音中心主义和字母普遍主义间的吊诡。精彩的是，这组尖锐的矛盾在国罗发展之初，甚至在国罗正式审定之前，就在一封1925年2月24日高本汉写给赵元任的信里一览无余地呈现了出来（见本章后附件）。

高本汉，瑞典人，著名语言学家、博学家、民俗学家，曾任哥德堡大学教授，后出任远东古物博物馆馆长长达二十年。早年研究瑞典方言，后兴趣东迁，成为瑞典至今仍首屈一指的杰出汉

---

❶ 引自赵元任10月5日的日记，原文用国罗拼写："G. R. yii yu jeou yueh 26 ry gong buh le. Hooray!!!"见赵新那、黄培云编：《赵元任年谱》，第154页。

❷ Bernhard Karlgren, *The Romanization of Chinese: A Paper Read Before the China Society on January 19, 1928* (London: China Society, 1928), p. 1.

学家。作为历史语言学的先驱，高本汉是重构上古、中古汉语的第一人。他与赵元任相识于 1924 年，并维持终生友谊。两人最广为人知的合作是《中国音韵学研究》，该书原是高本汉的博士论文，后高本汉亲自邀请赵元任翻译，最后翻译由赵元任、李方桂和罗常培三人合力完成。此书对赵元任日后在"中央研究院"展开的方言调查有相当的影响。❶ 同样重要但鲜为人知的，是两人关于国罗展开的合作和竞争，这从高本汉的信中可窥探一二。来信的时间为 1925 年 2 月，正是前文提及赵元任写作《第三封绿信》的时刻，恰好是他在国语问题上弃旧从新的节点。从高本汉信的内容和口吻看，不难判断这是他给赵元任的回信，赵元任信中显然提及新老国音的问题，并可能征求高本汉对中国罗马化运动的意见。高本汉的回信，"踌躇许久"才写就，语气恳切友好，给出了诚实的意见。高本汉对赵元任"信里的问题"思考再三，得出以下结论：首先，中国语文的未来必须让北京话成为"高级汉语"，并以罗马化拼音书写；其次，高本汉推介他自己在《中日汉字分析字典》中使用的罗马化拼音系统，来作为中国字母的候选，这在一定程度上可以解释为何高本汉在国罗公布后表达了对国罗的不满；最后，他对赵元任表示鼓励，希望如赵元任一般的有识之士能尽快着手罗马化的实际工作，最后还提出了实践过程中的注意事项。整封信的定调虽是同志间的交流，然高本汉的意见俨然是专家的权威意见，友好的字里行间频繁出现祈使句，共计使用九次"应该"，两次"不要"。有趣的是，中国语文改革后来的发展确实证明了高本汉的先见之明——从北京话作为普通话的基

---

❶ Bernhard Karlgren, *Études sur la phonologie chinoise* (Leiden: Brill, 1915—1926). 高本汉:《中国音韵学研究》，赵元任、罗常培、李方桂译，上海：商务印书馆，1940。

础，到必须制作简单的正字法；从普及课本的重要性，到对改革的宣传，高本汉都被证明是正确的。不过这封信最值得玩味之处倒不在高本汉的高瞻远瞩，而在于它勾勒了一个支持罗马化的国际联盟如何集结、内部如何竞争的全过程。

首先是罗马化联盟的形成。高本汉在宣布中国语文的未来是北京音、罗马字，且必然是罗马化国际联盟一员的同时，不期然描述了中国文字在其中的地位。高本汉写道："有一样东西最能帮助新中国加入全球智识世界并被大家接受——普遍文字（a common script）；这将使阅读和复制新中国文学变得简单自然，这些作品将很容易地以引文的形式出现在西方文献里。要做到这一点，只有使用罗马字母。"需要说明的是，普遍字母未见得必须是拉罗字母，追求普遍文字也不是高本汉的发明。早在 17 世纪就有杨森派的《波尔·罗亚尔语法》、乔治·达尔伽诺的《符号技艺》、约翰·威尔金斯的《论真字符和哲学语言的取得》，还有莱布尼茨的微积分、洪堡的语言思想；到了 19 世纪末 20 世纪初，还有各式人造文字，比如世界语、伊多语，以及受威尔金斯启发的、由瑞恰慈和奥格登在英国剑桥发明的 850 个单词组成的"基本英语"，人类寻求普世沟通、建构通天巴别塔的尝试可谓源远流长。❶然而，

---

❶ Roy Harris and Talbot Taylor, eds., *Landmarks in Linguistic Thought I: The Western Tradition from Socrates to Saussure* (New York: Routledge, 1997), pp. xiv–xviii; Wilhelm von Humboldt, *Über die Verschiedenheit des menschlichen Sprachbaues und ihren Einfluss auf die geistige Entwickelung des Menschengeschlechts* (Berlin: Druckerei der Königlichen Akademie der Wissenschaften, 1836); C. K. Ogden, *Debabelization: With a Survey of Contemporary Opinion on the Problem of a Universal Language* (London: K. Paul, Trench, Trubner, 1931); Roy Harris, *Language, Saussure and Wittgenstein: How to Play Games with Words* (New York: Routledge, 1990). 无独有偶，赵元任为"基本英语"在中国的发展也做出过贡献，受"基本英语"启发，赵元任还提出过"基本汉语"（Basic Chinese），后该计划演变为"通用汉字"。赵元任直到生命最后都在进行"通用汉字"的研究。

到 20 世纪初，普遍文字的指涉俨然仅限于拉罗字母而不做他选。中国文字虽受邀加入成为普遍文字的一员，然其入会资格是且仅是西文文献里的"引文"。因为是受邀而不是被迫，所以汉字字母化加入的是一个自觉自愿支持字母普遍主义的国际联盟。有意思的是，若成为引文便是中国文字加入罗马化联盟的全部，那么这至多是一个（自我）东方主义的故事；恰恰相反，中国文字意欲成为普遍文字、挑战字母中心主义的故事才刚刚开始。

高本汉在描摹罗马化联盟的形成的同时，不经意间也让我们一窥罗马化联盟内部的张力。他在信中告诫说："（新的）书写系统应该尽可能简单，变音符号不要多（除了标记音调）。只要符合逻辑和前后一致，这套系统无须完全描摹发音。"如前文所述，高本汉推荐的正是他自己的《中日汉字分析字典》所使用的罗马化拼音，然而国罗非但剔除标记音调的意见，还使用一套相当繁复的拼音规则，因此他在国罗公布数月后便公开发言："我承认我对国罗不敢恭维。"❶

赵元任从未回应过高本汉对国罗的批评，他对这封国罗公布前的来信不置一词，对高本汉在国罗诞生过程中扮演过何种角色更是未留只字片语。然而赵元任、高本汉二人的分歧可从国罗方案本身推得。高本汉不欣赏的恰恰是赵元任最引以为豪的——对中文声调的处理，即舍弃标音符号、只用字母标声调（tone-in-letter）的记音方法。国罗拼写新国音的四声基本规则如下：用"基

❶ Karlgren, *The Romanization of Chinese*, pp. 2, 18. 童庆生更指出欧洲思想界 17 世纪以来对世界共同语的想象在一定程度上受欧洲汉语以及汉字观的影响，而欧洲的汉语以及汉字观在 19 世纪末 20 世纪初又反过来深刻影响了中国的知识精英，见童庆生：《汉语的意义：语文学、世界文学和西方汉语观》，北京：生活·读书·新知三联书店，2019，第四、五章。

本形式"（如"花"拼作 hua，"山"拼作 shan）表示阴平，阳平则在开口韵的元音后加"r"（如"茶"char，"同"torng），上声重复元音（如"起"chii，"反"faan），去声须改或者加韵尾（如"要"yaw，"器"chih）。❶ 高本汉在 1928 年的论文中对国罗的拼音凡例所作的评价是虽别有匠心但去语音现实甚远。❷ 赵元任、高本汉二人显然对声调的标识有不同见解，否则赵元任也不会忽略高本汉 1925 年信里的"毛遂自荐"。更重要的是，表面的声调标音之争其实有着更深层次的冲突：国际罗马化联盟内部对于语音中心主义实践程度的分歧。赵元任追求的是尽可能准确的记音，科学性压倒实用性，不惜为此制造繁复的拼音规则。因为如果汉字字母化的根本目标是忠实记录语音，那么新的中国字母及其正字法就应该超越简单的元音加辅音的记音模式，进而囊括发音时间、音高、泛音，甚至噪音，这一主张赵元任在 1924 年的一篇论文《语音的物理成素》里就已清晰表达过，并在他 1929 年推出的国罗教科书《最后五分钟》里展现得淋漓尽致。❸ 相反地，高本汉信里明确告诫赵元任，实用性比科学性重要，新的中国字母"无须完全描摹发音"；中国罗马化的志士们大可移用高氏字典里带标音符号的系统，从而把主要精力放在制作新教科书和创作新文学上。赵元任、高本汉二人的联盟和竞争，恰好可以理解成汉字字母化之双重任务间的冲突，如果罗马化的联盟是对字母普遍主义的服从、对语音中心主义的效忠，那么罗马化联盟内部的竞争则凸显对科学化、技术化的完美语音书写的要求，拉罗字母及其现有的正字法不再先验地代表语音中心主义的终极形式；随着中国

---

❶ 赵元任：《最后五分钟》，第 41 页。

❷ Karlgren, *The Romanization of Chinese*, p. 19.

❸ 赵元任：《语音的物理成素》，《科学》第九卷第五期，1924 年，第 523—535 页。

罗马化运动的推进，中国字母生发出成为普遍文字的雄心。赵元任在 1922 年的文章《国语罗马字的研究》末尾畅想，新的字母化的中国文将比标音不准确的英文、法文更科学，可能用不了一个世纪，"那时候的小孩子看见了英文，倒要反过来问：'怎么他们英国人也写中国字？'" ❶

"中国字母"

1927 年 5 月，在赵元任寄给高本汉的一封信中，他高兴地向高本汉宣布，自己理想的"中国字"即将问世："我用国罗和汉字翻译了米恩（A. A. Milne）的一部独幕喜剧叫《康伯利三人行》（*The Camberley Triangle*），两部分对页印刷。书末的长附录里，我研究了北京话的语调（speech melody）。" ❷ 这本小书一方面回应了高本汉前信提出的多作罗马化"读本"的倡议，一方面"做第一次以说话方式写白话的尝试"。❸ 赵元任给这部实验读本起名为《国语罗马字对话戏戏谱：最后五分钟》（图 1.2）。

所谓"戏谱"，顾名思义，就是把话剧当成戏曲或歌剧来创作和记谱，将拼音记音与音乐记谱相结合，从而尽可能全面地记录语

---

❶ 赵元任：《国语罗马字的研究》，第 117 页。

❷ 赵元任致高本汉信，1927 年 6 月 25 日，赵元任档案，第 5 箱，美国加州大学伯克利分校班克罗夫特（Bancroft）图书馆藏。

❸ 赵元任后来还翻译了路易斯·卡罗（Lewis Carroll）的《走到镜子里》（*Through the Looking-Glass*），国罗标题为 *Tzoou daw jingtz lii*，于 1938 年在上海出版，后毁于日军炮火，再版收录于 Yuan Ren Chao, *Sayable Chinese*, vol. 2 (Ithaca, N.Y.: Spoken Language Servies, 1974)。须说明的是，第一本国罗读本并非赵元任所作，而是黎锦熙。见黎锦熙：《国语模范读本首册》，上海：中华书局，1928。

图 1.2 《国语罗马字对话戏戏谱：最后五分钟》

音的各项物理成素。戏谱的创作者集作家和作曲家于一身，戏谱的表演者则变身为演员兼歌手。赵元任创作戏谱的灵感源于某次在巴黎看麦克唐纳剧团（Macdona Players）上演的萧伯纳的《卖花女》（*Pygmalion*）。女主角卖花姑娘的伦敦东区土话（Cockney）说得如此糟糕，逼得赵元任感叹若没有"严格的语音学的训练"，便没有"作戏的资格"，"不配上台"。赵元任于是断言不久人们就应该"拿音乐跟语音学的符号来应用到戏剧"，因为："咱们既然对于唱戏的唱错了调儿或是唱脱了板儿都不能原谅，那么对于说对话戏的岂不更应该责她们严格的用一种最达意的音高跟时间的用法吗？"❶《最后五分钟》正是打破音乐和语音学的界限的尝试。赵元任最理想的

---

❶ 赵元任：《最后五分钟》，第 24、26 页。

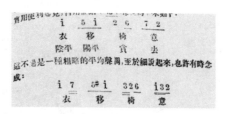

图 1.3 《最后五分钟》里的记谱方式

记谱是在国罗基础上引入国际音标、五线谱，加入节奏和强弱符号如"andante，crescendo，mf，pp"（行板、渐强、中强、很弱）。❶但是他也充分意识到，"国际音标太难印刷"，且话剧里"同时几个人说话的机会少，可以不用五线谱"，"简谱也就够了"。❷所以《最后五分钟》采用的形式大体是在国罗基础上给关键字句加简谱，以及用一系列标音符号来传音达意（图 1.3）。

赵元任的《最后五分钟》，虽现已大略被人遗忘，出版当年却被寄予厚望。这倒不是因为其故事性或文学性——米恩的独幕剧讲的是一位"一战"英国老兵、他的妻子以及妻子的情人之间的三角恋故事，赵元任的翻译忠实传神，只是将"一战"老兵改成了中国留美学生陈丹里，讲述他与妻子恺林和情敌鲁季流的爱情纠葛；并改题目为"最后五分钟"，以强调陈丹里如何提议自己和鲁季流各与恺林相处五分钟，劝得恺林迷途知返，保全了家庭圆满。如此简单的故事和有限的篇幅恐难当中国字母新文学的大任，《最后五分钟》真正让赵元任引以为豪的是它对北京音的细致研究以及它代表的完美拟写语音的可能性。需要说明的是，国罗日后固然以繁复不好用著称，但是它繁复不好用的最基本原因是它对完美拟写语音的追求。以下仅举一段鲁季流在《最后五分钟》的

❶ 赵元任：《最后五分钟》，第 26、28 页。
❷ 赵元任：《最后五分钟》，第 28 页。

不明智发言为例，说明戏谱的规则种种：

鲁（不耐烦的：）他要那呐五分钟干麻呐？他要・它有什蛇么末用・处呐？（几字先尖后粗，先快后慢：）不过就是对你说一套很悲惨的得离别词，做得好像你把他一辈子的得生・活弄糟了勒・似的是得，其实阿，hng！他骨子里还孩「格儿」「格儿」的得笑着之呐，没梅想到这末容易就把你弄・掉……还孩是不要罢，阿（：<u>5#64</u>）！咱们顶好阿，—我这都兜是为你说「的阿」打，恺林，—咱们顶好还孩是（：上几字快）趁有这个机会的得・时・「候儿」轻「轻儿」的得走・掉了勒。咱们随后可以再写信・来，（以下低粗吐气的嗓子：）要解・释什蛇末都兜可以解・释。

Luu (*bunayfarnde:*) Ta yaw neh wuu-fen jong gann*ma* ne? Ta *yaw* ・ te yeou sherme *yonq* ・ chuh ne? (*Jii tzyh shian jian how tsu, shian kuay how mann:*) Buguoh jiowsh duey nii shuo i-taw—heen beitsaan de libye-tsyr, tzuoh de haoshianq nii baa ta ibeytzde sheng ・ hwo nonq-tzau le ・ shyhde, —chishyr a, hng! ta gwutzlii hair gelxde shiawj ne, mei sheang daw jehme rongyih jiow baa nii nonq- ・ diaw... Hairsh buyaw ba, *a* (:<u>5#64</u>)! Tzarm diinghao a, —woo jeh dou sh wey *nii* shuo d'a, Kaelin, —tzarm diinghao hairsh (:*shanq jii tzyh kuay*) chenn yeou jehge jihuey de ・ shyr ・ howl chingchinglde tzoou ・ diaw le. Tzarm sweihwo keryii tzay shiee *shiin* ・ lai, (*yiishiah di, tsu, tuhchi-de saangtz:*) yaw jiee ・ shyh sherme dou keryii jiee ・ shyh. **❶**

---

❶ 赵元任：《最后五分钟》，第102、103 页。

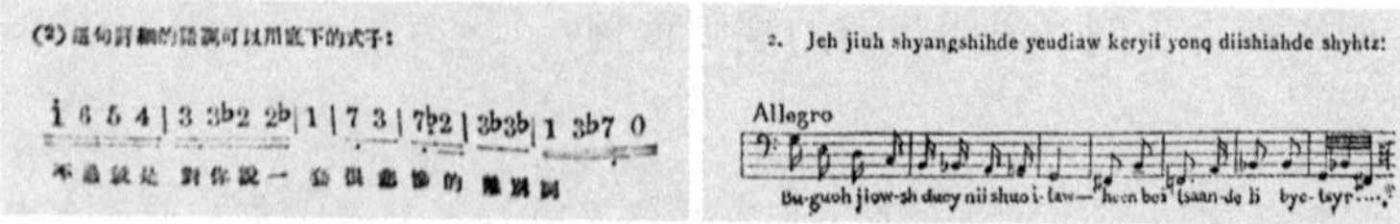

图 1.4-1.5　使用简谱或五线谱来谱写台词

　　"戏谱凡例"中阐释了上文出现的种种符号的使用方法。汉字中某字边上的小字，如"什蛇"表示"什"应发"蛇"的音。括号中的文字说明正文说话的方法，如"不耐烦的"。冒号（赵元任称之为"竖双点"）出现的位置标明某种说话方式是针对前文还是后文，如"不耐烦的："就是下文用不耐烦的方式说；"：5#64"便是上文应用该简谱记谱方式吟唱。加重语气时，汉字使用下画波浪线，国罗用斜体。若出现一组连接号，如"咱们顶好阿，——我这都兜是为你说「的阿」打，恺林，——"，则指示换口气或者插一句话；只有一个连接号"——"表示前一个字发音延长或在发音过程中被打断。另外，要把某两个字连起来读，则用"「」"表示。❶ 这些规则虽已足够繁杂，但真正的创新还不止于此。赵元任以"不过就是对你说一套很悲惨的离别词"为例，示范最关键的华彩乐章如何使用简谱或五线谱（图 1.4-1.5）谱写。赵元任要的是作为剧作家和作曲家对于语音再现的最大控制——时间、音高、表情动作都必须按照戏谱规定来呈现，用他的话说，演员必须"严格的照谱说话"。❷

　　国罗戏谱成功地把对记音和语音再现的控制推向极致，其结果是它无可辩驳的准确度以及无可否认的使用难度。国罗的批评者们，包括高本汉，彼时就指出国罗门槛太高，非专业人士不

---

❶ 赵元任：《最后五分钟》，第 54、56 页。

❷ 赵元任：《最后五分钟》，第 57 页。

能掌握。鲁迅委婉地表示，国罗是学者书斋里的"清玩"，前途堪忧；❶ 而瞿秋白作为拉丁化运动的主将，更直接攻击国罗"肉麻"。❷ 类似的批评虽不无道理，却无视并遮蔽了国罗的真正野心所在——做一套能完美描摹任何语音之物理成素的拼音系统。国罗戏谱从实用的角度看确实不成功，但它在学理的角度提出了新的问题：既然追求完美语音拟写、生产可视语言是汉字革命的诉求，那么又有什么理由止步于拉罗字母？在留声机和其他声音复制技术大爆发的时代，字母作为最好的记音技术的自我定位难道不是已然过时了吗？若书写只是语音的附庸，那书写——不仅仅是中文书写——未来将以何种形态出现，又能产生何种意义？有意思的是，这些重要的理论问题于汉字革命发端之际，就因为国罗的探索而浮出水面，至今仍值得思考。国罗对"可视语言"最后阶段的探索，最直接的结果便是揭示了语音中心主义与字母普遍主义之间的矛盾：若对语音中心主义的追求是字母普遍主义在世界范围内得以生根发芽的生命力所在，那么同样的生命力最终暴露出字母普遍主义在更强大的声音复制技术面前的局限。罗马化运动在追求中国字母的进程中，由支持拉罗的字母普遍主义开端，以暴露其合法性危机结尾。

"可视书写"与字母中心主义的终结

这个暴露拉罗之字母普遍主义合法性的新技术叫声谱仪（图1.6）。

---

❶ 鲁迅：《论新文字》,《关于新文字》,《鲁迅全集》（第 6 卷），第 458、165 页。

❷ 瞿秋白：《罗马字的中国文还是肉麻字的中国文》,《瞿秋白文集·文学编》（第 3 卷），北京：人民文学出版社，1985—1989，第 221 页。

图 1.6 声谱仪

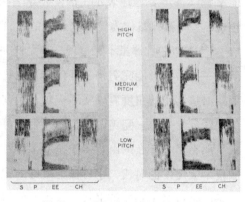

图 1.7 声谱仪对声音的可视化记录

1947 年赵元任在一封写给傅斯年的信中说它是"实验语言学革命性的新发展"。❶ 声谱仪起源于美国贝尔实验室 1941 年启动的一项军工研究——"可视语言"（visible speech），这项研究于 1947 年解密并成书，题目就叫"可视语言"。❷ 声谱仪针对美军对"声音的视觉翻译"的需求，"给较短语音样本的频率、强度和时间值，提供可视记录"；声谱仪的每一帧图像横轴记录时间值，纵轴代表声波震动频率，声纹的粗细指示声波震动的强度（图 1.7）。其结果，按照其时贝尔实验室主席巴克利（Oliver E. Buckley）写在《可视语言》前言里的话说："这是人类第一次可以图像化地再现声音并印刷声谱。"❸

可视语言不光是贝尔实验室为美军开发的新技术，也可以用来描述巴别塔以降对普遍文字的追求，更和贝尔实验室自己的

---

❶ 赵元任致傅斯年信，1947 年 10 月 9 日，赵元任档案，第 3 箱。

❷ Ralph K. Potter, George A. Kopp, and Harriet C. Green, *Visible Speech* (New York: Van Nostrand, 1947).

❸ Potter, Kopp, and Green, *Visible Speech*, p. xv.

064　汉字革命：中国语文现代性的起源（1916—1958）

起源故事有关。贝尔实验室的创始人亚历山大·格雷姆·贝尔（Alexander Graham Bell）的父亲亚历山大·梅尔维尔·贝尔自己就写过另一本《可视语言》（1867），其中记录了贝尔父子如何合作公开表演普遍文字记音法：老贝尔会首先请小贝尔离场，之后邀请观众席里远道而来的客人随意说一句话或一个词，老贝尔随即用他自己的"普遍文字"（universal alphabetics）记录，再请回场外的小贝尔，从未听见观众发言的小贝尔此时将成功读出老贝尔的记音，往往与观众之前的发音无差，表演通常在观众为可视语言的欢呼中结束。显而易见，贝尔父子的早期探索为后来贝尔实验室所致力的聋人教育打下了基础。除了聋人教育外，可视语言还为诸多其他领域，如医学研究、音乐记谱、动物语音研究，提供了大量语音分析数据。然而可视语言最被重视的，是它作为完美记音的视觉呈现，象征着人类追逐普遍文字和普世沟通的可能。贝尔实验室 1947 年的《可视语言》中断言，声谱仪产生的图像将发展为一种"普世书写"，它将如实记录任何外语，任何外语的书写系统将自动被简化，学习书写系统就是学习说话的过程。❶ 人类追求普遍文字的征程，从杨森派到莱布尼茨，从洪堡到柴门霍夫，包括高本汉和赵元任，似乎终将由声谱仪的可视语言完成。

作为一个追求普遍字母、关心语音技术的语音学家，赵元任顺理成章地会对声谱仪大感兴趣且击节赞赏。需要说明的是，赵元任不仅仅是一个可视语言的旁观者。从 1941 年开始声谱仪的研究到 1947 年《可视语言》出版，赵元任恰好在贝尔实验室担任顾问，有机会早于旁人了解声谱仪的研究计划。早在 1939 年，赵元

---

❶ Potter, Kopp, and Green, *Visible Speech*, p. 421.

任便通过在康奈尔大学本科时期的同窗好友、时任贝尔助理副主席的罗伯特·金（Robert W. King）询问贝尔实验室语言学的藏书情况以及到实验室尝试"时间－音高图像记录"的可能。**❶** 经时任中华民国驻美大使、同为康奈尔大学同窗的胡适推荐，赵元任成为贝尔实验室的顾问，任期一直到 1947 年结束。尽管赵元任此时由于未入美国籍不能获得实验室的全面安全许可，但他仍获准近距离观察对他开放的实验，参与实验室的语音和语音学研究，并与研究员拉尔夫·波特（Ralph Potter）——可视语言项目的参与者之一——多有互动。**❷** 加州大学伯克利分校的赵元任档案显示，赵元任还向实验室主席巴克利许诺会在顾问任期结束后提交一份可视语言的报告。虽然赵元任档案中未见这份报告，但存有两份关于声谱仪的演讲大纲，其一，是 1947 年 12 月 10 日向"加州语言学家小组"宣读的《可视声谱》，主要描述声谱仪的工作原理；其二，1951 年 6 月 26 日在加州大学伯克利分校发表的《声谱仪》则提供若干声谱图并解释它们在语音分析中的作用。**❸** 赵元任对声谱仪的兴趣延续到他 1968 年的英文著作《语言与符号系统》。

在赵元任看来，声谱仪的意义是革命性的，以至于语音学和声音复制技术的历史应该被分为前声谱仪时代和后声谱仪时代。**❹** 其划时代意义在于声谱仪不仅验证和补足了旧理论，还启发了语音描述的新研究。传统字母拼音系统里，同一个词即便由不同的人发音，书写方式却都是统一的。但是，基本常识告诉我们，同

---

❶ 赵元任致罗伯特·金的信，1940 年 4 月 7 日，赵元任档案，第 5 箱。

❷ 胡适为推荐赵元任而写给贝尔实验室的信，1940 年 3 月 22 日，赵元任档案，第 4 箱。

❸ 赵元任致巴克利信，1947 年 6 月 8 日；赵元任，《可视声谱》，1947 年 12 月 10 日；《声谱仪》，1951 年 6 月 26 日，赵元任档案，第 25 箱。

❹ Chao, "The Sound Spectrograph" (June 26, 1951).

一个音频，来自长笛或黑管，男人或小孩，并不构成同样的声音。声谱仪所做的正是在勾勒时间相对于音高的关系之外，视觉化其他三项物理成素："位置、速度和压力。"❶ 所以，声谱图的可视语言不仅可以科学地再现频率－强度－时间的关系，还能捕捉发音者的个体特性。这些声谱图如此确切，被《可视语言》誉为"新的 A，B，C"。❷ 虽如前文所述，声谱图的应用远不仅限于声纹字母，但对声纹的高度评价的主要原因之一，是它确实是比拉罗字母更优越的拼音字母。例如，赵元任观察到声谱图擅长捕捉元音，元音声谱图不仅"证明了以舌头高度和前后位置来给元音分类的传统做法"，还给这些元音的视觉呈现增加了个体特征，这意味着可视语言能够复制尽可能多的物理成素并摒除噪音。❸ 赵元任认为，声谱仪作为彼时可视语言的最尖端技术，打破了拼音字母的局限，免受不精准正字法的干扰，堪称理想的科学工具，甚至优于他自己的国罗戏谱。

颇具讽刺意味的是，无论是赵元任还是贝尔实验室的《可视语言》，在赞美声谱仪提供更精准"新的 A，B，C"的同时，似乎忘记了声谱仪的划时代意义恰恰证明了拼音字母"A，B，C"记音的不准确性。对照声谱纹清晰无误的科学图像，任何拼音文字，包括拉罗字母在内，都相形见绌。虽然声谱仪被类比为"A，B，C"，但其革命性恰恰在于它对拼音字母的超越，对拉罗的统御地位的挑战，对字母普遍主义合法性的消解。赵元任和贝尔实验室似乎忘记的第二件事，是声谱仪记录的是某一种语言的科学

❶ Yuen Ren Chao, *Language and Symbolic Systems* (Cambridge: Cambridge University Press, 1968), p. 161.

❷ Potter, Kopp, and Green, *Visible Speech*, pp. 53–56.

❸ Chao, *Language and Symbolic Systems*, pp. 164, 169.

图像，无论图像再精准、包含再多物理成素，它都是某个语言的产物，都不可能先验地跨越语言的沟壑，达成普世沟通。一个贝尔实验室的美国研究员，即便可以读取日语的声谱图，在没有学习过日语的前提下，也不可能基于声谱图的准确性理解声谱图的语义。所以，声谱图挑战字母普遍主义的同时，进一步加强了语音凌驾于书写之上的语音中心主义；无论是字母书写，留声机片书写，还是声谱图书写，语音书写最终指向的仍旧是语言。最终，字母普遍主义的大厦轰然倒塌，语音中心主义的旗帜仍旧高扬。

中国罗马化运动作为汉字革命的肇端，应和了语音中心主义在世界范围内的兴起。而中国罗马化运动的特殊之处在于，随着以赵元任为代表的罗马化支持者对中国字母的探索，日趋技术化的书写观对字母普遍主义提出了挑战。新的超越拉罗字母的语音书写技术成熟之时，也就是字母普遍主义以及基于此的西方本民族中心主义（ethnocentrism）的终结之日。[1] 不无吊诡的是，中国罗马化运动在服膺语音中心逻辑的同时，不期然地揭示了语音中心主义与其孪生的字母普遍主义之间的核心矛盾。随着字母普遍主义在中国的终结，罗马化不得不在语音中心主义主张语言凌驾书写之上的框架内部，重新思考书写不仅仅作为语言附庸的意义。这也是汉字革命在接下来的发展过程中不得不面对的主题。

---

[1] 法国哲学家德里达定义拼音字母书写的形而上学为西方最根深蒂固的本民族中心主义，见 Derrida, *Of Grammatology*, p. 131。

附件　高本汉致赵元任信

Dear Mr. Chao,

　　I have hesitated for a long time to answer your last kind letter — because I was not sure what to advise in the matter in question. My philological experience insists on telling me that the evolution of a living language can never be led in a certain direction through a decision to speak in a certain way. You cannot make up, artificially, a language forming an average between a group of strongly divergent dialects and then make it to be freely spoken (you have made this experience yourself, as you told me). I believe the <u>one</u> way is to choose a <u>living</u> language as a norm and then make ever larger groups of people adopt it through the influence of those <u>who speak it naturally</u> as their mother tongue. There can be very little question as to which this language should be in China. That is decided, not by philology but by history. Just as Parisian must be the normative French, whatever its merits may be when historically viewed, in the same way Pekinese has to be "High Chinese," even if there are other dialects which have deviated less from the older stages of the language. This, however, does not mean that you should not eliminate extreme Peking *t'u hua*, particular vulgar phrases or the peculiar pronunciation of certain individual words (e.g. *kau-sung* for *kau-su*); such normalization is the rule also regarding Parisian for instance.

　　As a control and support for this "high Chinese" Pekinese

you should make it a phonetically written language with a new and flourishing literature. I fail to see the use of inventing new and complicated phonetic characters for this. There is one thing which more than anything else would help to bring new China in contact with and make it really useful to and appreciated by the rest of the intellectual world: a common <u>script</u>, making it easy and natural to read the new Chinese literature and <u>reproduce</u> it, print it as quotations in western works. This can only be done by writing New high Chinese with Roman letters. The Japanese are beginning to realize a similar truth for their part. You will finish by doing so for yourself. The <u>sooner</u> you do it, the less loss of work and valuable time. The writing system should be as simple as possible, with few diacritical marks (except the tones). It does not matter if it does not reproduce the pronunciation shades quite closely, if it is only logical and consistent. On one or two points it seems advisable to be conservative and write historically, with a view to the language as a whole, thus 经 *king* and 井 *tsing*, 行 *hing* and 星 *sing* according to etymology.

As a matter of fact I think that the system used in the Peking column of my new dictionary is about as simple and in the same time as scientific as you can ever make a practical system. There are very few peculiar signs, and all exist in every ordinary printing stock. X, r, ts etc. ❶are used since a hundred years in all western scientific literature and hence well known as to their phonetic value.

---

❶ 对高本汉信的注释均出自笔者。"X, r, ts"笔记不清,此处是笔者的猜想。信中下画线处均是高本汉本人要强调的。

What the *kuo ë* movement should do is to publish extensive texts (of high literary value) in this or some similar simple system and get them spread, read and loved. And what <u>you</u> should do next summer is to read these texts into the phonograph with <u>as exact Peking pronunciation</u> as you can make it. Interested people will compare your living record with your written representation, they will know what to read into the latter — and your New High Chinese is born! Above all: do not make too many primers <u>about</u> the new language, but make primers <u>on all subjects</u> (history, literature, geography etc.) written in the new language, and good new Chinese literature (fiction and thought) in it, and you will succeed.

I am afraid that my advice is not so tempting as it is sound. But one word of warning: if people <u>like you</u>, who can understand and appreciate the difference between a logical and scientific alphabetic writing and a clumsy and illogical missionary system, if <u>you</u> do not step forward in time and lead the movement in such a practical and reasonable direction but use up your force in utopian endeavors to carry through something still more desireable [*sic*] and historically elaborate — a new artificially made language — then evolution will go tis [*sic*] own way over your heads and carry through, with the force of necessity, something infinitely inferior still, e.g. a modern literature written in Wadee's system! Videant consules! ❶

I will not say more than this because I believe that leading young spirits in every country have to work out the best course for their

---

❶ "Videant consules" 是拉丁文 "让判官们看着办" 的意思，译文是意译。

own country without being too much meddled with; I have written just enough to let you see what I would imagine be the best.

With many kind wishes,

Ever yours,

B. Karlgren. ❶

亲爱的赵先生：

我踌躇许久，这才回应您上一封恳切的来信——因我不知如何回复信里的问题。我的语文学经验告诉我活语言的进化自有方向，不以想要如何说话的某种特定意志为转移。您不能要求一个人工炮制的、取众多大相径庭方言之平均值的语言，能够广为流传（如您自述，您就有亲身经验）。我相信唯一的方法是选择一个活的语言作为规范，让以它为母语的人们去影响其他人，从而扩大其影响。在中国，挑选这个语言应该不是问题。这不是语文学（philology）决定的，而是历史决定的。就像巴黎话不管在历史上有无优点都必须成为标准语一样，北京话也必须成为"高级汉语"，即便有其他方言比北京话离中古音更近。当然，这并不意味着您不应该去除那些极端的北京土话，尤其是不雅词汇或者某些字的特殊发音（比如"告诉"念成"告送"[kau-sung]），如是的规范过程，巴黎话也经历过。

作为对北京话这个"高级汉语"的规约和支持，您应该把它当作一个拼音的书面语，用它创作新的、有生命力的文学。我不

---

❶ 高本汉致赵元任信，1925 年 2 月 24 日，赵元任档案，第 5 箱。感谢高本汉家人准许信件的发表。

认为有必要发明新且繁杂的拼音字母。有一样东西最能帮助新中国加入全球智识世界并被大家接受——普遍文字（a common script）；这将使阅读和复制新中国文学变得简单自然，这些作品将很容易地以引文的形式出现在西方文献里。要做到这一点，只有使用罗马字母。日本学人正开始意识到类似的真相。您将亲自完成这项工作。您越快动手，您的心血和宝贵的时间就浪费得越少。（新的）书写系统应该尽可能简单，变音符号不要多（除了标记音调）。只要符合逻辑和前后一致，这套系统无须完全描摹发音。在一两个关键记音问题上，可能应该保守些，遵从历史发音并考虑语音整体：依据语源学，比如"经"作［king］，"井"作［tsing］，"行"作［hing］，"星"作［sing］。

事实上，我认为我自己的新字典里，在北京话这一栏里使用的系统从实际使用角度看是最简单、科学的了。我的系统使用的符号基本没有特殊符号，且现有的印刷技术普遍能满足，比如 X，r，ts 等音值明确，已经在西方科学文献里用了一百年了。

国语运动应该用在下的系统或者其他类似的简单的系统来发表大量文本（要有较高文学价值），让它们普及、被阅读、被喜爱。而您明年夏天就应该用尽可能标准的北京话，把这些文本灌成唱片。有兴趣的人们自会比较您的活唱片和写在纸面上的系统，从而学会这套系统——如是之，您的新的高级汉语就诞生了！最要紧的一样：不要制作过多关于这个新语言的读本，而是用这个新语言写各种题目的读本（历史、文学、地理等），作尚佳的中国文学（小说和有思想的文字）。您会成功的。

恐怕我的建议并不中听。不过我还是有一句警言：您这样的方家清楚知晓合乎逻辑的、科学的字母书写如何区别于笨拙而不合逻辑的传教士书写系统，若您不及时出手把运动引向符合实际与情理的方向，而把力气耗费在建构乌托邦上，强推一种更合乎您心意、在语源上更有依据的新人工语言，那么进化论将自有决断，最后的结果可能无限糟糕，且让您惊讶——如用威妥玛拼音写的中国现代文学！我们拭目以待！

我应该就此打住了。我相信每个国家的青年领袖们都应该为自己的祖国自主抉择而不受过多干扰。我以上所书已然足够说明我心中最好的方案。

致以美好的祝愿！

您的高本汉

第二部分

嬗 变

第 2 章

语音中心主义的二律背反

对无法言说之物，必须保持沉默。

——维特根斯坦《逻辑哲学论》

汉字革命的第一次变异是与文学革命紧密相连的汉字拉丁化运动。拉丁化运动首先发轫于 1920 年代晚期的苏联，旋即获得中国共产党的青睐。汉字拉丁化运动的自我定位清晰，虽与国民党支持的汉字罗马化运动一样，主张废除汉字，却旗帜鲜明地反对罗马化的具体方案和政治立场。由于拉丁化运动的域外起源，直到 1930 年代早期还基本上不为中国受众所知，其第一次获得罗马化人士的关注，还要仰赖赵元任。[1]1934 年 5 月，赵元任在《国语周刊》上发表了一篇名为《关于苏俄的拉丁化中国字》的短文，介绍的是一本从符拉迪沃斯托克（海参崴）带回来的新文字（Sin Wenz）读物，据说是"俄国人教中国人罗马字的课本"，[2] 短文概述了其声母、韵母与声调方案，将其提交给国语统一筹备委员会

---

[1] 焦风、萧爱梅（萧三）和鲁迅也参与了拉丁化运动的早期介绍。参见倪海曙编著：《拉丁化新文字运动的始末和编年纪事》，第5—8页。此书的版权页中，书名仍以拉丁化方式拼写。

[2] 这篇短文发表于《国语周刊》的"通讯"一栏，本用国语罗马字写就，由编辑译成汉字。赵元任：《关于苏俄的拉丁化中国字》，《国语周刊》第 139 期，1934 年 5 月 26 日。

"公鉴"，但并未做出更深入的评价。对赵元任和委员会的其他人来说，新文字不过是汉字拼音化之众多竞争者当中的一员而已，只要国罗保持其官方认证的地位，那么其他方案就只具参考价值。

令赵元任日后大感意外的是，汉字拉丁化运动很快成为一场颇让罗马化拥趸感到棘手的异见运动。拉丁化将其倡导的新式书写命名为"新文字"，承诺彻底废除汉字，由此自诩将超越此前包括"国罗"在内的所有汉语拼音化方案。拉丁化运动修辞激进、立场革命，陕甘宁边区更于 1941 年立新文字为合法书写形式。❶ 拉丁化新文字之简单易学，在群众中传播之迅速，使其旋即于 1936 年 1 月至 1938 年 5 月遭国民政府封杀，成为名副其实的异见运动。有必要说明的是，拉丁化和罗马化两个运动大到政治立场小到拼音技术细节，几乎所有方面都南辕北辙，但这两个运动有一个颠扑不破的基本共识——支持语音中心主义，废除汉字。

本章介绍汉字革命的第一次变异——由语音中心主义的二律背反策动的汉字拉丁化运动。如同弗雷德里克·詹明信（Fredric Jameson）在《现实主义的二律背反》中对现实主义进行的考问，本章将辩证地处理语音中心主义的问题，厘清其内部的正反势力如何互相缠绕。❷ 一方面，语音中心主义的暴力对中国的书写、文化、哲学和知识论构成全面威胁；另一方面，这种反面力量因倡

---

❶ 在国共就抗日统一战线达成共识之后，1938 年 5 月国民政府解除了对拉丁化运动的禁令。但拉丁化只被允许用于"纯学术之立场"或"社会运动之一种工具"，不应"妨碍或分散国人抗战之力量"。参见倪海曙编著：《拉丁化新文字运动的始末和编年纪事》，第 15、18 页。中国共产党对新文字的支持得到了毛泽东和朱德的背书，朱德提出把"大家适用的新文字努力推行到全国去"，毛泽东则要求"切实推行，愈广愈好"。参见 Sin Wenz Bao 第一期，转引自李绵：《陕甘宁边区一次很有意义的文字改革试验——怀念吴玉章同志》，《陕西师范大学学报（哲学社会科学版）》1980 年第 2 期。

❷ Fredric Jameson, *The Antinomies of Realism* (New York: Verso, 2013), p. 6.

导多元声音，致力于为新中文字母的诞生扫清障碍，所以成为用自己声音说话、用新文字书写的进步主义象征。语音中心主义的反面力量由此辩证地衔接起了其内部的正面力量，并为20世纪若干重大母题，如民主、解放与革命提供了文字基础。与此同时，正是语音中心主义的二律背反给了汉字革命不停变异的许可，进一步促进语音中心主义本身的转变，直至其完全脱离对中文字母的原初想象。詹明信关于现实主义二律背反的论断，更是符合语音中心主义的发展，"其势愈强，其实愈弱；赢家即输家，成功即失败"**❶**。

詹明信的箴言为本章的主题——汉字革命与文学革命的合流——做出了重要注解。本章首先考察罗马化与拉丁化运动的具体差异，继而梳理拉丁化运动谱系中的三个先例——晚清传教士的字母体方言《圣经》、1920年代现代汉语方言学的建立，以及1930年代苏联的拉丁化运动，并思考这三者如何形塑文字革命与文学革命的最初碰撞。**❷**其次，本章将聚焦瞿秋白和许地山在文学与文字双生革命核心地带的写作。两位文学革命的领军人物恰巧同时都是拉丁化运动的骨干，两人的写作精彩诠释了语音中心主义内部的正面解放力量，在苏联拉丁化运动及其连带的普罗文化（Proletkult）运动的加持下，如何抵挡并化解汉字革命的危机及暴力，如何将文艺大众化引入拉丁化运动。许地山的中篇小说《玉

---

❶ Jameson, *The Antinomies of Realism*, p. 6.

❷ 汉语"方言"可以同时指language、dialect和patois（只有口语没有书面语的方言）。Einar Haugen 指出，语言（language）有标准化的意味，方言（dialect）则指地方变体，而方言内部有必要作进一步区分。在希腊语中，dialektos 被理解为希腊语的书面变体，记录不同地方的不同口语表达。在之后的法语传统中，patois 被用来标记缺乏书面语的方言与有书面语的方言间的差异，参见 Einar Haugen, "Dialect, Language, Nation," *American Anthropologist* 68, no. 4 (August 1966), pp. 922-935。

官》更生动演示了字母普遍主义如何遭遇文学实践的挑战，如何在复现方言和建构基本白话文学叙事的矛盾中不期然地土崩瓦解。本章将把汉字革命放置到文学革命的脉络内部，以语音中心主义的二律背反为切口，尝试探索理解短 20 世纪中国文学与文化现代性的新路径。汉字革命大潮里，语音中心主义的二律背反象征着其解放性的许诺，也标志着它难以逾越的局限。

罗马化与拉丁化

赵元任一生中最翔实的访问大概要算从伯克利退休后于 1977 年完成的英文采访。谈及拉丁化时，赵元任按下自己对该运动的早期介绍不表，也未对众所周知的国罗和新文字的对立做出评论。❶ 当被问及为何国民党不支持新文字时，赵元任诉诸国共之争，强调国罗官方地位的同时，对这两种拼音化运动的实质区别不置一词。至于他是否曾与新文字的支持者如拉丁化的首席理论家瞿秋白讨论切磋，赵元任回答："不，没有具体讨论过；我从来没有跟瞿秋白深入谈过。"❷ 确实，无论是赵元任还是瞿秋白，留下的文字里都未提及与对方的交往。然而赵元任的回答引人好奇，这两位同为江苏常州青果巷人士的中国拼音化运动领袖级人物是如何又在哪里见面的？是怎样既不"具体"也不"深入"地交换

---

❶ 采访于 1974 年由 Rosemary Levenson 主持，Laurence Schneider 参与对谈，采访稿于 1977 年整理完毕。这里的引文原文均为英文，见《赵元任全集》（第 16 卷），第 120 页。

❷《赵元任全集》（第 16 卷），第 120 页。

过意见的？❶

瞿秋白（1899—1935）是 20 世纪中国最有才华、最具政治性的文学人物之一。文学上，作为作家的瞿秋白同时也是俄国文学专家、资深译者，是现代中国报告文学的先驱，于 1920 年代首次造访苏联时，写下《饿乡纪程》和《赤都心史》两部杰作。❷ 政治上，瞿秋白是中国共产党中央政治局委员，并两次出任主席。学术上，作为社会学家，他是上海大学社会学系的创系系主任。瞿秋白作为政治家、作家、翻译家、教育家甚至是篆刻家，多重身份都广为人称道，唯独其在汉字拉丁化运动中的领袖角色鲜被提及。瞿秋白自己从不避讳其汉字革命家的身份，留下了若干拉丁化运动的重要文章。且区别于赵元任对拉罗冲突的三缄其口，瞿秋白对罗马化的批评毫不留情，对国罗的种种问题及其与拉丁化新文字的区别条分缕析。两种方案的分歧从正字法和声调标记开始，延伸到民族语言与方言的对立，甚至牵扯民族救亡、大众教育、文学革命之大义。

瞿秋白对国罗方案最详尽的批评意见，收录于 1931 年 7 月 24 日完成的《罗马字的中国文还是肉麻字的中国文》。尽管罗马化和拉丁化废除汉字的基本立场一致，且瞿秋白认可国罗"的确已经可以废除汉字"，但是"这种拼音制度有很多缺点，而且是很重要的缺点"。瞿秋白嘲讽有很多缺点的国罗为肉麻，因为国罗系统里"罗马"的拼法（roma）也可以翻译为"肉麻"，于是有了这

---

❶ 青果巷是江苏常州最古老的社区之一，出名人的历史最早可以追溯到 16 世纪。除了赵元任和瞿秋白，还有文改会最后一位辞世的成员周有光（1906—2017）。

❷ 《饿乡纪程》和《赤都心史》，载于《瞿秋白文集·文学编》（第 1 卷），北京：人民文学出版社，1985，第 3—110、113—252 页。两部作品都写于瞿秋白第一次访苏期间（1920 年 12 月至 1922 年 12 月）。1928 年 4 月瞿秋白第二次访苏，1930 年 7 月回国。参见周永祥：《瞿秋白年谱》，广州：广东人民出版社，1983。

个戏谑的标题。通过细读赵元任《最后五分钟》里的国罗拼写规则，瞿秋白进一步指出，国罗虽堪称中文字母的正统，然作为一套拼音体系，从声母到韵母，乃至声调标记，全面失败，令人失望。❶

首先是声母（辅音）和韵母（元音）的问题。针对国罗的声母，瞿秋白提出了两点异见。首先，国罗对诸如 ts、tz、j、ch 和 sh 这样的复合辅音，区分描述得固然精细，但太拘泥于学理，太迁就英语发音，过分的学院化对普罗大众不甚友好。其次，瞿秋白指出国罗缺乏对方言差异性的考量，而这一点恰是新文字的优势。他认为国罗作为"国语注音符号第二式"，被设计用来拟写北京话，更贴近北方方言，国罗系统的辅音往往无法体现并包容不同方言区的细微差别和音变，时常有将北方方言的特点强加于其他方言的嫌疑。瞿秋白以卷舌音为例，"中国南方长江流域，尤其是江浙，以至于福建广东，这种卷舌音也是很不发达的，甚至于完全没有的"（220）。因此，标识北方方言中的平翘舌音固然必要，但过分学院派的拼音无助于南方人掌握标准国语，不如使用不那么精确但较简单的标识，以是否加入 h 辨识平翘舌音（如 z, zh；c, ch；s, sh；j, jh 等），方便所有人学习。瞿秋白对韵母的批评也依循类似思路，总体上主张更系统、更简化的标音（223-225）。他特别点名国罗系统中的单元音 e 和 y、复合元音 iu、au 和 ai，认为赵式拼法虽试图细化区分却造成了读音混乱。❷

批评完声母和韵母，瞿秋白祭出拉丁化与罗马化的关键分歧

---

❶ 瞿秋白：《罗马字的中国文还是肉麻字的中国文》，《瞿秋白文集·文学编》（第 3 卷），第 219、221 页。下文中相关引文将在正文括号中标注页码。

❷ 国罗系统中的 j 相当于汉语拼音 zh。至于双元音，瞿秋白认为应该去除 au 和 ao 的区分，只保留 ao，而 ai 和 ae 也应合并为 ae。

点——声调标记。拉丁化新文字反对非必要的技术性，主张简明适用的拼音方案。相反地，国罗，尤其是赵元任的戏谱则"用五线谱来表示声调，只是学院里研究音韵学的工夫"，虽是"精密研究的结果"，但"不能够写到通常的文字里面，去给万万人应用"。瞿秋白由此宣布，"我们主张声调的拼法是不需要的"（226）。废除声调的主张，乍听之下颇为激进，但其实与瞿秋白在辅音问题上的立场一脉相承。因为实际语流中的声调关系千变万化，各种拼音方案的书面呈现总难精确，并不可能完全再现。国罗以字母标声调（tone-in-letter）的记音方法，尽管比机械的变音符号更优越，也能大致摹写北京话的四个声调，却仍然不能完全捕捉活的四声在每段真实对话中的呈现。国罗和五线谱的双重标记或有达致精确的可能，但以赵元任的《最后五分钟》为例，这两种方法都太臃肿累赘，很难推广。标记声调最简单的北京话都是一项挑战，遑论对其他方言更复杂声调的准确摹写，试想吴语和闽语常有七八个声调，粤语有九个声调，广西的某些方言（如地佬话）甚至多达十个。而在实际语言使用中，现代普通话的声调读得也不见得准确，但只要不是单音节的字眼，就可以通过上下文理解。瞿秋白于是得出结论，考虑到中国方言的多样性、语言使用的实用性，应该允许"新中国字的拼法得到最大限度的简单化"（226），同时"采用'变声'拼法的范围应当是很小的，以'可以不用就不用'为原则"（233）。事实上，1931—1932年间，新文字的若干版本越来越简化声调标记，1932年12月面世的《新中国文草案》更是完全取消了声调的变化和区分。

瞿秋白坚持要简化甚至取消声调标记并非为论争而论争。拉丁化理论和新文字实践中最核心的部分实是一体两面的——捍卫方言平等，挑战国语霸权。在这两个问题上，拉丁化与罗马化清晰无误地呈对立之态。拉丁化以一种更彻底、更进步的拼音化运动的姿态出现，实际上是在叩问哪种语音有资格成为拼音文字摹写的标准。瞿秋白不认为罗马化擢升北京话为新的国语就能解决问题，因为"一切'五方杂处'的地方并不是大多数能够说道地的北京话"，"如果要拼法完全就着北京的读音，北京的腔调，这对于极大多数的人是要感觉到十二分的困难的"。瞿秋白提出的替代方案是："还是用注音字母的第一时期（一九二五年以前）所审定的读音做标准，比较的好些。"（228）

"一九二五年以前的读音"指的就是老国音，即赵元任在面对京音（即高本汉口中的"高级汉语"）的强劲挑战时不得已而放弃了的人造国语。瞿秋白对国罗和京音的捆绑式批判不无道理，但也有失偏颇。因为国罗作为一个高度学术化的记音系统，实则可用来记录和摹写任何语音，这也正是赵元任追求字母普遍主义的前提条件。然而，国罗的官方地位使得其语音拟写的对象事实上是以北京方言为基础的新国音。❶颇具反讽意味的是，正当赵元任和罗马化运动选择放弃人工制造的老国音时，理论上站在对立面的瞿秋白和拉丁化运动却回归罗马化的老立场，并以此为起点，开拓出一条追求语言平等、大众动员和文学革命的新道路。

要走语言平等的道路，就要采用瞿秋白定义的"普通话"（common speech），但此普通话并非我们今日惯常理解的普通话——以北京话和北方方言为基础的中华人民共和国法定的标准语。瞿秋白的普通话指的是"一九二五年以前的读音"，是已在主要大城市流通的语言。这种"蓝青官话"是五方杂处的大城市里较受欢

---

❶ 黎锦熙和钱玄同意识到这里的问题，试图用国罗系统转写方言来扩展国罗的适用范围，他们将其称为"方罗"（FR）。黎锦熙：《国语运动史纲》，第290—292页。

迎的一种折中语言，已经"变成实际上的普通话"（228，原文含重点号），并将继续发展。❶通过在老国音、普通话和蓝青官话之间构建松散的对等关系，瞿秋白把象征平等的普通话与象征霸权的国语做对比，展望了一种理想的、真正属于所有人的普通的语言。这种新的共同语不再是充满神话色彩的悠远古音，也不应是罢黜方言、唯我独尊的京音；相反地，它将是一种包容异质性、象征平等的新语言。拉丁化包容语言异质性并非一句空洞承诺。汉字革命至此头一次提出用拉罗字母为不同的方言创造同样合法的书写系统。瞿秋白写道："总之，应当根据普通读音来制定现代中国普通话的拼音文字。同时，北京话，广州话，上海话……都可以用这种字母表或者加以相当的符号去拼音，如果有这种必要，简直可以特别制定广州文等等。"（229）

由此看来，方言及其拼音书写系统似乎可以与普通话共存。虽然瞿秋白自己的《新中国字草案》（1932）选择摹写作为共同语的普通话（大体以北京方言为基础，同时吸纳南方方言因素），但是众多拉丁化支持者和团体为拉丁化新文字的本地化做出了诸多尝试。从1934年到1937年，拉丁化的草创期见证了超过十种方言新文字的诞生，涵盖北方话、吴语、闽南话、潮州话和广东话等各大方言区。❷据拉丁化运动史家倪海曙的不完全统计，短短三

---

❶ 瞿秋白对"蓝青官话"的定义与晏阳初对"官话"的使用不同，瞿秋白强调其口语性质，晏阳初则主要针对书面语。关于瞿秋白对"普通话"的建构，见湛晓白：《语文与政治：民国时期汉字拉丁化运动研究》，郑州：河南人民出版社，2019，第二章；王东杰：《声入心通：国语运动与现代中国》，第十章。

❷ 倪海曙把中国的拉丁化运动分为四个阶段：1934—1937年、1937—1945年、1945—1949年和1949—1955年，参见《拉丁化新文字运动的始末和编年纪事》，第9—37页。新文字（Sin Wenz）一词被用来称呼从北方方言到闽南语的各种拉丁化方案，但这个词也有另外的拼法，如吴语的Sin Vensh与粤语的Sen Menzi。

年里出现了课本 11 种、工具书 8 种、概论书 19 种，以及初级读物 23 种。抗战全面爆发后，拉丁化更加蓬勃发展，至少有 36 种新文字刊物出版发行，如 *Sin Wenz zhoukan*（《新文字周刊》）、*Sin Wenz banjyekan*（《新文字半月刊》）和 *Latinxua iangiu*（《拉丁化研究》）。❶ 这些期刊，连带众多的拉丁化出版物，形成了一个尚待建设和理解的新文字档案。需要说明的是，这些拉丁化文本的主体是正字法、教学手册、新闻报道、歌曲、通信和白话文学的拼读和转译（其中鲁迅的短篇小说是最受新文字期刊欢迎的）。❷ 由此看来，大多数新文字文本，包括对鲁迅众多名篇的新文字转译，与其说是文学创作，不如说是识字工具。很大程度上，未完成的新文字档案展示出来的是拼音式的中文书写与白话文学之间的脱节，而非关联，这种脱节一直以来被确凿无误地认为是文字革命与文学革命不可能合流的明证。

然而，文字与文学的双生革命正是本章的主线。两场看似不可能交汇的革命，在文字革命经历平民化大改造后开始合流，并带动了大众力量的觉醒。通过拒绝"高级汉语"的霸权，强调所有方言被摹写、被代表的权利，拉丁化运动给予了那些不说北京话、没有特权、多半不能识文断字的边缘人群以承认。拉丁化的极简风格、简洁的正字法以及民主化的诉求创造了一种赋权所有人、所有方言的解放性叙事。学习新文字的学生们唱起了《新文

---

❶ 倪海曙的新文字出版物清单见于《中国拼音文字运动史简编》附录一，第 177—181、187—190 页。这里列出的三种出版物（前两种在上海，第三种在武汉）出自作者收集的材料，未见于倪海曙的清单，这些出版物都同时采用了汉字和新文字两种书写系统。

❷ 韩嵩文认为鲁迅《狂人日记》的新文字版本具有一定的文学性，因其从"语言的工具性"转而关注"陌生化"的形式主义属性和实验特性，但这并不能改变这些拉丁化文本主体作为普及性读本的本质。Michael G. Hill, "New Script and a New 'Madman's Diary,'" *Modern Chinese Literature and Culture* 27, no. 1 (Spring 2015), pp. 79, 97。

字歌》，赞颂全新的中文字母与人民之间的纽带。正如下面的两首上海话和广东话的《新文字歌》所示，大众与新文字的联盟之所以能形成，靠的不是年龄或者位阶，而是阶级的联结。

《新文字歌》（上海话）

"Sin vensh gu"	《新文字歌》
Sin vensh,	新文字，
Zen bhiedong,	真便当，
Hoqhuez shmu daq pin'in,	学会仔字母搭拼音，
Koe s feq iao ngin siangbong,	看书勿要人相帮，
Haeho tungtung siadeqceq,	闲话统统写得出，
Gung-nung huedeq zu venzong!	工农会得做文章！ ❶

《新文字歌》（广东话）

"Sen menzi go"	《新文字歌》
Sen menzi,	新文字，
Zen xae xou!	真係好！
Mloen nei gei dai,	唔论你几大，
Mloen nei gei lou,	唔论你几老，
Loenq-go yd,	两个月，
Bao nei xogdegdou...	包你学得到！……
Daiga jau zisig,	大家有知识，
Daiga senqwad dou binxou!	大家生活都变好！ ❷

---

❶ 倪海曙：《中国拼音文字概论》，上海：时代出版社，1948，第83页。

❷ 倪海曙：《中国拼音文字概论》，第95—96页。

拉丁化运动决绝地与字母普遍主义的学术追求割席，并自觉地与复兴中国文学和艺术的文人化表达保持距离。这是一场为"所有人"，尤其是为"工农大众"服务的拼音化运动。语音中心主义废除汉字的暴力，被民主化和革命化的愿景所消解。正如本书后面几章所示，语音中心主义的正面力量立足于包容性，拉丁化由此顺利地与其他进步力量合流，得到普罗文化运动、大众教育和救国运动的加持。1936年国民党封杀新文字前，拉丁化的包容性方案受到了各方空前的、超越党派的支持，上海中文拉丁化研究会更高调地于1935年12月发表了一封题为《我们对于推行新文字的意见》的公开信，有688位作家、学者、艺术家、活动家署名，其中包括教育家蔡元培、李公朴，政治家孙科、柳亚子，作家茅盾、郭沫若、巴金、叶圣陶、陶行知、萧红和鲁迅。公开信呼吁，就"教育大众组织起来解决国难"的任务而言，新文字（而非国罗）才是最"不容歧视"、最"经济"的文字方案。[1] 公开信直截了当地点出了赵元任不愿详述而瞿秋白直言不讳的拉罗运动间的关键性区别，直唤罗马化和国罗为"有钱有闲"人的事业，批评国语教育是"北平话独裁"。[2] 抛开国共两党的党派政治不谈，拉罗两场运动在标记声调、处理共同语与国语间的张力以及是否承认方言地位等诸问题上的立场都南辕北辙。如果罗马化运动以国有化字母普遍主义和发展可视语言为己任，那么拉丁化则植根于方言的再现，努力实践语言与书写的平等主义，并积极介入文

---

[1] 《我们对于推行新文字的意见》，见渥丹：《中国文字拉丁化文献》，第153—157页。值得一提的是蔡元培也支持了罗马化运动。公开信的末尾（第157页）有部分签名者的名单，较完整的名单见于《陶行知全集》（第3卷），长沙：湖南教育出版社，1984—1985，第50—55页。

[2] 渥丹：《中国文字拉丁化文献》，第153页。

学和政治革命。必须说明的是，拉丁化运动并非第一个重视方言的语言文字运动，在此之前至少还有三场方言拼音化运动。

拉丁化的先例

方言拼音化最初兴起于第一次鸦片战争后到20世纪初。受17世纪耶稣会士汉语罗马化设想的启发，新教传教士马士曼、马礼逊、麦都思、郭士立和巴克利等人开始出版发行多种汉译本《圣经》，包括汉字版和拉罗字母版。汉字版《圣经》有文理译本，也有官话和方言译本。❶ 尽管当时的方言《圣经》仍主要采用汉字，但是已出现把汉字当表音符号使用的情况。随着拼音化进程的继续推进，使用拉罗字母翻译《圣经》被正式提上议事日程。正如英国传教士海思波（Marshall Broomhall）所言，如果中国信众想要"用母语聆听上帝的教海"，那么"就必须有方言译本"，就一定要承认"罗马化是必要的"。❷ 传教士的报告显示，无论是传教还是扫盲，罗马化的方言《圣经》都比汉字版的方言《圣经》

---

❶ 汉字版《圣经》的主要版本有马士曼、拉撒尔（Joannes Lassar）译《耶稣救世使徒若翰所书福音》（1813）和《圣经》（1822），塞兰蒲：差会印刷所出版；《新约全书》（委办译本 Delegates Version）和《旧约全书》（1854）；神治文（E. C. Bridgman）、克陛存（M. S. Culbertson）译《新约全书》，上海：美国圣经协会，1863；麦都思、郭实腊、神治文译《救世主耶稣新遗诏书》，新加坡：坚夏书院，1839；《浅文理和合本》，上海：大英圣书公会，1902；《文理和合本新约马太福音至罗马书》（试读本），美国圣经协会、大英圣书公会、苏格兰圣经会，1905。关于《圣经》汉译更全面的书目，见 Jost Oliver Zetzsche, *The Bible in China: The History of the Union Version, or The Culmination of Protestant Missionary Bible Translation in China* (Nettetal, Ger.: Steyler, 1999), pp. 400–403。

❷ Marshall Broomhall, *The Bible in China* (London: China Inland Mission, 1934), p. 99.

更有效，因为后者仍要求有基本的汉字读写能力，实质上拒文盲于门外。因此，拼音版的方言译本作为汉字版《圣经》译本的重要补充大规模流行了起来。从 19 世纪中期到 20 世纪初，短短半个世纪就至少有十九种方言发展出了拉罗字母版的《圣经》译本，其中包括北方方言，吴语（如上海、宁波、杭州话），粤语，客家话，各种闽方言如福州、建宁、建阳以及厦门话（即闽南语）。❶这些字母体方言《圣经》中最值得一提的恐怕就是闽南语字母译本。根据美国圣经公会的记录，闽南语字母《圣经》最晚在 1852年就已刊行，在众多字母体方言《圣经》中历史最久、流传最广。更有意思的是，闽南语字母《圣经》甚至在许地山的名篇《玉官》中扮演了重要角色，生动展示了现代中文书写中方言摹写的潜力及其难以逾越的局限。

方言拼音化的第二个理论资源当属现代汉语方言学。不同于扬雄、杭世骏、章太炎所做的传统意义上的音韵学和方言研究，现代汉语方言学的自我定位是基于科学的描写语言学。一个尤为重要的年份是 1924 年，承认新国音、放弃老国音的那一年，首个方言调查学会——北大研究所国学门方言调查会宣告成立。❷ 到

---

❶ Broomhall, *The Bible in China*. 感谢美国圣经协会的 Liana Lupas 博士与我分享了她的方言目录，这份目录记录了哪些方言有与之配套的拼音《圣经》出版。这些方言使用地区包括但不限于定州（1919），福州（1881、1886、1889、1892），海南（1891、1893、1899、1902、1914），客家（1860、1865、1866、1887、1910、1924、1958、1993），杭州（1879，George Evans Moule 译），建宁（1896、1912），建阳（1898、1900），金华（1866），南京（1869），宁波（1852、1865、1870、1880、1885、1887、1898、1923），山东（1892），上海（1853、1860、1861、1864、1870、1886、1895），汕头（1877，1888），邵武（1892），苏州（1891、1921），台州（1880、1897、1914），温州（1892、1894、1902），五经富（1910、1924），兴化（1892、1896、1934），直隶（1925）。
❷ 参见《北大研究所国学门方言调查会宣言书》，《歌谣周刊》第 47 期，1924 年 3 月16 日。

1928 年，中央研究院成立历史语言研究所并马上着手进行了前后六次的方言调查：（1）1928—1929 年赴广东和广西做粤语方言调查；（2）1933 年调查陕南方言；（3）1934 年调查安徽方言；（4）1935 年调查江西方言；（5）1935 年调查湖南方言；（6）1936 年完成湖北方言调查。❶ 这些调查催生了第一批汉语方言学专著，包括赵元任的《现代吴语的研究》（1928）、《钟祥方言记》（1939）、《中山方言》（1948），罗常培的《厦门音系》（1930）与《临川音系》（1941），李方桂的《中国语言与方言》（1937），以及赵元任等的《湖北方言调查报告》（1948）。❷

现代汉语方言学对拉丁化的重要性不言而喻。其一，它将中国的方言研究放置到全球范围的历史语言学和比较语言学的学科发展中，使得中国方言研究也参与了由历史、比较语言学主导的、奠定 20 世纪初语音中心主义统御地位的历史进程。其二，它在重建方言亲缘关系的过程中突出了时间性（temporality）的问题，而这又与民俗学、人类学交叉，事实上合力构建出对语言他者的想象，巩固了语音中心主义热衷于建构的、带有殖民色彩的语言等级秩序。其三，现代汉语方言学的肇端更勾勒出拉罗两场运动的交汇处和分叉点。对拉丁化运动来说，方言学为方言的再

---

❶ 这些著作包括，赵元任：《现代吴语的研究》，北京：商务印书馆，2011；《钟祥方言记》，北京：商务印书馆，1939；《中山方言》，北京：科学出版社，1956；罗常培：《厦门音系》，北京：科学出版社，1956；《临川音系》，北京：科学出版社，1958；Fang-Kuei Li（李方桂），"Languages and Dialects of China," *Chinese Year Book*, 1936–1937, pp. 121–128; repr., *Journal of Chinese Linguistics* 1, no. 1 (1973) pp. 1–13；赵元任等：《湖北方言调查报告》，台北：商务印书馆，1948。参考翟时雨：《汉语方言与方言调查》，重庆：西南师范大学出版社，1986，第14—15 页。

❷ 相关方言地图，参见 S. Robert Ramsey, *The Languages of China* (Princeton, N. J.: Princeton University Press, 1987), pp. 15–16, 87–142；袁家骅等：《汉语方言概要》，北京：文字改革出版社，1960。

现（darstellung）提供了基础，是争取方言平等的重要一步。而从罗马化的角度来看，第一个方言调查学会的出现与新国音的确立之所以如此同步，是因为新国语虽背离了旧国语对方言的友好初衷，但新的民族共同语结构性地需要方言差异来为单一的标准语背书并做出重要补充。如果方言差异将不容于新国语的内里，那么至少能在方言调查中寻求庇护、发挥能量。现代方言学组织和分析方言差异、建构方言亲缘关系、与民俗学合力，一张描绘现代中国语言与民族他者的地图呼之欲出。

方言学的一个核心关切是共时语言学和历时语言学（用索绪尔的话来说）如何交汇并建构出"历史的科学"。❶ 方言调查生产大量的方言数据，这些数据如琥珀般凝固了特定方言在特定时空点的音值（phonetic value），足够的不同音值集合起来，便可推测语音的时空变迁，并验证方言的亲缘关系理论。这个方法被称作描述比较法，可供历时语言学的研究收集共时数据，为历史语言学与比较语言学所共用，一般分两步走：一、对所选的一种或几种方言的共时音值进行语音学描述；二、对共时性音值进行历时性比较和排序，以推得方言的亲缘关系。美国语言学家布龙菲尔德（Leonard Bloomfield）就认为，这一方法成功适用于梵语和欧洲语言的比较，并为印欧语系的研究奠定了基础。依这个基本方法，印欧语系研究明确了"欧洲的若干语言与亚洲相关"，并厘清了"这些语言是某同一原始语言的不同发散形式"。❷

---

❶ 索绪尔也称共时语言学为静态语言学，而称历时语言学为演化语言学，《普通语言学教程》就有一章名为"静态语言学和演化语言学"，见 Ferdinand de Saussure, *Course in General Linguistics*, trans. Wade Baskin, eds. Perry Meisel and Haun Saussy (New York: Columbia University Press, 2011), pp. 79–100, 212–214。中文版参见索绪尔：《普通语言学教程》，高名凯译，北京：商务印书馆，2009，第110—136、297—300页。

❷ Leonard Bloomfield, *An Introduction to the Study of Language* (New York: Holt, 1914), p. 310.

第一个在现代汉语方言学领域运用描述比较法的是高本汉。他在《中国音韵学研究》（1915）中表明拟测中国古音（中古和上古音）的主要目标之一就是"用音韵学的研究指明现代方言是怎样从古音演变出来的"❶。高本汉依描述、比较两步走，研究处理了自己于1910—1912年间在中国进行方言调查时收集的材料。他首先用音标给3100个汉字及其所属的音韵分类确立音值，然后对多达三十三种方言进行系统比较。作为第一部用描写语音学系统研究中国音韵与方言的著作，该书为研究上古和中古汉语及其众多方言后代提供了一个虽不无争议但绝对必要的起点。

《中国音韵学研究》影响巨大，也不乏批评。❷批评意见主要集中于对高本汉所拟"古音"真实性的质疑，因其拟构古音时对若干方言进行了操之过急的合并。但即便如此，贯穿全书的描述比较的基本方法仍备受肯定，并被他的批评者和合作者积极借鉴。比如赵元任的《现代吴语的研究》，就可以当成对《中国音韵学研究》的回应。语言学家梅祖麟就曾比较高本汉和赵元任的这两部著作，认为方言的拟构应该遵循"一般程序"，即首先拟构出"共同吴语、共同粤语、共同闽语等等以后，再拟构它们的共同祖先"。高本汉合并来自不同方言群之方言的做法失之草率、须要纠正，而赵元任的吴语研究便是纠偏的第一步，即"得到吴语方言第一手资料，而且是准备用比较方法来拟构共同吴语的"❸。

《中国音韵学研究》引发争议的关键点在于每个方言都有自己

---

❶ Bernhard Karlgren, *Études sur la phonologie chinoise* (Leiden: Brill, 1915-1926), pp. 19-20, 228. 中文版参见高本汉：《中国音韵学研究》，赵元任、罗常培、李方桂译，第13、143页。

❷ 李方桂、罗杰瑞（Jerry Norman）和蒲立本（Edwin Pulleyblank）等人批评和修订了《中国音韵学研究》中的观点，见 Ramsey, *The Languages of China*, pp. 131-132。

❸ 梅祖麟：《比较方法在中国，1926—1998》，《语言研究》2003年第1期。

特定的时间性。换言之，高本汉在区分、比较和归纳各种方言时，对不同方言在古音、中古音的时间轴上处于不同位置这一事实缺乏敏感、不够谨慎，由此得出的音韵谱系的可信度也就大打折扣。为切实拟构不同方言区单个方言在中古汉语时间轴上的位置，赵元任选择缩小研究范围，通过研究现代吴语来重新打散高本汉对吴语的不合理合并，以重构普通吴语作为中间步骤，建构个别方言与古音、中古音之间的联系。同样地，前述的其他六次方言调查也都致力于首先拟构特定方言区的共同语，再追溯原始古音及其可能的共同语。❶

　　方言调查为绘制方言地图提供了一手材料，切实推进了古今音演变的研究。本质上说，这是对方言时间性的空间化。借用人类学家乔纳斯·费边（Johannes Fabian）在《时间与他者》中的论述，对时间的"空间化"，除了可能的学术贡献之外，还有知识论意涵。时间的"他者"一旦被放置在时间轴的彼端成为原始古早的象征，那么观察、描述、分析他者的我或者我们就自动地站在时间轴的此端，被许可成为现代的代表。❷ 六次方言调查绘制出的方言地图，无论是从语言学还是人类学的角度看，都至少在一定程度上起到了调查、理解、控制他者的作用。现代汉语方言学为新国语服务，成为标准语之必要补充的同时，又为新创立的民族国家输送了不可或缺的方言学知识，以建构并管理语言上的他者。

---

❶ 一般认为吴语是最古老的方言，其次是湖南话、广东话、闽南话、客家话和江西话。关于中国方言谱系与人口流动的关系，参见周振鹤、游汝杰：《方言与中国文化》，上海：上海人民出版社，2006，第15—49页；林焘、耿振生：《音韵学概要》，北京：商务印书馆，2004。

❷ Johannes Fabian, *Time and the Other: How Anthropology Makes Its Object* (New York: Columbia University Press, 2002), p. 120.

有论者指出，中国民俗学领域也同时发生了类似的进程。❶ 这两个学术领域都服务于民族国家，通过生产被特殊时间性标记的、语言和族裔意义上的他者，通过允许民俗学者、人类学家、方言学者以俨然中立的方式观察他者，使得"时间与他者"的话语成为可能。方言学家收集的方言资料往往以民歌或民间故事的方式出现，而民俗学家也需要精准的语言学描写来记录收集方言。关于这两个学科的合流，1924 年《歌谣周刊》上登载的北大研究所国学门方言调查会的宣言说得再清楚不过：

> 按方言调查，除去研究词汇同异之外，还有种姓迁移的历史，苗蛮异种的语性，古今音变的系统，方言语法的进化等等连带问题，都是方言研究分内的事。凡研究一方言，必并考察其背景历史，以穷究其源流；得一音变，必并考察其与临近方音原原委委之关系。即使异族方言，语不出于经史载籍，也无妨比串同异以推求周秦以往的语言系统，如西藏暹罗等语。是今日方言调查范围，非仅区区训诂学中之一事，而实为与音韵学，殖民史，印度支那语言学等不可分离的一种研究。❷

现代汉语方言学雄心勃勃的跨学科研究方法的核心，就是比

---

❶ 洪长泰在《到民间去》中对现代中国民间文学运动做出了全面的清理，见 *Going to the People: Chinese Intellectuals and Folk Literature, 1918−1937* (Cambridge, Mass.: Harvard University Press, 1985)。刘禾则对中国民俗学的跨国起源和殖民模仿的政治进行了批判性的考察，见 "Translingual Folklore and Folklorics in China," in *A Companion to Folklore*, eds. Regina F. Bendix and Galit Hasan-Rokem (Malden, Mass.: Wiley-Blackwell, 2012) pp. 190−210。

❷ 《北大研究所国学门方言调查会宣言书》，《歌谣周刊》第 47 期，1924 年 3 月 16 日，第 1 页。

较的方法。比较法将共时语言学和历时语言学结合起来，开辟出一个新兴的研究场域，涵盖所有"印度支那语"辖下及与之相关的研究。值得注意的是方言调查会特别关注藏、傣、苗与其他少数民族及其语言。❶ 调查会将中国地图上的所有语言和方言一同纳入"印支语"旗下，与印欧语言学的学科传统不谋而合，并以类似的思路理解不同语言，空间化时间性，想象共同体。然而，还有另一种更平等或至少更致力于平等的路径，它导向的文字革命进而召唤出一场文学革命。中国拉丁化运动的第三个也是最后一个先例，即苏联的拉丁化运动。

从汉字革命到文学革命

几乎所有关于苏联拉丁化运动的论述都免不了引用一句列宁语录："拉丁化是东方的伟大革命。"❷ 据说，革命导师赞美拉丁化

---

❶ 宣言书列出了协会的七大任务（《北大研究所国学门方言调查会宣言书》，《歌谣周刊》第 47 期，1924 年 3 月 16 日，第 1—3 页）：

一，制成方音地图——此为语言调查（linguistic survey）的根本事业。

二，考订方言音声，及规定标音字母。

三，调查殖民历史——近日语言学界的一个重要调查结果，即方言与本地历史的密切关系。

四，考定苗夷异种的语言——此为本会所愿特别鼓励注意的事件。

五，依据方言的材料反证古音。

六，扬雄式的词汇调查——凡各方言的不同，或在读音，或在语法，或在词汇。

七，方言语法的研究。

❷ 根据阿加马利－奥格利（Agamali-Ogly）的说法，列宁说的是 "Da, eto velikaia revoliutsiia na Vostoke!" Stenograficheskii otchet 2 plenuma VTsK NTA (Baku, 1929) pp. 2–3, 引自 Terry Martin, *The Affirmative Action Empire: Nations and Nationalism in the Soviet Union, 1923–1939* (Ithaca, N.Y.: Cornell University Press, 2001) p. 187。

时已然病重，且是否真的用了"伟大"二字也至今存疑，但无须怀疑的是，拉丁化作为一场文字革命确实引发了一场"无产阶级文化"（Proletkult/Пролеткульт）的革命运动。"无产阶级文化"是个多义词。作为机构，它一般指 1917 年"十月革命"后一个短暂存在的组织。作为运动，它指无产阶级文化启蒙（Proletarian Cultural Enlightenment/Proletarskie kul'turno-prosvetitel'nye）运动，这场运动提示了 1920 年代与 1930 年代早期苏联文学论辩的脉络，同时影响了全世界的工人阶级文化，其中便包括中文拉丁化运动和中国革命文学。❶

苏联的拉丁化运动始于 1922 年，当时阿塞拜疆裔政治精英萨梅德·阿加马利-奥格利（Samed Agamali-Ogly）发起了属于阿塞拜疆自己的拉丁化运动。1923 年 10 月，拉罗字母被赋予与阿拉伯字母平等的地位，1924 年更成为全阿塞拜疆唯一的官方文字。1926 年，巴库举办了突厥学大会，推广拉罗字母。到 1930 年 5 月，三十六种语言选择采用新文字。根据历史学家特里·马丁（Terry Martin）的说法，除了突厥和北高加索诸民族之外，1929—1930 年间另有三支蒙古人（卡尔梅克人、布里亚特人和外蒙古人）也采用了新文字。他们在莫斯科举行了一场小型的"泛蒙古"会议，目标是统一正字法。此外，伊朗境内有七种语言也采用了拉罗字母，其中包括达吉斯坦山区的犹太人和中亚的布哈拉犹太人使用的语言，希伯来字母被取代。同样，苏联若干犹太人组织也通过

---

❶ 苏联早期无产阶级文化运动的简史，见 Mark D. Steinberg, *Proletarian Imagination: Self, Modernity, and the Sacred in Russia, 1910–1925* (Ithaca, N.Y.: Cornell University Press, 2002), pp. 50–56. 1932 年 4 月取缔所有文学艺术组织之后，"文化启蒙"被"社会主义现实主义"这一官方创作方法所取代。关于"社会主义现实主义"的诞生，见 A. Kemp-Welch, *Stalin and the Literary Intelligentsia, 1928–1939* (New York: Palgrave Macmillan, 1991), pp. 142–160. 感谢托马斯·拉胡森（Thomas Lahusen）帮助我理解"无产阶级文化"这个词的复杂含义。

决议，要拉丁化意第绪语，尽管未见具体方案。而亚述人和亚美尼亚人也停用西里尔字母和亚美尼亚文，开始尝试拉罗文字。❶事实上，除格鲁吉亚字母外，苏联境内几乎所有的文字——连俄语使用的西里尔字母都包括在内——都经历了某种程度的拉丁化"休克疗法"。❷

西里尔字母，于是乎越来越被视为"沙皇政权殖民统治、俄罗斯化、传教士式政策"的象征，以及"俄帝国主义在国外扩张的宣传武器"，俨然成为阻碍苏联拉丁化运动取得完全胜利的最大障碍。❸1929年11月至1930年1月，苏联拉丁化运动对西里尔字母发动总攻，运动达到高潮。由苏联首任教育人民委员、无产阶级文化运动领袖卢那察尔斯基（瞿秋白在首次苏联之行中曾与他短暂会面）领衔，教育人民委员会主管科学的部门成立了三个委员会——正字法委员会、拼写委员会以及俄文拉丁化委员会，对俄语书写系统进行改革。❹另由劳动国防委员会下设一个特别

❶ 关于苏联拉丁化运动早期的历史记载，见 Martin, *The Affirmative Action Empire*, pp. 198-199; Lenore A. Grenoble, *Language Policy in the Soviet Union* (Dordrecht: Kluwer Academic, 2003), pp. 35-57; Michael G. Smith, *Language and Power in the Creation of the USSR, 1917-1953* (Berlin: Mouton de Gruyter, 1998), pp. 121-142。

❷ 格鲁吉亚的例外或许可以部分归因为当时官方支持的尼古拉·马尔（Nikolai Marr）的"雅弗理论"（Japhetic theory），该理论在1920—1950年代的苏联居于主导地位，直到斯大林本人在《真理报》上发文谴责马尔。雅弗理论认为，格鲁吉亚语（马尔和斯大林的母语）是高加索与闪米特诸语言的共同祖先。据说与古生物学、唯物主义和阶级斗争理论相一致的马尔主义学说相信存在某种普遍语言，这减轻了拉丁化支持者们的焦虑，后者担心多元书写系统会损害苏维埃联盟的团结。见 Grenoble, *Language Policy in the Soviet Union*, pp. 55-57; Smith, *Language and Power in the Creation of the USSR, 1917-1953*, pp. 81-102; Lawrence L. Thomas, *The Linguistic Theories of N. Ja. Marr*, University of California Publications in Linguistics, vol. 14 (Berkeley: University of California Press, 1957), pp. 85-116。

❸ Martin, *The Affirmative Action Empire*, p. 200.

❹ 卢那察尔斯基著作的简要介绍，参见 Sheila Fitzpatrick, *The Commissariat of Enlightenment: Soviet Organization of Education and the Arts under Lunacharsky, October 1917-1921*（转下页）

委员会专门负责监督文字改革成果和相关材料的出版。但是这场征讨西里尔字母的"十字军东征"于 1930 年 1 月 25 日戛然而止，苏共中央政治局发布简短的指示："关于拉丁化：命令主管科学的委员会结束俄文拉丁化的工作。"❶

　　苏联的斯大林化可能是西里尔字母拉丁化运动如此短命的重要原因，这给泛突厥主义在苏联西部的拉丁化运动中的抬头敲响了警钟，但这并不妨碍拉丁化运动在苏联东部的蓬勃发展及其向远东的进一步传播。❷ 例如，西里尔字母被拉罗字母代替，用来转写马里语以及楚瓦什语。更往东走，朝鲜和中国都出现了拉丁化。❸ 根据德范克（John DeFrancis）的研究，中国语言文字的拉

─────────

（接上页）(Cambridge: Cambridge University Press, 1970); Ken Kalfus, *The Commissariat of Enlightenment* (New York: Ecco, 2003); Timothy Edward O'Conner, *The Politics of Soviet Culture: Anatolii Lunacharskii* (Ann Arbor, Mich.: UMI Research Press, 1983)。关于瞿秋白与卢那察尔斯基的会面，见《瞿秋白文集·文学编》（第 1 卷），第 124—126 页。卢那察尔斯基自己也写了一些支持俄文拉丁化的文章，参考 Martin, *The Affirmative Action Empire*, p. 196。

❶ 主管科学的委员会即科学局（Glavnauka）是主管科学、学术、艺术和博物馆的中央机关，1922—1933 年 9 月作为人民教育委员会（Narkompros）的下属机构存在，参见 Martin, *The Affirmative Action Empire*, p. 198。政治局的突然下令类似于后来国民党 1936 年禁止新文字，以及中国共产党 1958 年决定搁置拼音化工作。

❷ 针对乌克兰语与白俄罗斯语的拉丁化活动可能被解释为恐俄甚至叛国。不少参加了 1926—1927 年白俄罗斯和乌克兰文字改革会议的语言学家后来遭到了清洗。见 Martin, *The Affirmative Action Empire*, pp. 204−206; George Y. Shevelov, *The Ukrainian Language in the First Half of the Twentieth Century (1900−1941): Its State and Status* (Cambridge, Mass.: Harvard Ukrainian Research Institute, 1989), pp. 131−140。关于苏联斯大林化的概述，见 Norman LaPorte, Kevin Morgan, and Matthew Worley, eds., *Bolshevism, Stalinism and the Comintern: Perspectives on Stalinization, 1917−1953* (Houndmills, Basingstoke, Hampshire, U.K.: Palgrave Macmillan, 2008)。

❸ 1930—1932 年，全联盟新突厥字母中央委员会（All-Union Central Committee of the New Turkic Alphabet, VTsK NTA）决定"为五大方言创设五个独立的拉丁字母系统"，包括山东、广东、福建、江苏、湖南五大方言区。其中只有山东方言字母被实际设计出来。至于朝鲜字母，据说已被中央委员会批准但计划并未实现。见 Martin, *The Affirmative Action Empire*, pp. 119, 200。

丁化最早可追溯到 1926 年对东干人语言的拉丁化实验。东干人是陕西和甘肃回民的后裔，东干语虽受俄语、阿拉伯语、波斯语等的影响，但仍保留有大量甘肃和陕西方言，这个不甚成功的语言文字实验拉开了中文拉丁化的序幕。两年后，莫斯科的中国科学研究所（Scientific Research Institute of China）正式将中文的拼音化提上议事日程。❶ 尽管拉丁化运动此时已只能在苏联东部地区活动，但仍高举解放弱小民族、打倒沙皇压迫的大旗，号召在新的苏维埃联盟的领导下，所有语言用相同的拉罗字母拼写，生产平等的书写系统，以确保各少数民族的平等地位。这种激进的平等主义是苏联拉丁化运动的标志，是社会主义革命在语言文字领域的延伸，也是输出革命的政治伦理前提。正是这种平等主义的革命精神让苏联专家与中国学者走到了一起，拉丁化运动开始向中国输出。

郭质生（Vsevolod Sergeevich Kolokolov）和瞿秋白的合作可算是苏联汉学家和中国学者最引人注目的一次合作。郭质生——苏联语言学家和汉学家，在瞿秋白第一次逗留苏联时，成为瞿的向导、中间人和朋友。❷ 1929 年 10 月，在郭质生的帮助下，瞿秋

---

❶ 据估计，1920 年代苏联有 14600—25000 名东干人，文盲率接近百分之百。见 John DeFrancis, *Nationalism and Language Reform in China* (Princeton, N.J.: Princeton University Press, 1950), p. 88。关于新的东干字母和第一届全联盟突厥学大会（The First All-Union Turcology Congress）以及跨欧亚的拉丁化运动的关系，见 Ulug Kuzuoglu, "Codes of Modernity: Infrastructures of Language and Chinese Scripts in an Age of Global Information Revolution" (PhD diss., Columbia University, 2018), chap. 6。

❷ 瞿秋白经常提到郭质生，见《瞿秋白文集·文学编》（第 1 卷），第 103—105、141、166、168 页。除了郭质生外，其他苏联学者如龙果夫、B. M. 阿列克谢耶夫、B. A. 瓦西里耶夫、Y. K. 楚茨基和 A. G. 施林辛也参与了中文拉丁字母的研究、设计和评论。见 DeFrancis, *Nationalism and Language Reform in China*, pp. 97-98。斯大林禁绝马尔的雅弗理论后，郭质生像许多其他参与了拉丁化的语言学家一样，受到了牵连。关于郭质生参与中文拉丁化运动的评论，见 A. O. Tamazishvili, "Incident na vostochnom otdeleni'i instituta krasnoi professuri istori'I," *Vostok*, no. 1 (1994), pp. 160-166。

白于莫斯科出版了第一本拉丁化读本《中国拉丁化的字母》，经过反复修订后，即成为后来的《新中国文草案》。❶ 瞿秋白在第一版《中国拉丁化的字母》的序言中充分肯定了郭质生的贡献："我编这本小册子，得到郭质生同志的许多帮助，我对于他非常感谢。" ❷ 瞿秋白和郭质生之间的合作在一定程度上让人联想到赵元任与高本汉。同样是中外学者的学术交往，瞿秋白对郭质生的公开致意多了一份同志情谊，少了一份同行竞争。尽管罗马化阵营批评中苏在拉丁化运动中的睦邻友好不过是中国屈服于外国势力的又一例证，❸ 但瞿秋白和郭质生两人都不认为中苏合作存在权力关系，而是将他们为之服务的字母普遍主义作为共同事业来看待，认为这是符合社会主义价值、具有国际主义精神的文化革命事业。1931 年符拉迪沃斯托克（海参崴）第一届中文拉丁化大会召开后，瞿秋白的拉丁化方案经修订被大会采纳。❹ 大会颁布决议，要求苏联所有的中文学校从 1932 年开始都必须引入拉丁字母。❺ 一年后，苏联的中文拉丁化运动终于输入中国。此时被激活的不仅仅是运动本身，更是一种创制现代中国语言文字的新路径，并掀起中国文学革命的新浪潮。源于苏联的拉丁化运动确立了一个基本原则——让所有人民用自己的声音说话，让所有少数民族用

---

❶ 瞿秋白：《中国拉丁化的字母》，莫斯科：KYTY 出版社，1929，见《瞿秋白文集·文学编》（第 3 卷），第 351—418 页；瞿秋白：《新中国文草案》，《瞿秋白文集·文学编》（第 3 卷），第 423—491 页。

❷ 瞿秋白：《中国拉丁化的字母》，第 355、362 页。

❸ 黎锦熙撰写了一系列文章批评新文字、捍卫国罗，他发出质问："国语罗马字，应该是本国人自己作的好呢，还是外国人代我们作的好呢？"见《国语运动史纲》，第 291—296 页。

❹ 提交给会议的版本是《中国拉丁化的字母》的轻微修改版，题为《拉丁化中国字》。见倪海曙：《中国拼音文字运动史简编》，第 119 页。

❺ DeFrancis, *Nationalism and Language Reform in China*, pp. 93, 99.

平等的文字书写，而这为无产阶级文化与文学的创造注入了新的活力。

从《中国拉丁化的字母》到《新中国文草案》，瞿秋白开始思考和设计中文书写和中国文学的未来。两次访苏的经历，以及卢那察尔斯基的直接影响，使得瞿秋白对未来中国文字与文学的想象越来越向苏联拉丁化运动靠拢。❶1931 年 2 月 7 日给郭质生的信中，瞿秋白写道：

> 现在我寄上一本读本：《国语罗马字模范读本》——这是依照政府公布的拼音方式编的，比我们的方式繁难复杂得多。这是完全的北京方言……我以为普通话仍旧要保存，发展，方言同时要制造拼音方法——让他们"并存"，将来废除汉字之后，中国一定要有一个时期是"多种言语文字的"国家。至于四声的分别拼法，实在是非常之困难，这本书可以做一个例子……我请求你的事，是要你寄我一切好的关于拉丁化问题的小册，著作，杂志，以及言语学（языкознание）的一般书籍，再则，新出的以及旧的文学，小说，以及杂论。这件事情，我千万的拜托，费神费神。如果你能够常常寄来，那真是不胜"感激之至"了！❷

---

❶ 毕克伟（Paul Pickowicz）和胡志德（Theodore Huters）对瞿秋白是否有足够能力理解和介绍苏联不同的马克思主义文学派别意见不一。毕克伟的回答是否定的，但胡志德却指出瞿秋白对"无产阶级文化"及相关议题都有了解。见 Paul Pickowicz, *Marxist Literary Thought in China: The Influence of Ch'ü Ch'iu-pai* (Berkeley: University of California Press, 1981); Theodore Huters, "The Difficult Guest: May Fourth Revisits," *Chinese Literature* 6, no. 1/2 (July 1984), pp. 125–149。

❷ 瞿秋白提到的这个读本是黎锦熙编的《国语罗马字国语模范读本首册》（1928）。见瞿秋白：《瞿秋白文集·文学编》（第 3 卷），第 325—326 页。

瞿秋白在信中表明中国拉丁化运动的目的，一如苏联拉丁化，在于实现多种语言和书写系统并存。瞿秋白更恳切地向郭质生寻求阅读和研究材料方面的帮助，大方承认中国拉丁化是一个中俄合作项目。依苏联拉丁化的蓝图，中国拉丁化同样追求以拉罗字母作为唯一书写系统与众多语言、书写系统、族群的统一。通过对比拉罗的拼音方式和拼音对象，瞿秋白强调不同于国罗支持的北京话，拉丁化新文字拼读的将是真正的普通话，真正能让普通方言并存、创造一个语文上多元的中国普通话。

短短几个月以后，瞿秋白将拉丁化的意义更往前推进一步，在《鬼门关以外的战争》（1931 年 5 月 30 日）中阐释了新中国语文与新文学革命之间的关系。瞿秋白在这篇檄文中定义了晚清、五四和当下的三次文学革命。前两次文学革命，固自是一时先锋，但都不幸落败，只剩下些糟糕的"半人话半鬼话的文学"。其中特别值得批判的，正是五四和新文化运动的标志——所谓新白话。瞿秋白认为新白话过于欧化，是布尔乔亚精英阶级的新文言，是又一种不能产生活文学的死文言，曾经可算新的文学，如今"已经成了旧文学的代表"和"文学革命的对象"。它最应被清算，好迎接新一轮文学革命的浪潮。瞿秋白认为："现代普通话的新中国文，应当是习惯上中国各地方共同使用的，现代'人话'的，多音节的，有语尾的，用罗马字母写的一种文字。创造这种文字是第三次文学革命的一个责任。"❶

瞿秋白定义"第三次文学革命"是为了和前两次文学革命遗留下来的历史包袱一刀两断。但是这个概念是否被广泛接纳对他来说并不那么重要，因为一方面他很快就将第三次文学革命和更

---

❶ 瞿秋白：《鬼门关以外的战争》，《瞿秋白文集·文学编》（第 3 卷），第 138、145、169 页。

为人熟知的大众化问题结合起来，开辟新的论战战场；另一方面，他已然明确指出这场 1930 年代的新五四运动与前两次失败尝试的根本区别在于其与拉丁化运动的联盟。瞿秋白确信既然拉丁化运动已然浮出历史地表，那么任何新式的、进步的文学革命都必须与之结合。那是因为拉丁化对中文书写的改造和创新，使之与先进的普通话挂钩，有可能生产出更适合崭新中国的崭新的文学语言。换言之，成功的"第三次文学革命"也将反过来巩固文字革命的成就。文字革命与文学革命的互惠关系已俨然成形。

接下来，瞿秋白马不停蹄地将双重革命的论述嫁接到文艺大众化的讨论上。而文艺大众化的讨论在整个 1930 年代文化与政治革命化的发展轨迹中至关重要。瞿秋白的参与一方面更加明确了他的激进立场，另一方面清晰提炼出无产阶级文化孕育过程中不可避免的真实的政治。1930—1934 年短短四年的时间有过三次大众化讨论。第一次讨论恰逢"左联"成立，当时"大众"一词作为日文借代词引起了激烈争论，反对意见认为这个一刀切的范畴会把布尔乔亚小市民和真正的无产阶级混为一谈，剥夺工人阶级形成他们自己文化的机会。❶ 接下来的两轮论战——第二轮是在 1932 年，有说法认为是瞿秋白的文章引发的讨论；而第三轮 1934 年的论战，瞿秋白虽缺席，但"大众语"这个关键概念被认为是

---

❶ 参见郭沫若：《新兴大众文艺的认识》，《大众文艺》第 2 卷第 3 期，1930 年 3 月 1 日。郭沫若文中批评郁达夫对"大众文艺"这个日本概念的接受表现出了潜在的资产阶级趣味。1930 年《大众文艺》杂志组织了第一波讨论，当时接替郁达夫的陶晶孙发文征求关于杂志的意见，由此引发了广泛讨论，但对汉字革命着墨不多。关于大众化问题的翔实资料汇编，参见文振庭编：《文艺大众化问题讨论资料》，上海：上海文艺出版社，1987。陶晶孙、郁达夫、郭沫若都是"左联"成员，都支持基于阶级理论的大众化讨论。有意思的是，据说赵元任拒绝了参加讨论的邀请。参见《文艺大众化问题讨论资料》，第 409 页。关于去阶级意识的大众化理论，参见黎锦熙：《国语运动史纲》，第 46—81 页。

从他的论述中衍生出来的。讨论中涵盖的具体议题包括：谁是大众？大众应该自己写作还是让作家替他们写作？商业化的文艺能否为工人阶级文化服务以及如何利用旧的文学语言与文学形式？鲁迅更撰文为"连环图画"辩护。[1]须指出的是，即便大众化讨论和拉丁化运动都重视大众的声音、相信所有人用自己声音表达以及获得承认的权利，但在瞿秋白介入之前，两场运动并未见交集。而 1932 年 3 月至 7 月间，瞿秋白连续发表《大众文艺的问题》（3月 5 日）、《普洛大众文艺的现实问题》（4 月 25 日）、《"我们"是谁？》（5 月 4 日）、《欧化文艺》（5 月 5 日）、《再论大众文艺答止敬》（1932 年 7 月），明确绑定大众化与汉字革命，主张以拉丁化的手段来达成创造工人阶级文化的目标。[2]

在瞿秋白看来，五四白话"非驴非马"，并不属于大众，且认为"非大众的普洛文艺"的存在以及要求大众提高水平才能创造"普洛大众文艺"的提法简直"荒谬绝伦"。在与茅盾的往来讨论中，瞿秋白更进一步，提出文字与文学革命相结合之外，更要重新思考知识分子和工人阶级的关系。[3]茅盾虽是拉丁化和大众化的同路人，但和多数温和的左翼作家一样，认为智识者比工人阶级更有

---

[1] 《文艺大众化问题讨论资料》，第 54—62、109—138 页。关于鲁迅的文章参见第159—162 页。

[2] 瞿秋白：《大众文艺的问题》《普洛大众文艺的现实问题》《"我们"是谁？》《欧化文艺》《再论大众文艺答止敬》，见《文艺大众化问题讨论资料》，第 54—62、34—53、100—103、104—108、119—138 页。根据文振庭，《普洛大众文艺的现实问题》写于1931 年 10 月，后来以史铁儿为笔名发表于 1932 年 4 月 25 日。瞿秋白之前还写过一篇《大众文艺和反对帝国主义的斗争》，发表于 1931 年 9 月 28 日的《文学导报》。参见周永祥：《瞿秋白年谱》，第 93 页。《"我们"是谁？》和《欧化文艺》的手稿均由鲁迅保管，并未出版。

[3] 《普洛大众文艺的现实问题》文风尤其尖锐，语言特别精彩。参见《文艺大众化问题讨论资料》，第 36、38 页。茅盾 1932 年写给瞿秋白的回应和 1984 年对大讨论的回忆，见《文艺大众化问题讨论资料》，第 109—118、413—432 页。

能力代表工人阶级发声。瞿秋白虽引茅盾为同志，二人论战不久前还一起为茅盾即将面世的长篇巨著《子夜》出谋划策，但在文艺大众化的问题上，瞿秋白始终反对茅盾的温和立场，坚决捍卫普罗大众自我表达、创造劳动民众自己的文学的权利。瞿秋白认为拉丁化和大众化的合流是一次真正的机会——一次不只提供基本的识字能力，同时鼓励普罗大众借助文艺进行自我再现的机会。作为其大众化系列文章的结语，瞿秋白在《再论大众文艺答止敬》中总结道："新的文学革命的目的，是创造出劳动民众自己的文学的言语。"❶

　　无论瞿秋白的愿景是否真能实现，通过他的论述，我们可以确认的是大众化运动和拉丁化运动直接相关，尽管学界习惯将这两场运动分开讨论，尽管回到 1930 年代历史现场，能明确指认两者内在关联的知识分子屈指可数，比如瞿秋白、鲁迅和陈望道。然而，大众化和拉丁化的联系实则具有提示时代转向的重大意义。我想说明的是，1930 年代以来中国文学与文化向左转的强大驱动力，可以在拉丁化运动中找到改造语言、变革书写的物质基础。而正向的语音中心主义那令人向往的进步姿态，更为无产阶级文化最激进甚或带有乌托邦色彩的发展提供了理论基础。漫长的中国文学史上第一次在理论准备和意识形态层面上，承认应对不同方言区、识字水平、社会层级的大众一视同仁，不同方言区、识字水平、社会层级的大众不仅可以进入文学作品，并被鼓励用自己的语言文字寻找表达自我的方式。

　　底层能说话吗？这个后殖民研究的经典问题，如果拿去问瞿秋白，他的回答毫无疑问是肯定的，他甚或会以一份拉丁化新文字方案作答，以证明普罗大众自我表达的可能。当然，正如斯皮

---

❶《文艺大众化问题讨论资料》，第 133 页。

瓦克（Gayatri C. Spivak）借由阐释马克思而说明的那样，在一个普罗大众能说话且能被听到的完美世界里，表达绝不是被代表、被呈现（vertretung），而必然是主动地呈现（darstellung），亦即自我表达（selbstdarstellung）。❶那么，接下来的合理追问便是瞿秋白可曾将他的理论主张付诸行动？瞿秋白的文学实践中，最接近他自己拉丁化主张的可能是他用笔名"史铁儿"发表的一首题为《东洋人出兵》（1931年9月）的"歌词"——以汉字拟写的上海话和北方话两个版本的抗日打油诗。❷瞿秋白本是最有可能继续拉丁化文学创作的人，但遗憾的是，他作为中共高层领导人，即便此时已被边缘化，但仍分身乏术。1934年1月，他奉命前往闽赣苏区，只好暂停文学和文化工作，不得不缺席第三轮大众化讨论。事实上，从1932年第二轮大众化讨论到1935年遭国民党逮捕并杀害，瞿秋白并未对拉丁化文学创作进行更深入的尝试，也未及指导工人的新文字文学实验。也就是说，瞿秋白虽大力倡导正面的语音中心赋权普罗大众的可能性，却没能真正探索在文学实践中可能碰到的问题。公允地说，新文字的拥趸虽众，却都无一例外地并未正面解决拉丁化文学实践的难题。而一旦解决这个关键问题，那么文字与文学的双生革命也就胜利在望了。如果说瞿秋白只是提出而并未解决问题，那么瞿秋白的朋友许地山则在有意

---

❶ Gayatri Chakravorty Spivak, "Can the Subaltern Speak？" in *Can the Subaltern Speak? Reflections on the History of an Idea*, ed. Rosalind C. Morris (New York: Columbia University Press, 2010), pp. 21–78; 斯皮瓦克的讨论通过对马克思《路易波拿巴的雾月十八日》的分析展开，借由马克思，她提出了两种不同的"代表"（representation）——前一种是代为发言的代表之意（vertretung），后一种则指艺术或哲学中的再现（darstellung），斯皮瓦克为后者张目（pp. 28–31）。

❷ 瞿秋白的诗生动描述了日本占领满洲的情况。尽管瞿秋白没有让工农兵发言或代表他们发言，但他认为未来唯一可靠的抵抗力量将来自工农兵的联盟。见史铁儿：《东洋人出兵》，《文学导报》，1931年9月28日。

无意间遭遇并挑战了这个大哉问——如何在拉丁化和文艺大众化的指导原则下，以文学作品代表并赋权底层。许地山的《玉官》是探索这个难题的绝佳文本，这篇围绕"圣经女人"玉官展开的中篇小说里有等待赋权的底层妇女，有字母体闽南语《圣经》，更有对语音中心主义局限的叩问。作为学者、小说家和拉丁化支持者的许地山会如何解答双生革命的终极问题：大众的声音——字面意义和比喻意义上的声音——真的有可能被再现吗？

语音中心主义的局限

许地山和瞿秋白是多年好友。两人相识于 1920 年，当时同为《新社会》杂志撰写社会评论，《新社会》是北京基督教青年会下属的"实进会"的刊物。❶ 虽然瞿秋白走上了政治舞台，许地山留守在文学和学术，但他们的友谊一直持续到瞿秋白牺牲。许地山在 1935 年瞿秋白被捕后，也曾积极与其他友人策划营救行动，只是不幸营救失败，瞿秋白殉难。

许地山是五四和新文化运动中的重要人物，文学研究会的十二个创始成员之一。❷ 作为首个中国现代文学的社团，文学研究

---

❶ 实进会于 1911 年由美国传教士步济时（John Stewart Burgess）创立，《新社会》杂志于 1919 年 11 月开始出版，1920 年 5 月因其社会主义倾向被查禁。瞿秋白、许地山和郑振铎都参与了这本杂志的创办。参见《新社会》第 1—19 期（1919 年 11 月 1 日—1920 年 5 月 1 日）。瞿秋白和许地山写了大量关于性别、劳动等社会议题的文章，如瞿秋白的《小小一个问题——妇女解放的问题》《劳动底福音》《社会与罪恶》，许地山的《十九世纪两大社会学家底女子观》《劳动底研究》《社会科学的研究方法》等。

❷ 这十二人分别是周作人、茅盾、许地山、郑振铎、叶圣陶、耿济之、王统照、郭绍虞、孙伏园、瞿世英、朱希祖和蒋百里。

会以现实主义为导向，区别于更偏向浪漫主义的创造社和新月社。尽管有评论认为许地山的早期作品在经历批判现实主义的转向前，更接近浪漫主义和古典主义。但是从整体上看，许地山作为文学研究会的创始成员，大部分作品仍契合现实主义的标准。生于台湾，长于福建、广东，游历过缅甸、印度，许地山对华南和南亚有着独特而持续的兴趣，这在他的众多作品里有突出体现。作为作家的许地山同时也是学者、翻译家和教育家，致力于梵语、民俗学、宗教学的研究，还是香港大学中文系从传统中文学院转型为现代中文系过程中至关重要的一任系主任。许地山是一名基督徒，但他的宗教研究涉猎广泛，包括摩尼教、道学、佛教和基督教。除此之外，许地山还对物质文化保持一贯的兴趣，对中国服饰和古钱币亦颇有研究。在许地山的众多成就中，不常为人称道的是他生命最后阶段里对拉丁化运动的支持和推动。他是 1938 年成立的香港新文字学会的创始人之一，也是文学文字双生革命罕有的实践者。

许地山于 1939 年 3—5 月在香港《大风》杂志上连载了他最后一部中篇小说《玉官》。❶ 小说围绕一个名叫玉官的"圣经女人"的人生故事展开。"圣经女人"专指新教传教士在印度、中国和其他地区训练的、为本地教会工作的妇女教友。这些女性布道者的基本职责是挨家挨户地去给愿意倾听讲道的人念《圣经》。此外，她们也领导女性信众的聚会，教授慕道班的课程，对妇女进行家访，有时甚至也参加集市和村镇的讲道。❷ 小说主人公玉官便是这样一位"圣经女人"，服务的教会位于闽南某县，与许地山自己

---

❶ 许地山：《玉官》，《大风》1939 年第 29—36 期。

❷ Mrs. W. B. Hamilton, *The Chinese Bible Woman* (New York: Women's Board of Foreign Missions of the Presbyterian Church, n.d.), p. 5.

长大的闽南乡村无异。小说虽是中篇，确相当有雄心，横跨 1890
年代到 1930 年代末的四十余年，涉及的重大历史事件包括甲午战
争、义和团、废科举、辛亥革命、"一战"和共产主义的兴起，意
欲通过一位福建"圣经女人"的生平故事来把握现代中国的历史，
与许地山的早期作品有相当不同。按夏志清的说法，许地山"生
性是个传奇故事作家"，其早期小说更接近"通俗的佛教故事和中
古的基督教传奇"。❶ 而许地山的毕生好友、文学研究会的联合发
起人郑振铎则提示我们，许地山的风格转变大约发生在 1935 年前
后，即他离开燕京大学前往香港的当口："他这时期所写的作品，
风格和题材都变得尖锐得多，现实得多。"❷

　　郑振铎所谓的"这时期"正是由拉丁化推动的"第三次文学
革命"的历史时刻。关于这个转变，许地山本人在《论"反新式
风花雪月"》一文中说：

　　青年作家的作品所以会落在"风花雪月"底型范里底原故，我
　　想是由于他们所用底表现工具——文字与章法——还是给有闲
　　阶级所用底那一套……所以要改变作风，须先把话说明白了，
　　把话底内容与涵义使人了解才能够达到目的。会说明白话底人
　　自然擅于认识现实，而具有开条新路让人走底可能力量。❸

　　许地山排斥有闲阶级的语言，与瞿秋白批判成为布尔乔亚新

❶ C. T. Hsia, *A History of Modern Chinese Fiction, 1917–1957* (New Haven, Conn.: Yale
University Press, 1971), p. 85. 中文版参见夏志清：《现代中国小说史》，刘绍铭等译，上
海：复旦大学出版社，2005，第 62 页。
❷ 郑振铎：《〈许地山选集〉序》，《许地山选集》，北京：人民文学出版社，1958，第 3 页。
❸ 许地山：《论"反新式风花雪月"》，《大公报》，1940 年 11 月 14 日。

文言的五四白话，前后呼应。许地山在"把话说明白"和"认识现实"之间建立联系，更为瞿秋白倡导的"新的文学革命的目的"做出了清晰的解释。尽管许地山自己并没有用第三次文学革命的说法，但他到香港后的一系列文章和演讲聚焦的确实是这场革命的两个宗旨——新的中国文字与新的中国文学，时间恰与《玉官》的创作同期。❶《玉官》以底层妇女为主角，带有明显的文艺大众化的印记，加之许地山对文字革命和拉丁化议题的敏感，文学与文字革命俨然成功合流。

小说主人公玉官是一位不识字——确切地说是不识汉字——的闽南妇女，在甲午战争中成了寡妇，既要面对孤儿寡母的艰辛与穷困，还要对付觊觎自家房产的叔伯弟弟。她希望恪守妇道，抚孤成人，最大的盼望就是将来儿子能谋得一官半职，可以给她请封诰、表贞节。就是这样一个原本只凭女工赚取微薄收入、按新儒家"老习惯"安排人生的闽南女人，因缘际会地和一位叫杏官的"圣经女人"成了朋友。在杏官家里，玉官发现了字母体闽南语《圣经》，很快学会了"洋字"，读懂了"洋书"；在杏官的影响下，玉官不仅选择皈依基督教，还成了一名每月领工钱的"圣经女人"。小说如是描述玉官与字母体闽南语《圣经》至关重要的初次见面：

> 杏官家里的陈设虽然不多，却是十分干净。房子是一厅两房的结构，中厅悬着一幅"天路历程图"，桌上放着一本很厚的金边黑羊皮《新旧约全书》，金边多已变成红褐色，书皮的光泽也没

❶ 这些文章包括《中国文字底命运》《青年节对青年讲话》《国粹与国学》《中国文字底将来》，参见许地山：《许地山语文论文集》，香港：新文学学会，1941。

图 2.1　字母体闽南语《圣经》，《旧约》（1902）在下，《新约》（1916）在上。图片由纽约美国圣经协会图书馆和档案馆提供

有了，书角的残折纹和书里夹的纸片，都指示着主人没一天不把它翻阅几次……她偷偷地掀开那本经书看看，可惜都是洋字，一点也看不懂。她心里想，杏官平时没听她说过洋话，怎么能念洋书？这不由得她不问。杏官告诉她那是"白话字"，三天包会读，七天准能写，十天什么意思都能表达出来。她很鼓励玉官学习。玉官便"爱，卑，西——"念咒般学了好几天。果然灵得很！七天以后，她居然能把那厚本书念得像流水一般快。❶

我虽无缘得见合订版的闽南语拼音《新旧约全书》，但美国圣经公会的档案里确实藏有闽南语字母版的《旧约》和《新约》，分别出版于 1902 年与 1916 年。按照闽南语的发音，这两本书的书名被分别转写为"Kū-Iok"和"Sin Iok"（图 2.1 与图 2.2）。和杏官的合订本一样，这两本《圣经》用"金边黑羊皮"装订，"金边多已变成红褐色，书皮的光泽也没有了"。正是这样的字母体闽南语《圣经》，随着基督教的传播，让玉官们切实获得了识字的机会，即便识的是拉罗字母。

---

❶ 许地山：《玉官》，《无忧花》，南京：江苏文艺出版社，2008，第 238 页。

图 2.2　闽南语 *Sin Iok*(《新约》)和 *Kū-Iok*(《旧约》)。图片由纽约美国圣经协会图书馆和档案馆提供

　　基督教的社会福音运动本就包括为信徒扫盲的工作，新教传教士传播福音的过程中则有意无意地凸显了不发达地区性别化的文盲问题。19 世纪的中国，大多数人都不识字，其中女性不识字的比例尤其高，被剥夺识字权利的情况尤其多。传教士们撰写的关于女信徒的报告、小册子和小说多从性别化的文盲问题入手。❶不夸张地说，用汉字或拉罗字母《圣经》为信众扫盲是传播福音的先决条件，而早期传教士小说中更经常出现用字母《圣经》教"圣经女人"认字的案例。❷例如，小说《左玲》(*Leng Tso*, 音译)可算关于中国"圣经女人"的最早作品之一，女主人公一出场就宣讲拉罗字母写的"小字"如何能够帮助听众阅读"任何以小字所写的书"。面对不识字的听众，她发出诘问："因为没人教我们

---

❶ 关于"圣经女人"们的识字班，见 *Chinese Bible Women: How They Are Trained, What They Do* (publication information unclear); Grace O. Smith, *Tien Da Niang: The Story of Our Chinese Bible Woman* (publication information unclear)。

❷ John A. Davis, *The Chinese Slave-Girl: A Story of Woman's Life in China* (Chicago: Student Missionary Campaign Library, 1880); *Leng Tso, the Chinese Bible Woman: A Sequel to "The Chinese Slave-Girl"* (Philadelphia: Presbyterian Board of Publication, 1886).

读书，今天的女孩就注定在无知中长大吗？因为没人教母亲读书，女孩就理当永不被允许学习并阅读《圣经》吗？"❶ 可以认为，字母体方言《圣经》对女信徒和潜在女信徒来说，首先是一种让女孩读书的新技术，一个象征知识、文化和启蒙的女性主义标志，至于宣讲福音或者批判新儒家，那都是后话。字母体方言《圣经》从诞生之初就在与"圣经女人"相关的文学作品中扮演重要角色。有意思的是，老《圣经》在许地山的《玉官》中生发出了新意涵。

字母体闽南语《圣经》不光意味着女性识字的可能，也不单只是玉官基督教信仰的转喻（事实上，玉官和自己信仰的关系一直比较紧张）。准确地说，字母体闽南语《圣经》实际上应该被当成一个重要的叙事装置来理解。上文引用的玉官得见字母体闽南语《圣经》的时刻，是她整个"圣经女人"生涯甚至是整个故事的开端。学会读字母体闽南语《圣经》之后，她开始有能力让儿子接受西方教育，搬离家宅，住到福音堂去。做了"洋事"，小叔子便不敢再纠缠（这个小叔子于是记恨介绍玉官做"洋事"的杏官，偷走杏官的大女儿，辗转逃到上海，他再回乡时已是苏区政府的要员）。成了"圣经女人"后，玉官做事得力，被派到城乡各处传教，无论去哪里都随身携带《圣经》。某次去邻村传教，玉官遇到了为教会看房子的男子陈廉，相谈甚欢。陈廉告诉玉官，只带《圣经》不足以抵御乡间鬼魂，出门还需一本《易经》方保平安。两人互生情愫，即便玉官后来得知陈廉就是杏官那打人后跑路的丈夫，也并未全然打消与陈廉去南洋生活的念头。字母体闽南语《圣经》除了在小说前半部出现，帮助交代玉官"圣经女人"的身份并为故事发展提供感情线索外，还在小说中部和结尾出现。

---

❶ Davis, *Leng Tso, the Bible Woman*, pp. 15, 16, 32.

故事中段，玉官在军队进驻村子时，用《圣经》里的故事诚恳布道，成功阻止了军队对妇女的侵扰。玉官随后去南京和她的儿子建德同住，此时的建德留美归来，在南京国民政府就职，还有了第二任太太。他第一任太太是杏官的小女儿，后因难产去世；而第二任太太居然就是杏官被抱走的大女儿，后来成了建德留美的同学。玉官与两任媳妇都有龃龉，在南京与洋派的儿子媳妇生活尤其不快。然而正是在强烈的失望和不满中，玉官猛然经历一次宗教顿悟，遂决心回福建乡下以新的虔敬服务教众。小说叙事不曾交代顿悟的缘由，反而于玉官启程去南洋找寻陈廉时戛然而止。玉官带着她的《圣经》、《易经》以及整个故事，一起消失于南洋海上。❶

有意思的是，字母体闽南语《圣经》虽贯穿整部中篇小说，不但未曾凸显玉官对基督教教义的忠诚，倒是反衬出她对基督福音一以贯之的矛盾心理。首先，玉官选择成为"圣经女人"部分甚或多半是为了自己和儿子的生计，直到小说结尾，玉官都未真正被基督徒的理想说服，从始至终不肯放弃与教义相悖的祖先崇拜。其次，她的宗教观相当圆融务实，足以让她在《圣经》之外还可以相信《易经》，并以"圣经女人"的身份与不信教的陈廉浪漫邂逅。最后，在庆祝她服务满四十年的纪念大会上，她虽终未获得贞节牌坊，但收获了一座与牌坊造型相似的"玉泽桥"，意为感谢玉官惠泽乡邻。她信仰基督，但又不排斥甚至坚持实践儒家传统、祖先崇拜；她一面模糊东西方宗教和文化边界，一面又强

---

❶ 许地山:《玉官》，第236—278页。关于许地山与南洋关系的新近研究，见 Brian Bernards, *Writing the South Seas: Imagining the Nanyang in Chinese and Southeast Asian Postcolonial Literature* (Seattle: University of Washington Press, 2015), pp. 29–53。

化了两者从 17 世纪"礼仪之争"就从未解决的核心冲突。❶ 所以，对于《玉官》的评论一直以来也顺理成章地聚焦在宗教问题上，毕竟玉官对基督教教义的疑问直到小说不无潦草的结尾都悬而未决。玉官内心的怀疑在以下这段心理描写中暴露无遗：

> 她还没看出那"理想"的意义，她仍然要求"现实"：生前有亲朋奉承，死后能万古流芳，那才不枉做人。她虽走着天路，却常在找着达到这目的人路。因为她不敢确断她是在正当的路程上走着，她想儿子和媳妇那样不理会她，将来的一切必使她陷在一个很孤寂的地步。她不信只是冷清的一个人能够活在这世界里。富，贵，福，寿，康，宁，最少总得攀着一样。❷

这段内心独白之后，玉官决心从教会辞职，并勇敢地向陈廉求婚。陈廉欣然应允，打算和玉官一起下南洋，却无意间暴露了自己曾是杏官丈夫的身份。知道陈廉真实身份的玉官暂缓了去南洋结婚的打算，但这并不意味着她全心投入传教事业，或完全解决了对自己信仰的疑问。如果说玉官对宗教问题的犹疑贯穿始终，那么她对自己信仰问题的解决则发生得异常突然。小说行进到尾声，叙事者用一句话宣布玉官追求一种更真挚信仰的决心："她要回乡去真正做她的传教生活。"❸ 宗教顿悟固然只能以突然的方式

---

❶ 李天纲:《中国礼仪之争：历史·文献和意义》，上海：上海古籍出版社，1998。Benjamin Elman, "The Rites Controversy and Its Legacy," in *On Their Own Terms: Science in China, 1550−1900* (Cambridge, Mass.: Harvard University Press, 2005), pp.160−167；中文版参见艾尔曼:《科学在中国（1550—1900）》，原祖杰等译，北京：中国人民大学出版社，2016，第 206—215 页。
❷ 许地山:《玉官》，第 253 页。
❸ 许地山:《玉官》，第 275 页。

发生，但玉官顿悟的原因许地山交代得堪称粗率，而文学批评也一向语焉不详。问题的关键在于，许地山对玉官和自己信仰之间关系的处理，呈现出了叙事上的极大不平衡，尤其是考虑到整部中篇小说直到尾声都保持着相当从容的叙事节奏，结尾的突然加速让人疑惑。这与许地山的能力以及他对这部作品投注的力量和野心不甚匹配。同时，如果赋权底层妇女是许地山小说的母题之一，那么探讨玉官作为"圣经女人"的成长和蜕变自是题中之意。所以，无论在叙事或主题上，《玉官》潦草的结尾都相当失衡。有意思的是，虽然对失衡的原因此前讨论不多，但是一旦深究，我们将看到一个和语音中心主义休戚相关的叙事学难题——忠于语音中心主义的同时，真诚的叙事者也将暴露其内在的局限。

作为一部完成于第三次文学革命先锋时刻的作品，理应支持并实践方言、土语、普通话等一切语言凌驾于书写之上的革命主张，然而《玉官》从对话和声音的角度来说，却出奇地静默。叙事者以第三人称视角自始至终维持着对叙事声音的高度控制，甚至不惜剥夺人物在小说中说话的权利，整部小说几乎没有对话。❶小说叙事似乎生怕人物摆脱叙述控制从而妨碍情节推进，叙事声音通过间接引语、直接心理描写以及自由间接引语（free indirect speech）进行全面布控。举例来说，前文引用的玉官对基督教教义的怀疑，整段心理白描在直接心理描写和自由间接引语间切换自由，但绝不曾进入直接引语——让福建妇女自己说话。《玉官》最大的反讽便在于此，一部描写且意欲赋权底层妇女的作品居然选择剥夺主人公的声音。这在许地山的创作生涯中大概要算特例，

---

❶ 玉官第一次读《圣经》时念的"爱，卑，西——"和一个妇人哀悼儿子的时候念的"儿，心肝，肉"不算真正的对话，也不符合闽南语的发音。见许地山：《玉官》，第238、259页。

似乎违背了许地山的创作意图，而且与他往昔的处理方式相抵牾，毕竟《商人妇》和《春桃》中的底层妇女们在用自己声音说话的问题上并未遇到叙事者的干预。《玉官》无对话的奇特景况也让许地山关于方言文学的立场变得可疑起来。许地山早在1921年就亮明了自己对于方言进入白话文学的态度："对于一种作品，不管他是用什么方言，篇内有什么方言参杂在内，只要令人了解或感受作者所要标明底义谛，便可以过得去。鉴赏者不必指摘这句是土话，那句不雅驯，当知真理有时会从土话里表现出来。"❶若依许地山的标准，玉官的方言土话和可能不雅驯的表达本应无障碍地进入他的叙事，然而，正是许地山对方言真实再现的敏感和忠诚阻止了女主角用自己的声音发声。真实再现闽南语的任务在《玉官》中显得尤其重要且困难，方言拉丁化如何与白话文学叙事和平共处的问题变得尤其尖锐。这个难题无法绕过，那本字母体闽南语《圣经》的存在便是一种提醒。字母方言与汉字白话叙事间不可调和的矛盾在玉官客居南京儿子家中时，完全暴露。而这个矛盾在玉官最终顿悟的心路历程中也扮演着重要角色：

> 婆媳的感情一向不曾有过，有时两人一天面对面坐着，彼此不说话。安妮对建德老是说洋话，玉官一句也听不懂。玉官对建德说的是家乡话，安妮也是一窍不通，两人的互相猜疑从这事由可以想像得出来……老太太在一个人地生疏的地方，纵然把委屈诉给人听，也没有可诉的。她到教堂去，教友不懂她的话；找牧师，牧师也不能为她出什么主意，只劝她顺应时代的

---

❶ 许地山：《创作底三宝和鉴赏底四依》，原刊《小说月报》第12卷第7号，1921年7月10日，又见《许地山散文》，北京：中国广播电视大学出版社，1996，第214页。三宝是智慧宝、人生宝和美丽宝；四依是依义、依法、依智、依了义。

潮流，将就一点。她气得连教堂都不去了。**❶**

对玉官而言，南京与她格格不入。这倒并非全然如夏志清所言，是因为玉官对她儿子和儿媳的洋派生活完全陌生。**❷** 也不可完全归因于玉官和她的第二任儿媳相处的不快，毕竟她和第一任儿媳也有矛盾，彼时闹得再不高兴也未见玉官顿悟、离家、下南洋。正如叙事者明言的，玉官对南京疏离的关键在于"她的话"——南京教友听不懂的闽南话。事实上，闽南话作为中国方言中难度系数最高的语言之一，任何闽南方言区之外、未经学习的人都无法自然听懂。玉官的读写能力、文化教养和社会地位只在特定的闽南语境中有效。去闽入宁的玉官被连根拔起，由此失去了基本语文能力和社会功能。如果玉官的南京教友不能理解"她的话"，那么不懂闽南语的《玉官》的读者们自然也不可能听懂玉官用自己的话说出来的心声。如果许地山选择忠实再现玉官的口语表达，无论是用字母还是汉字，都将拒大多数读者于门外。问题的症结在于闽南口语与白话书面语不能兼容。只要叙事依然用白话写出（无论是用汉字还是拉丁化新文字），闽南方言的语音再现就必然命途多舛。即便对玉官和那本至关重要的字母体闽南语《圣经》而言，闽南方言是比白话更切近的现实，但是为了不妨碍赋权"圣经女人"的整体叙事，被赋权的玉官必须保持缄默，她的话必须被译为白话，她的思考于是被中介、转化为一种被经验的言说（erlebte Rede）。"圣经女人"不仅没有获得自己的声音，反而放弃了直接说话的权利。口语方言与书面白话文的不兼容性揭示出

---

❶ 许地山：《玉官》，第 274 页。

❷ Hsia, *A History of Modern Chinese Fiction, 1917–1957*, p. 90. 中文版参见夏志清：《现代中国小说史》，第 65 页。

白话这一现代中国文学之基础的内核：一种植根于汉字的书面语言或书写系统。在语音中心主义席卷全球的时代里，白话似乎不言自明因应潮流，它概念宽泛而富于弹性，从旧白话文到五四新白话，再到以字母拼写的方言，白话一度成为文字与文学双生革命的交汇点。以至于第三次文学革命的当口，白话再次升级，意欲成为一种彻底为普罗大众服务的新式文学语言，用拉罗字母转写所有方言。然而，双生革命召唤出的白话虽归依语音中心主义，却无法根除自己内部作为白话文的剩余物。双生革命无法改变一个基本事实——白话是以汉字为基础的书面语。虽然对语音中心主义的正面力量心向往之，但白话的剩余物亦即其本质，对语音中心主义之革命理想的全面胜利仍不可避免地顽强抵抗。

语音中心主义的二律背反意味着与乌托邦式的愿景并存的是异托邦式的、无可辩驳的暴力，而对所有语言、所有言说都一视同仁的民主理想自有其不可控制的局限。语音中心主义的正反两股力量在《玉官》里得到充分体现。出人意料的是，语音中心主义的二律背反一方面成了连接文字与文学双生革命的榫卯，另一方面则悄然置换了语音中心主义本身将语言凌驾于书写之上的执念。玉官丰富的人生和被迫的静默证明语音中心主义正向的革命力量既给予"圣经女人"希望，也剥夺她用自己的声音说话的权利。在调和方言表音和白话叙事的过程中，语音中心主义的解放性需要一条不同于机械转录语音的新出路。这对忠于语音中心主义、投身双生革命的先锋人物来说责无旁贷。左翼作家们采用的一种方法是暂时搁置中文字母，并允许将语言至上的执念转换成对语音中心主义正面力量的追求，从而解放、彰显不被人听见的声音。在这个意义上，声音并不止于字面，更延伸到比喻义层面，指向革命文学、社会主义现实主义文艺以及更广义上的普罗文化。让所有人发声的直白许诺于是衍生出了更以主题为导向的变体。发声于是可以引申成为表达——在文艺作品中被呈现、被表达（vertretung），或者主动表达、自我呈现（darstellung）。于是，对语音中心主义的忠诚被置换为让沉默的、边缘的、不被看到和听到的人群，比如女人、儿童和工人，能发出自己的声音，说出自己的想法，即便被看见和被听见有时意味着他们要暂时放弃自己的语言。白话汉字叙事与语音中心主义的雄心由此取得暂时的平衡。事实上，语音中心主义已然成为文字和文学双生革命的主旋律，虽然对它的效忠，理论上仍以中文字母为最终和最高形式，但实践中的语音中心主义不可避免地展现出二律背反的复杂性。而如果实现语音中心主义的正面价值比听从其暴力支配更有意义，那么不但没有必要非抱定拉罗字母这一形式不可，而且还必须承认拉罗字母作为中文书写的局限性。

语音中心主义的嬗变在文字的维度上具象展现了安敏成（Marston Anderson）所说的"现实主义的局限"。安敏成对于现代中国小说的种种局限有精准判断，认为这很大程度上可以归因为现实主义的"真正本性"与赋予现实主义改变社会的意义之间所存在的巨大落差。换句话说，现实主义的中国信徒们本以为现实主义新小说能新民、新政治、新国家，而后却逐渐发现，现实主义的本性"与其说是对社会问题的积极参与，不如说是一种美学上的回避"❶。同样，语音中心主义的局限，或者说语音中心的现实主义的局限，很大程度上可以归因为语音中心主义的激进承诺与其实践之间不可逾越的差距。语音中心主义的中国信徒们本以

---

❶ Anderson, *The Limits of Realism*, pp. 24–25.

为所有人都应该且可以发声，然而却逐渐发现，只要双生革命仍在白话模式中运行，那么让所有人发声的诉求就算再可贵也很难不做出妥协。任何支持双生革命的作家都不可避免地必须面对两者之间的紧张关系和不兼容性，都必须思考如何在语音的透明呈现和文学叙事的平稳进行之间求得平衡。面对语音再现的透明度和与白话叙事的匹配度的考量（《玉官》为了配合白话叙事，语音再现的透明度就是零），许地山和其他作家有意无意地开始了关于何谓真实、如何再现真实以及真实是否可以被再现等一系列关乎现实主义本质的探索；在语音中心主义和现实主义的大旗下，他们不得不艰难试探形塑现代中国文学的、叙事学的、语言的、政治的边界与限制。❶ 支持双生革命的作家们事实上也被困在双生革命的夹缝中，他们追求解放，却注定要生产不乏局限的作品；他们试图弥合语音中心主义的二律背反，努力调解语音中心主义与民族文学的冲突，并争取语言和文字两个层面最大程度的进步。接下来的两章会讨论另两个嬗变的案例：其一是由"一战"赴法华工催生的、现代中国第一场扫盲运动对白话的重新定义；其二是抗战时期的新大众教育运动，一方面再次定义白话的性质，另一方面重新发现儿童，发现希望。虽然这三种变体——拉丁化与第三次文学革命、五四时代的白话话语、新大众教育运动——事实上是纯粹语音中心主义的三次妥协，但是，语音中心主义作为现代中国语文发展的指导原则，一经确立就从未动摇。

---

❶ 安敏成还指出，中国作家在寻求社会干预的过程中对小说再现的技术问题不甚重视，而这是福楼拜和詹姆斯等西方现实主义者关注的重点。许地山对叙事的敏感和艰难探索挑战了安敏成的论断，但也证实了有语音中心主义色彩的现实主义所面临的局限。

第 3 章

底层工人能书写吗?

直到今天,还有聪明人把语言和书写混为一谈。

——索绪尔《普通语言学教程》

事实上,书写文字越死、离口语越远,就会越好,因为原则上人人皆可进入纯粹符号的世界。

——本尼迪克特·安德森《想象的共同体》

1941 年 5 月 4 日,五四运动二十二周年纪念日,许地山发表《青年节对青年讲话》,讨论五四的意义。作为当日聚集在天安门广场抗议《凡尔赛和约》的三千名学生中的一员,许地山告诉他的听众,今人若要纪念那个载入史册的星期日,重点当是继承五四遗产。其中一个重要方面,正是追求"拼音字"。对许地山而言,"中国文字不改革,民族底进步便无希望。这是我敢断言底。我敢再进一步说,推行注音字母还不够,非得改用拼音字不可" ❶。

关于五四运动对中国现代语言与文学产生的影响,一般的观

❶ 许地山:《青年节对青年讲话》,《许地山语文论文集》,第 10—16 页。关于拼音字的引用,见第 10—11 页。

点会聚焦于白话（plain speech），❶ 对此许地山有不同意见。他指出，五四对中国语文的意义在于一个更激进、更根本却几被忘却的使命：以拉罗字母这一形式物质化语音中心主义的诉求。至于白话，他只字未提。那么白话和汉字革命究竟是否有关系，又有怎样的关系？如果我们将许地山按下不表的白话放置回更大的汉字革命的视域中，那么第二种或许也是更有持续影响力的语音中心主义的变体便会浮出历史地表——五四白话话语。这里所谓的白话，依胡志德定义的"文的简化"发展而来 ❷，具有三个特殊属性，以此区别于中国文学传统中其他类型的口语文学：首先，作为口语化的书面语，即"语体文"，它承诺更深入的口语化直至能完全摹写口语，即以言为基准的言文一致。其次，它是一种科学化的语言，不仅与现代知识论和科技兼容，而且本身就是由科学的、统计的方法，测定、构建和试验而来。再次，它建立了一整套配套机制，从小规模的扫盲班到大规模的大众教育运动，再到国家支持的国语与文学课程，一应俱全。五四白话话语一方面创造了语言、文学、教学各维度的新局面；另一方面建构出白话与文言的新的二分法，颇具攻击性地勾勒了传统知识体系的轮廓，并积极主动地追求中国文学与文化的现代性。作为汉字革命的变体，五四白话话语也同样带有语音中心主义之二律背反的印记。一面是对旧语言、旧文学、旧哲学的强力攻击，另一面是对现代性的向往和许诺。对文言及其知识体系的暴力将是实现中国语文

---

❶ 瞿秋白区分了五四新白话与明清旧白话，但他指责二者都是鬼话。参见瞿秋白：《鬼门关以外的战争》，《瞿秋白文集·文学编》（第 3 卷），第 137—173 页。

❷ Theodore Huters, "Legibility vs. the Fullness of Expression: Rethinking the Transformation of Modern Chinese Prose," *Journal of Modern Literature in Chinese* 10, no. 2 (December), pp. 80–104.

现代性的必要代价。虽然白话主张的平等、自由和自我的表达，并非没有自身局限，但整体来看，五四白话话语确实非常成功，以至于它几乎完全遮蔽了汉字革命的历史影响。被遮蔽的汉字革命史告诉我们，正是汉字革命和语音中心主义激发了五四白话话语的建构，并成为五四白话话语理论上的终极目标。若不是许地山这样的五四元老的偶尔提点，我们简直要完全忘记激励五四一代追求白话的是汉字革命。

五四白话的第一次试运行——提倡口语化的书面语、使用统计学方法研究词汇并将之应用于现代中文第一个扫盲计划——与五四运动的起源休戚相关。1916—1918 年间，大约有 14 万—20 万中国劳工被协约国征募到欧洲前线，他们当中的大多数是来自山东、福建和浙江的不识字的农民，主力驻扎在法国。[1] 因为欧战华工，北洋政府取得了参加巴黎和会的入场券。和谈破裂，五四运动应声而起。欧战华工在彼时的基督教青年会志愿者、后来的平民教育运动先驱晏阳初（1893—1990）的带领下，发起了现代中文第一个扫盲计划：华工识字班。[2] 也就是说，五四运动的缘起可以追溯到欧战华工，而五四白话第一次试运行可以追溯到欧战时的法

---

[1] 保守估计是 14 万人，其中 10 万受雇于英军，其余则归法军指挥，1917 年美国远征军借调了 1 万人。若从较高的估计则有 20 万人，他们在遍及法国、英国、埃及、美索不达米亚、巴勒斯坦和非洲的协约国军营中服役。保守估计，见 Michael Summerskill, *China on the Western Front: Britain's Chinese Work Force in the First World War* (London: Michael Summerskill, 1982), p. 39; Nicholas John Griffin, "The Use of Chinese Labour by the British Army, 1916-1920: The 'Raw Importation,' Its Scope and Problems" (PhD diss., University of Oklahoma, 1973), p. 191; Xu Guoqi, *China and the Great War*。较高估计，参见陈三井：《华工与欧战》，台北："中央研究院"，1986，第 34—35、189 页。

[2] 晏阳初并不是参与这个扫盲计划的唯一志愿者。根据《基督教青年会驻法华工周报》，晏阳初是这个扫盲计划的主导人物，傅若愚（Daniel Fu）和陆士寅（Z. Ying Loh）曾与他共事。

国。本章探讨书写如何在成为战时远距离通信技术的同时，为探索现代中文书面语提供媒介，为华工和中国精英反思"一战"、探索和调整各自主体性提供场域。本章首先考察协约国招募华工的计划，理解书写如何为战争服务，以及为何书写能成为华工战时重要的日常经验。通过细读识字班里实际生产的文字，我试图还原华工和晏阳初笔下的语体文被向往语音中心主义的五四白话话语收编的过程。最后，本章将聚焦正向语音中心主义内部难以逾越的局限。上一章双生革命遭遇的困难，在本章以五四白话话语的暧昧和中国启蒙运动的局限的面目再次出现。展现语音中心主义力量的同时，五四白话话语也再次暴露出其局限性。白话话语邀请华工发言和写作的同时，也管理他们的发言和写作方式；赋权华工的同时，更占有他们的表达，并将其边缘化。华工的声音由此几被淹没，"一战"华工在中文书面语的选择和战争批判性反思两方面，俨然都从未发出过声音。所幸一篇珍贵的华工作文出现在故纸堆中，底层华工用自己的文字证明，一如教他们识字的知识分子，华工不仅能够书写，而且足以反思欧战、批判中国启蒙运动。

五四运动、欧战与识字

华工出洋，不是新鲜事。众所周知，几百年来，华工在墨西哥挖银矿，在北美修筑铁路，在南非艰难淘金，足迹遍布"五湖四海"。❶然而，华工参加第一次世界大战的故事并非家喻户晓。

---

❶ 参见陈翰笙编：《华工出国史料》（第 10 辑），北京：中华书局，1984。

而中国人当中唯一真正参加过"一战"的，实在只有华工。正如时任北大校长的蔡元培在庆祝欧战结束的演说中所说："我们四万万同胞，直接加入的，除了在法国的十五万华工，还有什么人？"[1] 正是"一战"华工，换来了中国战后的战胜国地位，使得北洋政府有资格要求收回德国租借胶东半岛的特权，有立场反对日本对胶东半岛的侵占。正是"一战"华工，使得中国外交官顾维钧有机会在巴黎和会上慷慨陈词，要求还我山东。而巴黎和会却不顾"一战"华工为协约国战胜所作的贡献，决议承认日本对青岛的占领。这场背叛被认为是"一把指向中国心脏的匕首"，一举点燃了全中国的怒火。[2]

"劳工神圣"——蔡元培如是称颂。[3] 尽管神圣的劳工在五四运动和"一战"中扮演了历史性角色，但一直到近期，一代又一代的历史学家往往将劳工从"一战"和五四的历史叙事中隐去。对五四的经典研究，如周策纵的《五四运动史》和舒衡哲（Vera Schwarcz）的《中国启蒙运动》都肯定了"一战"和五四的因果关系，却都忽视了劳工以及他们的战时经历。[4] 于是五四运动，作为现代中国最重要最复杂的政治、智识、文学地标之一，往往被

---

[1] 十五万华工这个数字是蔡元培的估算。蔡元培：《劳工神圣》，《新青年》第五卷第五号，1918 年 11 月 15 日。

[2] 顾维钧是巴黎和会中国代表团的主要发言者，他用匕首来比喻和会将青岛交给日本对中国的伤害。见 Margaret MacMillan, *Paris 1919: Six Months that Changed the World* (New York: Random House, 2002), p. 334。

[3] 蔡元培：《劳工神圣》。

[4] Tse-Tsung Chow, *The May Fourth Movement: Intellectual Revolution in Modern China* (Cambridge, Mass.: Harvard University Press, 1960); Vera Schwarcz, *The Chinese Enlightenment: Intellectuals and the Legacy of the May Fourth Movement of 1919* (Berkeley: University of California Press, 1986). 中文版参见周策纵：《五四运动史》，陈永明等译，北京：世界图书出版公司，2016；舒衡哲：《中国启蒙运动——知识分子与五四遗产》，刘京建译，北京：新星出版社，2007。

较单一地纳入知识阶层的思想史叙事。蓝泽意（Fabio Lanza）关于五四期间学生形象的重要研究《城门之后》便是一例。**❶** 保罗·贝莱（Paul Bailey）认为，之所以会存在对"一战"华工的系统性忽视，除了因为华工在欧洲活动的原始材料匮乏外，还有两个原因：一是视战时的劳工契约为西方对中国盘剥的又一例证，不愿多谈；二是与华工旅欧几乎同期但更为人称道的赴法勤工俭学运动，遮蔽了华工的故事。**❷** 近年来这一情况有所改观，历史学家开始更多地把目光投向"一战"华工。然而，即便在这些向华工致意的历史叙事中，华工之于五四仍旧处于边缘位置，与战争反省更是绝缘。**❸** 他们要么构成了"20 世纪中国劳工史的一个重要方面"**❹**，要

---

❶ Fabio Lanza, *Behind the Gate: Inventing Students in Beijing* (New York: Columbia University Press, 2010).

❷ Paul J. Bailey, " 'An Army of Workers': Chinese Indentured Labour in First World War France," in *Race, Empire and First World War Writing*, ed. Santanu Das (New York: Cambridge University Press, 2011), pp. 37–38. 勤工俭学由几位旅法的国民党元老牵头，包括蔡元培、李石曾、吴稚晖。这个计划吸引和培养了大量未来的政治精英，如周恩来、徐特立、邓小平等。Marilyn A. Levine 指出"一战"中的华工营实际上是"勤工俭学运动的重要序曲"，见其著作 *The Found Generation: Chinese Communists in Europe during the Twenties* (Seattle: University of Washington Press, 1993), p. 71。勤工俭学运动的基本史料，参见《赴法勤工俭学运动史料》（第 1 卷），北京：北京出版社，1979，第 227—274 页。

❸ 近年来关于"一战"华工的研究有所复苏。Paul Bailey、徐国琦、Sam Chiu 和 Peter Cunich 等历史学家的相关文章，见张建国编：《中国劳工与第一次世界大战》，济南：山东大学出版社，2009。记者 Mark O'Neill 出版了两本关于"一战"期间欧洲和俄国华工的著作，*The Chinese Labour Corps: The Forgotten Chinese Labourers of the First World War* (London: Penguin, 2014)；*From the Tsar's Railway to the Red Army: The Experience of Chinese Labourers in Russia during the First World War and Bolshevik Revolution* (London: Penguin, 2014)。徐国琦则贡献了两本英文专著，Xu Guoqi, *China and the Great War: China's Pursuit of a New National Identity and Internationalization* (New York: Cambridge University Press, 2005); *Strangers on the Western Front: Chinese Workers in the Great War* (Cambridge, Mass.: Harvard University Press, 2011)。

❹ Bailey, " An Army of Workers," p. 48.

么"为移民史增添了一道重要的新光彩"❶。例如，徐国琦认为华工的意义在于为和会上的中国外交官们提供"必要的工具"，以便后者能为中国抗辩，"争取国际承认、登上世界舞台和实现国际化"❷。而五四运动的爆发，"源于中国精英群体对西方列强的幻灭"❸。劳工固然神圣，但获得短暂承认后，便被请出了官方和学界关于五四的种种论述。本章将把被请出舞台的华工请回到舞台中央，通过考问书写问题，把"一战"华工写回到联结中国、"一战"和五四的历史叙事中。更重要的是，恰恰是华工自己的书写以及伴随他们欧游旅程生产出来的文字，最切实地证明了华工战时经历与五四运动发生和发展的密切联系。

招募华工的计划叫"以工代兵"。欧战之初，北洋政府就渴望参战，期望在战后和谈中能改变被列强瓜分的局面，多次试图通过向协约国派遣军队和武装来达成参战目的，未果后，遂变通提出以工代兵的计划。然而，协约国始终拒绝北洋政府直接的军事参与，唯恐战后中国也要分一杯羹，尤其棘手的是中国的诉求将必然与日本抵牾，而按照 1902 年缔结的《英日同盟》，日本早就是协约国的一员。❹ 然而，协约国虽不希望中国加入战局，但欧战进行到 1915 年底，英法军队开始面临日益严重的劳动力短缺，以工代兵计划终于被重新提上议事日程。❺ 作为协约

---

❶ Xu, *Strangers on the Western Front*, p. 243. 关于该书的重要评论，见 Rebecca Karl, "A World Gone Wrong," *London Review of Books* 33, no. 23 (December 2011) pp.23–24。

❷ Xu, *China and the Great War*, p. 13.

❸ Xu, *China and the Great War*, p. 15.

❹ 徐国琦耐心地描述了中国参战决定的延宕，见 *China and the Great War*, pp. 90–91。

❺ 关于以工代兵计划的构想与初期实行，包括中国与英法的书面合同谈判、英法之间的竞争、劳工的殖民主义和种族主义待遇等，参见陈三井、吕芳上、杨翠华：《欧战华工史料》，台北："中央研究院"，1997；张建国、张军勇编著：《万里赴戎机》，济南：山东画报出版社，2009；Shirley Frey, "The Chinese Labor Corps of World War I: (转下页)

国和北洋政府妥协商议的结果，以工代兵计划于 1916 年 5 月正式敲定，立即实施。具体来说，北洋政府不直接出兵，只提供人力，代替协约国军队承担部分战时劳动，如挖战壕、运营军用工厂、清理营地与机场、抢修道路、修筑轨道和运送补给等。❶ 为不引起德国的怀疑和日本的反对，由协约国监管成立了若干劳务公司，负责招募华工，并代表华工与英法政府签订劳务合同。从 1916 年 5 月第一份合同签订到 1918 年战争结束，共有十四万到二十万华工被招募并为协约国军队服务。❷

在为数不多存留下来的以工代兵计划的一手资料中，华工与英法政府签订的劳务合同能够让我们一窥当时的景况。让人不无意外却又在情理之中的是识字问题，尤其是信件的读和写，成为华工欧游期间的一个重要问题。为保证人力的平稳输送，且有鉴于早先美国和秘鲁虐待华工的事件，以工代兵的合同似乎都经过仔细协商和推敲。❸ 规定事宜包罗万象，比如旅行条件、工作

（接上页）Forgotten Ally, Imperialist Pawn," 载张建国编：《中国劳工与第一次世界大战》，第 30—45 页；Levine, *The Found Generation*, pp. 65-71; Gloria Tseng, "Chinese Pieces of the French Mosaic: The Chinese Experience in France and the Making of a Revolutionary Tradition" (PhD diss., University of California, Berkeley, 2002); Xu, *China and the Great War*, pp. 114-126; Xu, *Strangers on the Western Front*, pp. 10-54; Stephen G. Graft, "Angling for an Invitation to Paris: China's Entry into the First World War," *International Historical Review* 16, no. 1 (February 1994) pp. 1-24。

❶ 尽管华工们签订的契约里规定他们没有义务加入直接军事冲突，但仍有华工与德国人作战或沦为俘虏的记录。见 Xu, *Strangers on the Western Front*, pp. 89, 93。

❷ 具体数字统计，见本书第 125 页注释 ❶。

❸ 期待这些细节都得到严格执行当然过于天真，有报道称华工的待遇还是低于自由工人而更接近殖民地臣民或奴隶，参见《欧战华工史料》。关于中国人在美国和秘鲁的遭遇，见 Adam McKeown, *Chinese Migrant Networks and Cultural Change: Peru, Chicago, Hawaii, 1900-1936* (Chicago: University of Chicago Press, 2001); Michael J. Gonzales, "Chinese Plantation Workers and Social Conflict in Peru in the Late Nineteenth Century," *Journal of Latin American Studies* 12, no. 3 (October 1989) pp. 385-424。

条件、食品配额、医疗保障、处罚方式和工资发放。❶尤其值得注意的是工资发放的问题。以惠民公司与法国政府签订的合同为例：

> 第四条 其作工工资，每工人每日得领法币壹法郎，由雇主直接交付于工人之手，每星期或十五天一付，按照其雇主处之定章。与同该项工作之法国工人，一律办理。
>
> 除以上所给每日工资外，雇主应每月给付每工人工资法币叁拾法郎，此项月给工资，应交由公司所指定之一银行，以便由公司在中国存储，归工人，或其家属或其指定之人收用。
>
> 此项付款与汇款之证明，应于合宜之时，交由雇主转付工人。❷

特别值得注意的是两步走的薪酬结构，这在很大程度上决定了识字问题在华工营中的核心地位。❸两步走的薪酬结构同样见于旅英华工的合同当中，它意味着华工劳动力的完全商品化：一方面要考虑在欧洲发生的实际劳动，另一方面要兼顾对中国家庭中劳动力缺失的补偿。薪酬的两步走凸显了劳动力流通和交换的跨国属性，而这使得一定频率的长途通信变得必要。这样的薪酬安排理论上相当合理，但实际操作中，只有当华工能够确认自己的

---

❶ 完整的中文文本见陈三井：《华工与欧战》，第191—203页；陈三井、吕芳上、杨翠华编：《欧战华工史料》，第184—195页。

❷ 陈三井：《华工与欧战》，第192页。

❸ 陈达引用的合同版本不准确，徐国琦的《一战中的华工》沿用的正是陈达的版本。这个版本遗漏了七个条款，薪酬结构的关键问题也被改动如下："据工人之所需，雇主应当为其安排一便捷途径，供其汇款给国内的家人。"见《一战中的华工》，潘星、强舸译，上海：上海人民出版社，2014，第251页；Xu, *Strangers on the Western Front*, p. 246; Chen Ta, *Chinese Migrations with Special Reference to Labor Conditions* (Taipei: Ch'eng Wen, 1967), p. 207。

离家远行及时得到了补偿并会持续得到补偿时，以工代兵计划的薪酬机制才算奏效。华工们未见得会满足于惠民公司提供的"付款与汇款之证明"，他们更有可能寻求更少中介、更令人放心的确认方法——直接与家人联系。他们财力有限，自不会使用价格不菲的电报和电话。而因为受雇于军队，又导致他们的通信手段受到严格的军事管控。❶书信既被允许也能负担，于是成为华工与家人联络并确认另一半酬劳是否按月结清的重要渠道。对写信和收信的渴望于是不再仅仅是情感上的需要，也是经济上的必需。以合同为证，以工代兵两步走的薪酬结构构成了书信往来最实际的经济原因。

诚然，华工强烈要求写信，不能说成是对扫盲、学文化的主动追求，更多的是对工资发放制度的有机回应，以及在缺乏其他通信手段时所作的权宜之选。这历史的偶然，在基督教青年会（Y.M.C.A）及其战时工作会（War Work Council）的加持下，催生出了第一个现代中文扫盲计划。本着进步时代的精神，依社会福音运动的指导，基督教青年会为旅欧华工建立了六十多个服务站。❷为了给这些服务站配备工作人员，青年会派遣了大量志愿者，其中大多数是在英美留学的中国学生。这些站点起初提供的一系列服务，包括体育活动、电影放映、新闻翻译，但不久之后

---

❶ 两份合同中关于信件的问题，参见《华工与欧战》，第 198、208 页。英国方面给予华工每月两封信的配额，并且要求华工及其家属使用标准信封。没有迹象表明法国方面也有类似的限制和要求，见张建国、张军勇编著：《万里赴戎机》，第 107—108 页。

❷ 关于社会福音运动期间基督教青年会的历史，见 Charles Howard Hopkins, *History of the Y.M.C.A. in North America* (New York: Association Press, 1951), pp. 510-548; Gary Dorrien, *The Making of American Liberal Theology: Idealism, Realism, and Modernity, 1900-1950* (Louisville, Ky.: Westminster John Knox Press, 1989), pp. 117-122. 关于青年会战时贡献的详细研究，见 Peter Chen-main Wang, "Caring beyond National Borders: The YMCA and Chinese Laborers in World War I Europe," *Church History* 78, no. 2 (2009) pp. 327-349。

工作人员就发现，"华工最需要的一项服务，是替他们写家信"，而服务站作为代笔中心的功能压倒一切。❶ 识字问题的中心地位因识字能力的匮乏被凸显出来。当青年会确信识字问题已然成为欧洲与中国书信往来的根本障碍后，一位青年会的志愿者第一个站出来开始扫盲。有必要说明的是，由青年会的志愿者发起第一个现代中文扫盲计划绝非巧合。青年会从进步时代以来，便开始践行美式慈善的新哲学，即以科学手段消除社会病根。❷ 所以，如果因为华工不识字可能阻碍有效沟通，妨碍华工营的运作，导致青年会不能达成海外使命，那么就必须扫盲。

这位领导第一个现代中文扫盲计划的志愿者就是晏阳初。晏阳初，其时刚从耶鲁大学毕业，后来成为现代中国最具影响力的教育家之一、中华平民教育促进会和之后的国际乡村改造学院的联合创始人、国际大众教育与乡村建设运动的领军人物。晏阳初的教育和乡建项目遍及全球，包括法国、中国、美国、菲律宾、古巴、墨西哥、哥伦比亚和加纳等国家，其中最著名的莫过于他1930 年代的定县实验。❸ 晏阳初在中美都颇受欢迎、备受瞩目。

---

❶ 直接引自晏阳初的回忆录《九十自述》，《晏阳初全集》(第 2 卷)，长沙：湖南教育出版社，1992，第 492—555 页。另见顾杏卿：《欧战工作回忆录》，上海：商务印书馆，1937，第 48 页。

❷ 进步主义的时代，传统慈善向现代慈善转型，而现代慈善倡导的社会工作中的科学方法运用，也对科学研究（包括社会科学）、美国大学与慈善基金会的面貌有相当改变，见 Barry D. Karl and Stanley N. Katz, "The American Private Philanthropic Foundations and the Public Sphere (1890-1930)", *Minerva* 19, no. 2 (1981) pp. 236-270。Hopkins 研究了青年会在其服务中采用科学方法的情况，见 *History of the Y.M.C.A*, pp. 532-338。Stefan Huebner 以青年会的体育工作为例，清楚说明了科学方法在亚洲体育教育中的运用，见 *Pan-Asian Sports and the Emergence of Modern Asia, 1913-1974* (Singapore: National University of Singapore Press, 2016), chap. 1。

❸ 吴相湘：《晏阳初传：为全球乡村改造奋斗六十年》，台北：时报文化出版股份有限公司，1981，第 5—7 页。

1943 年哥白尼逝世四百周年之际，晏阳初当选世界贡献最大的十位 "现代改革家" 之一，与约翰·杜威、亨利·福特、迪士尼和爱因斯坦并列。1948 年美国国会拨款 2.75 亿美元援助中国，其中 10% 被指定用于乡村重建，这项条例后来被称为 "晏阳初条款"。❶ 而晏阳初的整个志业，按他自己的说法始于他在法国布洛涅与华工的第一次接触。正如晏阳初多次回忆的那样，他在那里遇到了 "新人"，受到了激励，于是投身教育和乡建。晏阳初坦言："我去法国，原是想教育华工，没想到他们竟教育了我。他们的智力和热诚，渐渐引导我发现一种新人。这新人的发现，比考古学家发现北京人，也许还要重要。"❷

1918 年 6 月中旬，晏阳初抵达法国，驻扎在布洛涅服务站，面向五千余名华工服务。他后来最为人称道的扫盲计划并非一蹴而就，而是经过了三个阶段的摸索。第一阶段是华工营食堂组织的夜校识字班。初到华工营，晏阳初每天为华工代笔写信、代办汇款手续，忙起来有时一晚上要处理几百件书信和文件。几个月下来，晏阳初决定是时候让求字心切的华工们自己认字写字了。晏阳初于是召集了一场全体华工会议，向大家宣布他将不再代写信件，而是要教华工自己识字写信。台下一阵哄笑，过后只有少数大胆者加入了他的识字班。夜校每日在食堂开讲，从中文和阿拉伯数字开始，逐步推进到如何写华工的名字，如何写父母和家人的地址。四个月后，总计超过四十名华工参加了这个识字班，

❶ 晏阳初是唯一一获此殊荣的中国人，1943 年 5 月 24 日正是哥白尼逝世四百周年纪念日，晏阳初在纽约卡内基音乐厅接受了奖项。见吴相湘：《晏阳初扫除天下文盲》（box 166, International Institute of Rural Reconstruction records, Rare Book and Manuscript Library, Columbia University, New York）。

❷ 晏阳初：《九十自述》，第 542 页。

三十五人成功毕业，领到了大红纸写的毕业证书，获得了基本的读写能力。❶

食堂识字班的下一步是教"千字文"，又称基本汉字。受南朝周兴嗣《千字文》的启发，晏阳初自编教材："从一本中文字典和国内寄来的一些报章中，选择了极常用的单字和复词，再加上华工的通俗口语及平常家信习用的词句，总共合起来千余字，作为华工识字的教材。"❷ 这千余字后来被同为教育大家、青年会成员的陈鹤琴及其团队所作的定量分析证实，与用统计学方法测定的最常用的千字文有很大程度的重合。❸ 统计学的精确性助力古老的识字读本，成为现代扫盲计划的不二法门。新千字文被认为是科学解决文盲问题的解药，完全符合青年会用科学方法解决社会问题的宗旨。这个新旧结合的科学方法很快从法国传到中国，在1920 年代作为全国性平民教育运动的基本方法被大规模应用。

最终，青年会于 1919 年 1 月创办《基督教青年会驻法华工周报》（以下简称《华工周报》），作为识字班中程度较高学生的补充阅读材料，每周发行五百至一千份不等。直到 1920 年晏阳初离法之前，他一直是该报主编。周报虽然每期不超过四页，内容倒五花八门，包括"论说""祖国消息""欧美近闻""欧战小史""华工近情"等栏目。虽然《华工周报》并非第一份以华工为读者的

---

❶ 晏阳初：《九十自述》，第 533—534 页。

❷ 晏阳初：《九十自述》，第 536 页。

❸ James Yen, *The Mass Education Movement*, Bulletin No. 1 of the National Association of the Mass Education Movement (Peking: National Association of the Mass Education Movement, 1924), p. 3. 陈鹤琴是 1921 年成立的中华教育改进社的创始成员之一，晏阳初于 1923 年开始与该社合作。陈鹤琴的研究后来以《语体文应用字汇》为名，于 1933 年在上海商务印书馆出版。后来的《平民千字课》也是以陈鹤琴整理的字表为基础的。令晏阳初自豪的是，他 1918 年的统计学直觉并没有偏离实际的计算太远。

刊物——之前还有《旅欧杂志》和《华工杂志》❶，但是《华工周报》有两个独一无二的特色：其一，它征集并发表华工自己的作品；其二，它留存的文本以及引发的关于其文本的讨论，揭示了关乎现代汉语本质的若干重要线索。

口语与书面

《华工周报》的重要性不仅仅在于它是第一个现代中文扫盲计划的产物，而且其影响力从欧战法国的华工营一路绵延到民国平教运动。更重要的是，《华工周报》凸显出一个关键的文体问题，直接关系到五四白话话语和启蒙话语。具体来说，《华工周报》编辑部以及华工实际使用的书面语事实上是一种口语化的书面语，即语体文；而知识分子们在事后描述《华工周报》的书面语时，选择将其归为"白话"类。一方面，华工的书写被知识分子接管和再命名，作为五四运动之语文遗产的又一佐证，却始终名不副实、难以匹配；另一方面，《华工周报》发表的一篇华工撰写的批判性文章，虽被收编进入五四特定的启蒙话语，但其批判锋芒却又提示了启蒙的局限。

现代汉语是一种新的民族语言、是新文化运动和五四运动时期形成并延续的语文遗产，这是学界的共识。❷ 历史学家和文学批评家沿用五四知识分子的叙述，称这种语言为白话，并将白话在

---

❶ 这两种刊物都是华法教育会（Société franco-chinoise d'éducation）创办的。蔡元培主编的《旅欧杂志》于 1916 年 8 月至 1918 年 3 月发行，停刊后于 1928 年 8 月至 12 月短暂复刊；《华工杂志》于 1917 年 1 月至 1920 年 12 月发行。

❷ Chow, *The May Fourth Movement*, pp. 5–6.

现代中国取得的统御地位归功于知识分子。周策纵将白话运动总结为一场标志着"新式知识分子意图"的"文学革命"。❶ 舒衡哲则将白话的出现视为五四学生和他们的老师辈合作的产物。❷ 两代知识分子共同创造了一种白话文的修辞，本质化地建构出文言和白话的二元对立。这个二元结构中的白话是现代的、表音的，准确地说是语音中心主义的，以此区别于前现代的白话。前现代的白话内容丰富，囊括多种类型与体裁，既有口语也有书面语，包括唐代白话诗、宋代话本、明清小说等。事实上，前现代的白话一直以白话文的面貌出现，即便晚至 20 世纪初，早期白话报——如《杭州白话报》和《中国白话报》使用的仍然是带口语色彩的文学书面语。白话概念真正发生断裂性的变化是在五四和新文化运动时期，运动领袖们让现代白话扛起了纯粹口语的大旗，就此将其与语音中心主义绑定。❸ 理想白话的代言人主张书写要彻底摹写口语，鼓励文字成为语言的附庸，许诺用白话大大降低现代中国的识字门槛。对理想白话的追求虽仍植根于汉字读写，但指向的是言文一致的中文字母。然而，名义上的理想白话，虽受五四知识分子追捧，却并不能用来描述实际构成新的民族语文的书面

❶ Chow, *The May Fourth Movement*, p. 273.

❷ Schwarcz, *The Chinese Enlightenment*, p. 80.

❸ 关于被建构的五四白话谱系，参见夏晓虹：《五四白话文学的历史渊源》，《中国现代文学研究丛刊》1985 年第 3 期；王风：《世运推移与文章兴替——中国近代文学论集》，北京：北京大学出版社，2015，第 210—230 页；陆胤：《国文的创生：清季文学教育与知识衍变》，北京：社会科学文献出版社，2022。Stephen Owen, "The End of the Past: Rewriting Chinese Literary History in the Early Republic," in *The Appropriation of Cultural Capital: China's May Fourth Project*, eds. Milena Doleäelová-Velingerová, Oldřich Král, and Graham Martin Sanders (Cambridge, Mass.: Harvard University Press, 2001), pp. 167–192; 汪晖：《现代中国思想的兴起》（第 2 卷），北京：生活·读书·新知三联书店，2004，第 1134—1145 页。

语，也不是五四时代产出的文学使用的文体。现代汉语作为书面语，其主体不是所谓白话，而是一种语体文，比起语音中心主义的现代白话，更接近兼收并蓄的前现代白话。这种语体文，已被赴法华工学习、使用，并被证明是降低读写门槛的有效文体；而恰是这种文体，被启蒙精英命名为新白话，成为通往纯粹口语的桥梁。值得玩味的是，虽然华工和青年会成员集体选择了语体文作为扫盲识字、大众教育和实现语文现代性的可行路径，但五四之后，《华工周报》的语体文却必须被重新命名，戴上现代白话的帽子，接受语音中心主义的折射，为文化精英们保留进一步追求纯粹口语的可能性，保留中文字母的火种。

为当年使用的语体文重新命名的人正是晏阳初。识字班结业十年后，晏阳初在中华平民教育促进会 1929 年出版的英文小册子中如是总结了当年的扫盲计划：

> 中国系统性的扫盲运动不甚成规模的开端要追溯到法国战场前线，包含如下部分：1）四卷本的口语白话［*Pei Hua*（spoken language）］读本，含 1300 个"基础汉字"。这些汉字是以科学的方法，从两百余种不同的文学作品和出版物超过 1600000 个汉字中挑选出来的。❶

晏阳初在这里未曾厘清语言和文字的关系，却清楚地认定，欧战法国火线后出现的就是可以被当作口语的白话，即严格符合五四规制的新国语。虽然白话从未达到纯粹口语的境界，但白话作为

---

❶ 这里的一百六十万字指的应该是语料的总字数，见 James Yen, *China's New Scholar-Farmer* (Peking: National Association of the Mass Education Movement, 1929), p. 1。

新国语的叙事到 1929 年已然稳固，稳固到晏阳初自觉地将十年前的语体文实践划归到五四文学革命阵营。公允地说，晏阳初十年后为现代中文第一个扫盲计划建构的白话谱系未见得不能成立，但凡他当年确实用白话一词来定义《华工周报》上的文字，抑或他自己当时确实写过口语式的白话。然而，晏阳初当时所撰稿件从未将《华工周报》采用的文体定义为白话，他自己也从未真正写过可被当作口语的白话。不仅白话从未出现在《华工周报》的文字中，晏阳初在《华工周报》面向华工的征文启事中还前后用了三个不同的概念来描述对参赛稿件文体的要求——普通话、官话和普通官话。这三个各不相同的概念均属语体文范畴，口语化程度按序递减，但是它们当中没有一个可以等同于晏阳初回溯性使用的白话概念。

《华工周报》第 2 期刊登华工征文比赛时首先出现了"普通话"，此普通话并非第 2 章中瞿秋白倡导的鼓励各方言并存、追求激进平等的普通话，其定义值得推敲。第 2 期征文是唯一公布结果的，我们由此有幸得见一篇珍贵的华工论著。❶ 晏阳初对征文比赛作了如下说明和要求：

> 论著有奖……本会因要鼓励能著写的弟兄。特奖第一名以二十佛郎。第二名十佛郎。著作以六百字为限。文字以普通话为合宜。交卷须在阳历二月十五号以前。过期不收。著好之后。可交青年会干事先生代寄巴力。以免误延。兹将此次论题列后。

---

❶ 这篇华工论著的信息，见本章第 145 页注释 ❶。《华工周报》还提出了其他的征文题目，诸如"什么叫中华民国""中国衰弱的缘故""民国若要教育普及，你看应当怎样办才好"等。

华工在法与祖国的损益。❶

晏阳初自己使用并要求参加征文比赛的作者使用的语言，被称为普通话，可以是口语，也可以是书面语的普通用语，或者是二者的混合体。这里的普通话虽不完全是纯粹的白话，但距离白话理想不远，且和白话话语一样，清楚表达了对文言的反感和拒绝。如果说晏阳初的普通话定义仍然在文言与白话二元对立的范畴内，那么下一个关于文体的概念则开始模糊二者的边界。

这个概念出现在《华工周报》创刊号的《本报特告》中，晏阳初在这里使用了一种特殊的文体为未来的读者来稿定下基调，他还给这个特殊的文体起了一个新名字：

> 知我驻法同胞，无论在青年会任干事、或在工营中当翻译、以及在工厂码头作佣工、都是急公好义的人、必愿担任义务、为本报谋进步发达。不致坐观成败，置之于不顾。况事方萌芽、需助为急、非得同胞诸先生的赞助、万难办得有成效的。著作不拘短长，本报无不欢迎的。但文字以用官话为合宜、题论以进德智为标准。❷

这段文白夹杂的文字，固然用了不少"的"来表现日常口语，却也出现许多单个汉字（如"知""谋""置""况"）、成语（"急公好义"）、四字结构（"需助为急"），后三种用法都相当书面，无论如何都不能算作白话。这种混杂的文体，晏阳初称之为官话。

---

❶ 《华工周报》第 2 期，1919 年 1 月 29 日。标点为笔者所加。

❷ 未见原微缩胶卷，此段文字包括标点均摘自晏阳初：《九十自述》，第 536 页。

问题于是出现了，同为描述《华工周报》使用文体的概念，官话和普通话似乎是对等概念，但是两者之间假定的对等关系实难成立。一方面，狭义的官话是指官员的语言，从历时角度看，官话自身是有流转变迁的，从共时层面考量，各地官话又有不同。❶ 所以，官话的复数性与普通话假定的单一性有直接冲突。另一方面，广义的官话也指政府公文中普遍使用的行政语言，这层含义的官话与普通话相近，但其作为书面语的功能与普通话之追求理想白话的目标又有相当距离。

最后一个定义出现在《华工周报》第 7 期，这期设立了一个栏目叫"华工的论著"。宣布征文比赛的前三甲之后，晏阳初批评了那些以"文话"投稿的作品，希望大家未来都要用"普通官话"撰文投稿。他明确要求今后上交的稿子若不遵循这一语言模本，或是超过六百字，就不合格。❷ "官话"前面一旦加上"普通"一词，就暴露了官话的复数性，并点明中和书面官话与口语官话以求得普通官话的可能性。有意思的是，尽管晏阳初将普通官话和文言相对立，反对非必要的文采，拒绝回归文言，他自己的训诫却既有文采又有文言元素。单字词（如"若"）被频繁使用，四字结构（如"十居八九"）时常出现，晏阳初自己使用文话的事实很难用若干句末语气词（如"咯"）一笔勾销。1929 年的晏阳初宣称法国前线的扫盲计划遵循的是理想的、语音中心主义的现代白

---

❶ 罗杰瑞把早期"官话"的形成定在 8 世纪到 9 世纪，见 "Some Thoughts on the Early Development of Mandarin," *In Memory of Mantaro Hashimoto*, eds. Anne O. Yue and Mitsuaki Endo, (Tokyo: Uchiyama Shoten, 1997) pp. 21–28; 中译本参见罗杰瑞：《关于官话方言早期发展的一些想法》，梅祖麟译，《方言》2004 年第 4 期。官话是个不稳定的概念，随时空变化。关于官话的历史与语音概述，参见耿振生主编：《近代官话语音研究》，北京：语文出版社，2007；叶宝奎：《明清官话音系》，厦门：厦门大学出版社，2001。
❷ 《华工周报》第 7 期，1919 年 3 月 12 日。

话，然而 1919 年他笔下写就的文字却并非白话。

　　将近六十年后，晏阳初才在自己的《九十自述》中澄清了《华工周报》文体的实质："这段文字，是当时的一种'官话'，既不是文言，也没完全做到'我手写我口'。标点符号，仅限于豆点（、）和圈（。)。"❶ 晏阳初告解的关键不仅在于他承认《华工周报》采用的语言是一种既非白话亦非文言的混合体，也在于这个混合体证明第一个现代中文扫盲计划和五四文学革命之间围绕白话话语建立起来的系谱并不成立。不无讽刺的是，晏阳初的《九十自述》倒点出了五四在语言文学上的真正成就：五四一代成功生产的首先正是晏阳初所说的打破白话与文言二元对立的语文混合物；其次，便是依语音中心主义原则对语体文的重命名。晏阳初 1919 年的实践、1929 年的重命名、1980 年代的澄清，为五四一代成功制造白话话语做出了最清晰的注解。对语体文的重命名是白话话语制造的关键，也是衔接五四新文化运动和汉字革命的关键。对语体文进行充满语音中心主义冲动的再命名，最终使得汉字和拉罗字母这两个相互排斥的文字系统能够在双生革命的大框架下并存和发展。

　　从语体文到白话，改弦易辙的不止晏阳初一个。白话话语在后五四时代的地位俨然不可撼动，晏阳初无非只是向它靠拢。更明确的例子是白话话语最著名的代言人胡适。在 1933 年于芝加哥大学进行的题为"中国的文艺复兴"的演讲中，胡适回忆了他 1910 年代后期对白话的定义：

　　我认为能够成为未来中国文学惟一可能的媒介的活生生的语言，应该是白话，这是大多数人使用的俗语。近 500 年来，这种语

---

❶ 晏阳初：《九十自述》，第 536 页。

言产生了许多为人民喜闻乐见、却遭文人轻视的小说。我想把这种备受鄙视的民众的俗语，这种创造出这些伟大小说的语言提升到国语的地位，使之与欧洲所有现代民族语言并驾齐驱。❶

作为白话和中文字母的拥护者，❷ 胡适试图通过理论化白话来衔接这两个事实上互相排斥的文字取向。民众的俗语当然可以用拉罗字母转写，但白话已然有用汉字写出的范本了。胡适承认，白话"早已有之，其写作方式、句法、用词，早已由那几部妇孺皆知的伟大小说规范化了，且深入人心"❸。胡适悬置了对俗语的拉罗字母转写，而是把白话作为过渡的关键，希望它能让文学创作获得纯粹的口语性。然而这个关键不是口语，而是如《西游记》和《红楼梦》般的语体文的"伟大小说"。而连接拉罗字母和语体文的关键必须是书面的，好让任何有志于学习新的理想白话的作者——比如胡适自己——都能将它当作指南，进行学习与传承。❹ 讨论明清白话小说，让胡适和他的追随者们有了移用旧白话的机会。暗度陈

❶ 这次英语演讲是 1933 年芝加哥大学哈斯克尔讲座（Haskell Lectures）的一部分，1934 年由芝加哥大学出版社出版。参见胡适："Chinese Renaissance,"《胡适全集》（第 37 卷），合肥：安徽教育出版社，2003，第 84 页。胡适讨论文字革命与文学革命的部分在第 80—100 页。

❷ 胡适认可罗马化，说："我以为中国将来应有拼音的文字。"见胡适："跋"，《新青年》第四卷第四号，1918 年 4 月 15 日。关于胡适的白话理论，参见胡适：《文学改良刍议》，《新青年》第二卷第五号，1917 年 1 月 1 日。

❸ 胡适："Chinese Renaissance,"第 94 页。

❹ 胡适在《白话文学史》中尝试建立更精致的白话谱系，但他指出的实际上是前现代白话作为书面语有程度不同的口语化，这与他认为的白话具有纯粹口语性的观点是矛盾的。见胡适：《白话文学史》，天津：百花文艺出版社，2002。关于胡适混杂而有效的白话话语如何主导现代中国文学史，参见王风：《世运推移与文章兴替——中国近代文学论集》，第 8—11 页。关于明清时的白话问题，见 Shang Wei, "Writing and Speech: Rethinking the Issue of Vernaculars in Early Modern China," in *Rethinking East Asian Languages, Vernaculars, and Literacies, 1000‒1919*, ed. Benjamin Elman (Leiden: Brill, 2014), pp. 254‒301.

仓，拥有五百年历史的旧白话于是被重新命名，包装成为追求纯粹口语的现代白话，语体文也由此进入语音中心主义的新世界。然而吊诡的是，现代白话虽然从未实际达成言文一致的许诺，却并不妨碍它传达语音中心主义的意志。五四白话话语于是成为汉字革命的有效变体，并使仍植根于汉字的白话合法变身成汉字革命的一分子，并保证了其未来向中文字母发展的可能性。现代中国语言文字的主体于是以语体文之实、白话之名，成功遮蔽了自己折中主义的语言本质以及自己与汉字革命的激进联系。将五四白话话语与汉字革命放在一起讨论，不仅因为它们都有对语音中心主义的追求，更因为它们相似的局限。下节将介绍一篇华工罕见的传世文章，一方面针对"底层工人能写作吗"这一问题，给出肯定的答案；另一方面则希望点明，对华工写作进行理解和承认的局限，亦即五四白话话语及其启蒙论述的局限。

华工与启蒙

五四新文化的知识精英可能擅长语体文，但语体文未见得就是他们的专利。即便仅就《华工周刊》而言，晏阳初也不是语体文的唯一作者。相似的文风还出现在一位名叫傅省三的华工笔下，而他正是华工征文比赛的冠军。[1] 傅省三的这篇文章是目前发现的

---

[1] 华工不仅能写语体文，还能写文言。Steven G. Yao 对 1910—1940 年间天使岛移民拘留所的华工诗歌进行了研究，并把他们使用的语言归类为有"古典风格"的文言。见其文 "Transplantation and Modernity: The Chinese/American Poems of Angel Island," in *Sinographies: Writing China*, eds. Eric Hayot, Haun Saussy, and Steven G. Yao (Minneapolis: University of Minnesota Press, 2008), p. 309。

唯一一篇"一战"时华工的文字（图 3.1）。❶ 虽一直未曾引起学界关注，但华工的文字本身及其对战争、平等、启蒙话语的反思，都极为罕见且重要。一方面，华工的文字事后虽被语音中心主义裹挟且重新命名，但语体文的实质，因为傅省三文字的存在，并未完全被五四白话话语淹没；另一方面，欧战之后世界范围内对战争和现代性的反思，虽一时被改良启蒙主义遮蔽，但傅省三的文章提示了华工对欧战和启蒙话语朴素而深刻的省思。正是傅省三留下的宝贵文字，为我们展示了欧战扫盲计划的语言实质如何被错误命名以适应五四白话革命的语音中心主义的冲动，并同时证明来自华工的对中国启蒙主义的批判又如何被启蒙领袖消音。

傅省三认为华工赴法利大于弊。他首先勾勒出了战争的地缘政治。战争之所以会爆发，"都是因德皇起了骄傲的心志。想并吞全球。所以动了联军的大怒"。将骄傲的德皇和被激怒的联军对立起来，傅省三指出欧战起于列强间的冲突。和热心欧战的北洋政府一样，傅省三对协约国表达了同志情谊，并对中国不能直接加入战团感到遗憾。尽管如此，他仍认为以工代兵计划是"我国能帮助联军得胜的一大机会"。

傅省三评估："华工在法实在是益处多、损处少。"其后列出八条理由，涵盖广泛的社会、经济和政治领域，甚至还有从性别视角出发的考量，有效解释了中国人为什么对巴黎和会备感愤怒。前三条分别讨论华工是否遵纪守法，能否改善个人财务，提高个人知识水平，结论都是在法国比在祖国更能使人进步。接下来三条理由讲道，华工在法见识到的性别平等、工业化，有助于破除

---

❶ 除了知道他来自山东平度外，没有更多关于傅省三生平的资料了。我们也无从得知傅省三是否在赴法前就能识文断字。参见傅省三：《华工在法与祖国的损益》，《华工周报》第 7 期，1919 年 3 月 12 日。

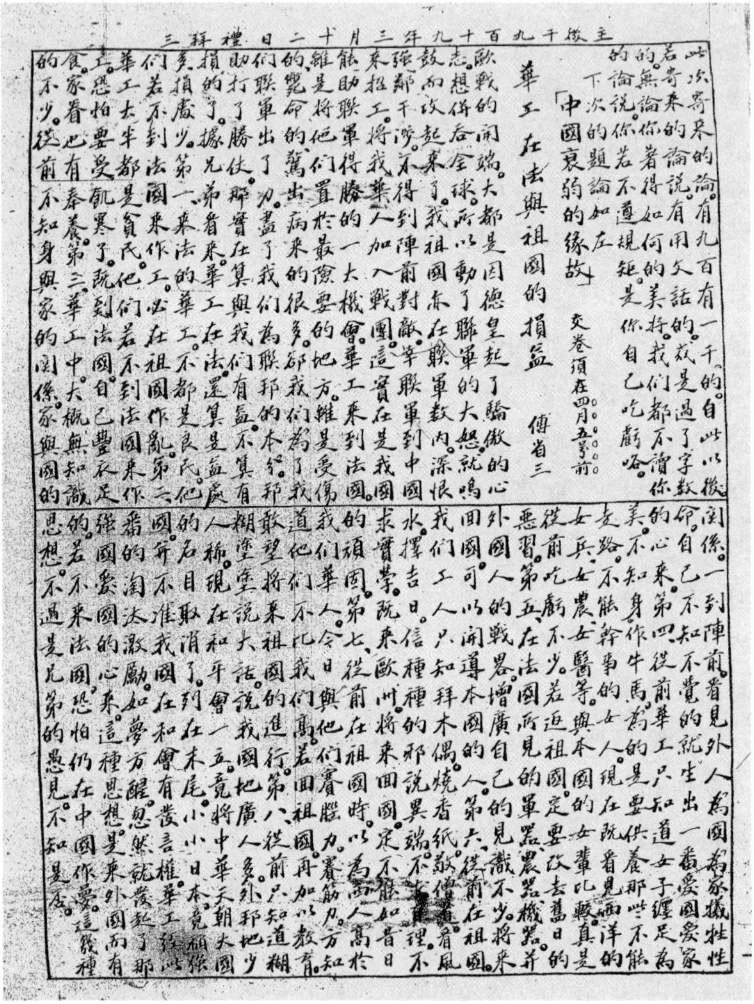

主後一千九百十九年三月十二日禮拜三

下次論說的題目如左：「中國衰弱的緣故」

交卷須在四月五號前

華工在法與祖國的損益

傅省三

图 3.1　傅省三在《华工周报》第 7 期上的文章（1919 年 3 月 12 日）

封建迷信。前六条理由围绕个人、家庭和社会的发展展开，最后两条理由则升级为政论，以呼应开头。

伴随傅省三文思发展的是叙事视角的转换。论及犯罪、贫穷、无知和歧视女性的前四个较负面的问题时，傅省三使用的是第三人称，称上述恶习的受害者为"他们"或"华工"。第三人称的叙事距离使他得以客观描述华工不出国的种种弊端，转而讨论华工赴法于己于社会的益处。从第五条开始，叙事视角开始变得微妙。尽管傅省三在论述中用了"自己""本国"等指称，但句子没有正式主语，用第三人称"华工"可以成立，用复数第一人称"我们"亦可成立。所以，读者既可以认为傅省三在用他自己的声音代表华工群体发言，乐见中国早日像欧洲一样实现工业化，也可以认为傅省三仍延续前四点的第三人称来称呼华工，让华工以中法桥梁的身份，用自由间接引语（free indirect speech）表达他们为中国工业化事业做贡献的决心。第六条理由与第五条类似，人称依然模糊，"我们工人"的称谓游走在复数第一人称和第三人称间。有且仅有第七条，傅省三陈述理由时，清晰地把自己定义为属于华工集体的"我们"。旋即，第八条的叙事声音又滑回了模棱两可的"华工"与"我国"。

第七条华工在法于祖国有益的理由，也是傅省三最珍视的理由，八条理由中只有这条让他明确无误地使用了复数第一人称"我们"，以华工这个集体的名义向欧洲人的优越感发问，对种族平等提出要求。傅省三坦承，他和工友们踏上欧洲土地前也认同"西人高于我们华人"的观点。然而与欧洲人日常接触多了，"与他们赛脑力""赛筋力"，傅省三不得不对欧洲人似乎先天的优越性发生怀疑。"赛"这个动词意味着公开竞争和比较，反对先验性的种族等级秩序。傅省三虽口吻温和，但其对西方优越性的质疑远走在时代前面，要知道几个月后巴黎和会明确拒绝通过种族平等的条款，事实上支持了种族等级。实践出真知，傅省三通过日常劳作和交往，知道法国同事和上司"不比我们高"。这大大激励了旅欧华工群体去追求自立自决，并期待未来回国后服务祖国。

有必要指出的是，傅省三不是唯一认定华工可以与欧洲人一比高下的人，与华工密切接触的协约国指挥官亦对华工大加赞赏。英国军官道格拉斯·黑格（Douglas Haig）就说："华工在欧，虽饮食起居，远不如欧人之丰富舒适，然仍能精神奋发，克苦耐劳，其工作效率，余虽不敢断言完全胜过白人，然至少能与工作最优之白人相等。"❶《远东评论》则认为华工在欧洲的存在可能是"这次欧洲大战史当中最重要一环"。❷

欧战的一个重要结果就是在旧帝国的废墟上建立新世界的可能性，而这个新世界似乎向所有被压迫者承诺了平等与自决权。《远东评论》对华工的美誉之词可能有夸张的成分，但若从边缘群体追求平等与自决权的角度来看，如何强调华工的重要性都不为过。从停战到《凡尔赛和约》出炉的数月中，种族平等和国际正义，包括美国总统威尔逊的十四点和平原则，在世界范围内引发了一系列反帝反殖民运动，五四运动正是其中之一。历史学家马内拉（Erez Manela）认为，"国际范围内的反殖民的民族主义"与美国奉行的"自由派国际主义外交"的兴起，都可以追溯到他称之为"威尔逊时刻"的时间节点上。❸

---

❶ 转引自顾杏卿：《欧战工作回忆录》，第61—62页。

❷ *Far Eastern Review* 15, no. 4 (1918), pp. 126–127, quoted in Xu, *China and the Great War*, p. 147.

❸ Erez Manela, *The Wilsonian Moment: Self-Determination and the International Origins of Anti-colonial Nationalism* (New York: Oxford University Press, 2007), pp. 6, 37. 所谓"威尔逊时刻"具体指1918年秋至1919年春，马内拉认为"威尔逊时刻"参与塑造了战后的地缘政治秩序。该书的精彩书评，见 Pankaj Mishra, "Ordained as a Nation," *London Review of Books* 30, no. 4 (February 2008), pp. 3–8.

威尔逊关于民族平等、民族自决的修辞或许确实为世界各地的反帝独立运动鼓舞了士气，比如朝鲜的三一运动、1919 年埃及革命、印度独立运动等。但若认为世界各地的民族独立运动是应了美国总统的号令，那就有颠倒是非之嫌。马内拉认为中国之所以不满《凡尔赛和约》，是因为"遍布世界各个角落的中国民族主义者，听到了这民族自决的呼声，并决心中国也应享有民族自决的权利"。虽然威尔逊最初勾勒的愿景确实慰藉和支持了中国民族主义者的反帝情绪，但是操纵和会的大国，尤其是许下美好诺言的美国，最终背叛对民族自决的承诺，正是点燃中国民族主义者怒火的重要原因。简单说，威尔逊时刻的希望和幻灭共同推动了反殖反帝运动的进程。当然，马内拉也正确地指出了民族平等和自决绝不只是威尔逊的个人观点。❶ 史学家迈克尔·阿达斯（Michael Adas）旗帜鲜明地点出，对"一战"的反思是"欧美亚非思想家们"的共识，构成了"第一次真正的全球性思想交流"，其追求平等自决的思想源流可以追溯到战前。❷ 中国思想家们在这场全球性的交流中也并不缺席——梁启超、章太炎都有相当建树。而单从民族平等、民族自决的角度出发，华工傅省三也为这场战后的反思发出了属于华工的声音。

20 世纪之初，知识界领袖如章太炎已经开始将平等作为现代性的核心命题来思考。❸ 中国知识分子在探究平等概念的过程中建

---

❶ Manela, *The Wilsonian Moment*, pp. 6, 193.

❷ Michael Adas, "Contested Hegemony: The Great War and the Afro-Asian Assault on the Civilizing Mission Ideology," *Journal of World History* 15, no. 1 (March 2004), p. 61. 文中提到的参与世界范围 "一战" 战后反思的思想家长名单包括保尔·瓦雷里、赫尔曼·黑塞、乔治·杜哈曼、泰戈尔、甘地、阿罗频多、勒内·马兰和列奥波德·桑戈尔等人。

❸ 章太炎反对现代平等概念的普遍化并从佛教和道家传统出发解读平等。见 Viren Murthy, *The Political Philosophy of Zhang Taiyan: The Resistance of Consciousness* (Leiden: Brill, 2011)，中文版参见慕唯仁：《章太炎的政治哲学：意识之抵抗》，张春田等译，上海：华东师范大学出版社，2018。

立起了全新的全球意识，开始重新认知中国在殖民主义世界秩序中的位置，与其他被帝国扩张倾轧的国家——如波兰、南非、菲律宾——无异。❶ 正如史学家瑞贝卡·卡尔（Rebecca Karl）所言，晚清知识人开始认识到中国的状况是资本主义的线性发展"在全球规模制造的不均衡性"的又一例证，这一基本认识构成了此后几十年中国民族主义的理论根基。❷ 晚清知识人要打破殖民主义的世界秩序，就必须先理解这一秩序。要理解这一秩序，就需要研究讨论这一秩序。报刊文章成了思想的试验场，而语体文正是出版物的主要文体。❸ 傅省三的文字虽事后被命名为五四白话，但颇具讽刺意味的是，其风格和内容都能在晚清的语体文新闻写作中找到踪影。❹ 当然，我们无从判断傅省三这样的华工是否以及在多大程度上受到当时报纸杂志的影响。但从将语体文写作当成批判性的思辨媒介这一点来看，他与晚清知识人并无二致。傅省三尝试用书写让自己与招募他到法国为协约国服务的种族等级秩序脱钩，而他不期然间成为华工代表，留下了参与战后反思、争取平等和自决的文字。

---

❶ 瑞贝卡·卡尔认为晚清思想家的视野超越了中国－西方－日本的三角，把中国作为"不均衡（uneven）的全球现代性"的一部分来理解。见 *Staging the World: Chinese Nationalism at the Turn of the Twentieth Century* (Durham, N.C.: Duke University Press, 2002)，中文版参见卡尔：《世界大舞台》，高瑾等译，北京：生活·读书·新知三联书店，2008，第 76 页。

❷ Karl, *Staging the World*, p. 201. 中文版见第 275 页。

❸ 晚清报章写作的范本是梁启超的《饮冰室文集》（上海：中华书局，1926）。这种语体文涵盖的光谱相当宽，晚清出版物、华工文章和今日我们所谓的现代汉语口语化程度也不尽相同。

❹ 傅省三的风格证实了晚清文学对五四一代的影响。王德威令人信服地证实了两者之间的深层联系，见 *Fin-de-Siècle Splendor: Repressed Modernities of Late Qing Fiction, 1848–1911* (Stanford, Calif.: Stanford University Press, 1997)，中文版参见王德威：《被压抑的现代性》，宋伟杰译，北京：北京大学出版社，2005。

追求民族平等、自决的思潮，正如马内拉、阿达斯和卡尔指出的，推动了反殖民的民族主义。除此之外，这股进步思潮更与左翼国际主义的潜流交汇，而华工也在其中做出了自己的贡献。据保守估计，三万余名华工加入了苏联红军并参与了俄国革命。[1] 而合同期满滞留欧洲的华工中，[2] 至少有十人参加了西班牙内战，姓名可考的目前仅有张瑞书（Tchang Jaui Sau）与刘景田（Liou Kin Tien）两位。[3] 此外，留在法国的"一战"华工甚至在"二战"期间还加入了反法西斯的地下抵抗组织，比如张长松和他中法混血的儿子。[4] 华工的政治倾向与活跃表现和当时正在欧洲及中国兴起的左翼意识形态相契合。从这个意义上说，五四大规模学生运动的前提是"一战"华工的以工代兵，而五四学生运动的后续又是全国各地各大城市的罢工运动，工人影响之大之关键，绝非巧合。如果说五四标志着中国全盘西化的开端，[5] 那么它也宣告了工人阶级与知识分子之间正在形成的新的政治联盟，而后者将成为整个 20 世纪中国革命的一个重要母题。舒衡哲定义的"中国启蒙运动"，从此便不得不在左右两极间摆荡，一方面是紧跟资本主义的线性发展，全盘西化；另一方面是追求平等，重建世界秩序，

---

[1] 参见李志学：《第一次世界大战中的赴俄华工》，张建国编：《中国劳工与第一次世界大战》，第 109—118 页。

[2] 尽管合同规定华工要在服务期满后回国，仍有很多人在合同期满后留在法国，且在战后重建中找到了工作。见 Yu-Sion Live, "The Contribution of Chinese Workers during the First World War in France: Memory of Facts and Occultation of Memory," 载张建国编：《中国劳工与第一次世界大战》，第 49—50 页。

[3] 倪慧如、邹宁远：《橄榄桂冠的召唤：参加西班牙内战的中国人（1936—1939）》，台北：人间出版社，2001。

[4] 参见纪录片《华工军团》第五集《血色浪漫》，北京：中央电视台，2009。

[5] 对于五四的解释，参见余英时等：《五四新论：既非文艺复兴，亦非启蒙运动》，台北：联经出版事业有限公司，1999。

进行社会革命。这中间的复杂关系被华工理解并书写，也是 20 世纪革命的题中应有之意。❶

傅省三的第八条也是最后一条意见转至点评巴黎和会，指出中国正面临战后世界新格局的挑战。傅省三写作的当口正是和会召开的第一个月，他似乎对和会进程有相当的了解。此时，和会将中国代表团的席位从五席减到两席，不过在中日关于山东问题的首轮辩论中，中国胜出。和所有人一样，傅省三无法预测山东问题的最终结局。尽管傅省三有一定的理由保持审慎乐观，但是文中的两个"竟"字准确捕捉到了背叛的气息，表达了惊讶。和会为战胜国界定了国家大小，中国被当成小国而日本被立为大国，华工们于是"如梦方醒"，"忽然就发起了那强国爱国的心来"。梦与醒的修辞在晚清之际就已相当流行，到民国初年则愈发重要。❷余下的篇幅里，傅省三为读者演示了极具批判力的"双重觉醒"。华工觉醒的梦既可以是单数也可以是复数，所以可能有两种解释：一是中国的"天朝上国"梦，二是欧洲的种族优越梦。他一方面哀叹华工盲目自大，视中国为"地广人多"的大国；另一方面也批评协约国对中国的贬损。华工的如梦方醒自然意味着中国与欧洲优越论的同时破产。扎根平等、自立原则的双重觉醒决定了华工对中国启蒙运动的态度。

双重觉醒当然不是傅省三的独创。前往巴黎观摩和会的梁启超在《欧游心影录》中也有类似感悟。亲眼见证了战后欧洲的穷困潦倒后，梁启超发问："谁又敢说那如火如荼的欧洲各国，他

❶ Eric Hobsbawm, *The Age of Extremes: A History of the World, 1914–1991* (New York: Vintage Books, 1996), pp. ix–xii.

❷ John Fitzgerald, *Awakening China: Politics, Culture, and Class in the Nationalist Revolution* (Stanford, Calif.: Stanford University Press, 1996), pp. 57–62.

那很舒服过活的人民，竟会有一日要煤没煤，要米没米。"以己度人，梁启超感叹："我们是过惯朴素笨重生活的人，尚且觉得种种艰辛狼狈"，欧洲人由奢入简，"这日子怎么能过呢"。❶ 既然欧洲和中国都穷困潦倒，那么天朝上国和欧洲优越性的迷梦也就都无甚吸引力了。和傅省三一样，梁启超也用了若干"竟"字来表达惊讶，战后的见闻让他不得不反思欧洲文明的优越性，进而质疑这个文明本身是否参与制造了欧战的灾难。欧洲梦曾被当作中国病的解药，但如今因为战争的浩劫与和会的背叛，风光不再。知识界领袖和华工一样，对中国梦和欧洲梦的双重祛魅，为他们对这场战争的批判性反思定下了基调。傅省三的短文关心战后世界秩序的重建，以及重建过程中对边缘族群来说最迫切的平等和正义的问题，这与彼时世界各地的重要思想家的战后反思不无共通之处。他的文章之不同寻常，不仅因为劳工阶级的书写本就罕见，更因为底层劳工罕有对战争的批判性文字，且很难被知识分子重视。当然，我们不能天真地以为傅省三的文字在全球战后反思话语中有重要影响，这篇短文的影响力可能仅限于被晏阳初挑中成为《华工周报》征文比赛的冠军。坦白说，晏阳初看中傅省三的文章大概也未必是因为它的批判性。晏阳初在宣布征文比赛结果的声明中，虽对冠军文章不予置评，但坦率分享了他自己关于征文题目的看法。❷ 在赞扬了所有来稿后，晏阳初提出，决定华工在法与祖国的损益的，"大都实在我们自己的造作"。有两个问题，晏阳初认为尤其重要：一是金钱问题，二是对青年会老师们的态度。关于金钱，他告诫华工不要赌博，因为不仅会输掉用

---

❶ 梁启超：《欧游心影录》，北京：商务印书馆，2014，第8、10页。
❷ 《华工周报》第7期，1919年3月12日。

储蓄"立身兴家"的机会，更可能由此"使我们中国人在外国得了一个好赌博的坏名誉"。晏阳初于是问道："这种人你想与祖国有益呢？有损呢？"紧接着，他谈到某些华工对青年会的服务不够珍惜。晏阳初告诫华工读者他们到法国"最好的"一件事，是"你们有那美国中国的大学毕业生，白天演说，夜间开班，来教授你们。分文不取"。那些浪费这个"从来未有的机会"的华工，简直是"自己仍在睡里梦里"。晏阳初于是再问了一遍："这种人到外国来与祖国有损呢？有益呢？"

和傅省三一样，晏阳初也使用"梦"的意象；和傅省三不同的是，晏阳初呼唤的觉醒并非"双重觉醒"。❶ 正如晏阳初的编首语所示，设置征文比赛的初衷不是为了邀请华工对中国的战时经验做批判性思考，而是为华工提供一个自我反思和自我完善的渠道。诚然，批判性思考与自我完善没有理由不能共存，傅省三的文章实际上就是这么做的，但是晏阳初此处的编首语和其他文字，实际上将批判性思考从自我完善中剔除出去了。❷ 正如一个目不识丁、冥顽好赌的华工很难思考到种族平等这一层面的问题，一个认识到"双重觉醒"重要性的华工可能也同样不适合晏阳初的启蒙计划。晏阳初自由主义、改良主义的启蒙概念，既不是欧洲那种从宗教迷信中祛魅的启蒙运动，也不是舒衡哲界定的反对父权、

❶ 埃德加·斯诺曾发表过一篇题为《唤醒中国大众》的文章，是有关晏阳初和定县实验的专题报道。Edgar Snow, "Awakening the Masses in China," *New York Herald Tribune*, December 17, 1933. 而1937年版的《红星照耀中国》则将晏阳初的平民教育实验和中共领导的扫盲计划相比较，称前者为"洛克菲勒资助下在定县进行的豪华的群众教育试验"。后来的修订本删除了晏阳初和洛克菲勒的部分。见 *Red Star Over China* (London: Gollancz, 1937), pp. 183–184。

❷ 《华工周报》第1期，1919年1月22日；第2期，1919年1月29日。

拒绝盲从的中国启蒙运动。❶ 晏阳初式启蒙的核心，是一种文明开化的使命，其预设对象是不文明、未开化的大众，而他们将接受知识分子的教育并完成自我完善。晏阳初写过一本英文小册子《中国新公民》，是平教会筹款三部曲的第一部，晏阳初有如下宣言："他们（知识分子）义不容辞的责任是接受挑战，抓住机会教育中国数以百万计的文盲去争取民主。正因为此，中国大众教育才被组织起来，才有了'除文盲作新民'的口号。"❷

　　晏阳初对"除文盲"的坚定信念，自然导致他会对拒绝接受教育的华工不甚满意。相形之下，他最津津乐道的华工故事来自一位欣然接受了教育且慷慨反哺的华工。这位华工写信感谢"晏先生大人"办报并教他所有"天下事"，因为害怕报纸定价太便宜无以为继，遂向《华工周报》捐出三年的积蓄总计 365 法郎。❸ 晏阳初多次在演讲和文章中提及此事。在接受赛珍珠采访时，他更坦言："这真是让我感动的事情。我决心用我的生命来扩大他的生命。'苦力'对我来说于是变成了一个新词。我许诺将让他摆脱痛苦，助他发展并强大。"❹ 所以，穷困但感恩的苦力形象为晏阳初及其同仁的启蒙工程奠定了基石。这个启蒙工程从扫盲计划与平民教育开始，整合乡村重建和公民训练，最终指

❶ Schwarcz, *The Chinese Enlightenment*, p. 4.

❷ James Yen, *New Citizens for China* (Peking: National Association of the Mass Education Movement, 1929), p. 2. 晏阳初的赞助人名单里有许多美国大慈善家，包括洛克菲勒家族、卡内基家族、福特基金会和米尔班克纪念基金等。关于晏阳初的募款账簿，见 box 11, International Institute of Rural Reconstruction records；关于晏阳初在美国的募款活动，见 Charles Hayford, *To the People: James Yen and Village China* (New York: Columbia University Press, 1990), pp. 19–20。

❸ 转引自晏阳初：《九十自述》，第 541 页。亦载于 Pearl Buck, *Tell the People: Talks with James Yen About the Mass Education Movement* (New York: Day, 1945)。

❹ Buck, *Tell the People*, p. 8.

向基督福音。❶ 正因如此，傅省三这样开化且具有批判意识的华工形象自然与启蒙使命格格不入。所以，尽管《华工周刊》征集了不少华工作品，但是不可能让过多的华工政论付梓发表。批判性的文字不仅威胁扫盲计划的紧迫性，更有可能削弱启蒙工程本身。即便如此，傅省三的这篇获奖短文还是为我们保留了理解和想象华工的另类角度。晏阳初虽将傅省三的文字纳入文明开化的话语内部，但面对华工文章中的批判维度，晏阳初不得不选择沉默。这意味深长的沉默多少说明华工的声音难以驯服。书写对晏阳初及其同仁而言，是通往自由主义、改良主义、启蒙运动的康庄大道；对傅省三和他的工友们而言，书写则是进行批判性思考和创作的领域，是底层工人提出要求种族平等、国际正义的重要媒介。这段复杂又充满反讽的历史，以语体文的方式为我们做出了如下总结和提示。首先，尽管华工的文字证明语体文能有效遏制纯粹口语的语音中心主义冲动，然而华工识字班却被追认为语音中心主义之新白话的创制时刻。其次，尽管语音中心主义的二律背反具有正面力量，能赋权不识字的华工，但在华工能够或者应该写什么的问题上，仍然限制重重。最后，尽管"劳工神圣"的故事似乎退出了关乎"一战"集体记忆的历史论述，但是华工的文字为我们留下了鲜活的例证，证明寻求和平、平等与正义才是真正的战后遗产，激励着五四一代和更多后来者。

---

❶ 晏阳初把自己的哲学称为"三 C"：孔子（Confucius）、基督（Christ）和苦力（Coolies）。见吴相湘：《晏阳初传》，第 24 页。他在三本英文小册子——《中国新公民》《中国的农民学者》《定县实验》——中阐明了自己的改良方案。关于扫盲计划与乡村建设的关系，见 Hayford, *To the People*, pp. 39–59; Kate Merkel-Hess, *The Rural Modern: Reconstructing the Self and State in Republican China* (Chicago: University of Chicago Press, 2016), pp. 23–54。

附件　傅省三《华工在法与祖国的损益》[*]

欧战的开端。大都是因德皇起了骄傲的心志。想并吞全球。所以动了联军的大怒。就鸣鼓而攻起来了。我祖国亦在联军数内。深恨强邻干涉。不得到阵前对敌。幸联军到中国来招工。将我华人加入战团。这实在是我国能助联军得胜的一大机会。华工来到法国。虽是将他们置于最险要的地方。虽是受伤的、毙命的、惊出病来的很多。却我们为了我们联军出了力。尽了我们为联邦的本分。邦助打了胜仗。那实在算与我们有益。不算有损的了。据兄弟看来。华工在法。还算是益处多、损处少。第一、来法的华工。不都是良民。他们若不到法国来作工。必在祖国作乱。第二、华工大半都是贫民。他们若不到法国来作工。恐怕要受饥寒了。既到法国。自己丰衣足食。家眷也有奉养。第三、华工中。大概无知识的不少。从前不知身与家的关系。家与国的关系。一到阵前。看到外人为国为家牺牲性命。自己不知不觉的就生出一番爱国爱家的心来。第四、从前华工只知道女子缠足为美。不知身作牛马。为的是要供养那些不能走路。不能干事的女人。现在既看见西洋的女兵、女农、女医等。与本国的女辈比较。真是从前吃亏不少。若返祖国。定要改去旧日的恶习。第五、在法国所见的军器、农器、机器。并外国人的战略。增广自己的见识不少。将来回国。可以开导本国的人。第六、从前在祖国。我们工人只知拜木偶。烧香纸。敬僧道。看风水。择吉日。信种种的邪说异端。不求真理。不求实学。既来欧洲。将来回国。定不能如昔日的顽

---

[*]　参见图 3.1，保留原文的句读标点。

固。第七、从前在祖国时。以为西人高于我们华人。今日与他们赛脑力。赛筋力。方知道他们不比我们高。若回祖国。再加以教育。敢望将来祖国的进行。第八、从前只知道糊糊涂涂说大话。说我国地广人多。外邦地少人稀。现在和平会一立。竟将中华天朝大国的名目取消了。列在末尾。小小日本。竟称强国。并不准我国在和会有发言权。华工经此番的淘汰激励。如梦方醒。忽然就发起了那强国爱国的心来。这种思想。是来外国而有的。若不来法国。恐怕仍在中国作梦。这几种思想。不过是兄弟的愚见。不知是否。

第 4 章

语体文、新大众教育与小工人

救救孩子⋯⋯

——鲁迅《狂人日记》

小朋友是民族未来的巨子。

——陶行知

1923 年 8 月 21 日，晏阳初来到当时的清华学校，参加中华教育改进社的第二届年会。当年的主要议程是筹建一个全国性的平民教育协会。[1] 彼时距离最早的法国识字班成立不过四年，距离晏阳初去美归国也才三年，然而平民教育运动已然风起云涌，山东、湖南、浙江等多地的平教运动俨然形成气候，互动良好，但是用晏阳初的话说，仍亟须建立一个"负责监管和系统性推广的中央组织"。[2] 清华会议最终确立中华平民教育促进会作为监督所有平民教育运动的最高管理机构，并选举朱其慧（民国政府前国

---

[1] 晏阳初和陶行知都有文章讲到平教会的成立：James Yen, *The Mass Education Movement, Bulletin No. 1 of the National Association of the Mass Education Movement* (Peking: National Association of the Mass Education Movement, 1924); Tao Xingzhi, *Education in China 1924* (Beijing: Commercial Press, 1925)。晏阳初在会上介绍了他在华工营的经历，带着与会者唱歌打气，并作正式演讲，见吴相湘：《晏阳初传》，第 54—55 页。

[2] Yen, *The Mass Education Movement*, p. 12.

务总理熊希龄的夫人）为董事长，陶行知任董事部书记，晏阳初为总干事。晏阳初和陶行知，现代中国最具标志性的两位教育家，自此携手，共同为大众教育事业奋斗。晏阳初总结：在强有力的领导与中央政府的背书下，"平民教育运动势头强劲"。❶

这股强劲的势头到1936年发生了变化，集中统一的中国平教运动出现了分化。1936年3月15日，在一篇题为《新的大众教育运动》的英文文章中，陶行知强调："新的大众教育运动起源于上海，但这种教育运动不应和晏阳初先生在定县所提倡的那种类型的教育方式相混淆。"平民教育意味着普通人的教育，而大众教育意味着广大群众的教育，运动的命名在陶行知看来标志着"主要点上的根本区别"。陶行知毫不客气地指出："定县主张平民教育，但在实践中却成了少数人的教育，而新的大众教育则目的在于真正实现民有、民治、民享的教育。"❷除了服务大众外，陶行知的新大众教育另有三项承诺：支持新文字，提倡生活教育，为民族救亡而奋斗。❸这三项承诺让新大众教育与晏阳初的旧模式形成鲜明反差：后者支持白话文，坚持启蒙方案，更在抗战全面爆发前夕向内陆撤退。

想当年陶行知曾力荐晏阳初担任平教会总干事一职，在他写给董事长朱其慧的信中坚称："此职除晏君外实无相当人

---

❶ James Yen, "Chinese Mass Education Movement Progresses Strongly," *News Bulletin*, October 16, 1926, 1, pp. 8−12.

❷ 陶行知对"平民教育"和"大众教育"的罗马字拼法是"ping ming giao yü"和"Dazhung Giao Yü"。Tao Xingzhi, "The New Mass Education Movement,"《陶行知全集》（第6卷），成都：四川教育出版社，1991，第151—152页，中文翻译版在第364—366页。陶行知对平民教育运动的更全面批评，参见《大众教育问题》，《陶行知全集》（第4卷），第49—59页。以下《陶行知全集》的引文，若无特别标注，皆默认出自1991年版。

❸ Tao, "The New Mass Education Movement," pp. 150−151, 153.

才。"**❶** 短短十三年后，二人公开决裂。这十数年间发生了什么？这个问题的意义倒不在于老朋友的戏剧性决裂特别值得追根究底，毕竟革命同志分道扬镳的不在少数，尤其是在重大历史关头；这个问题值得一问，是因为探究它的答案能帮助我们更好地理解汉字革命的第三次也是本书聚焦的最后一次嬗变。本章将研究最后这次嬗变如何发生，汉字革命如何在民族存亡的危机时刻，借由新大众教育，在名义上支持拉丁化，实际上却允许使用汉字和语体文。汉字革命的最后一个变体，由识字教育、大众教育和战争危机三层力量形塑而成，产出了重要的教育文学，彰显了民族救亡和大众解放的主题，更预示了现代中国文学未来几十年里的走向。本章首先会回到语体文，勾勒其科学构成，重申语体文——而不是白话——才是更准确地指称现代中文书写的概念。其次将解释语体文如何最终联结文字革命与文学革命，而非暴露双生革命内里的冲突和张力。我们将细读陈鹤琴、陶行知、叶圣陶的文字，三位均集语体文作者、新文字支持者和大众教育家三重身份于一身，他们的文字将帮助我们理解拉丁化路线的重新校正、文学革命的重新定义与儿童形象的重新发明，并提供理解现代中国文学向左转的重要路径。本章末尾尝试总结并反思汉字革命三次嬗变如何为理解文学革命的抱负与挫折提供线索。

千字课、语体文与拉丁化

如果说晏阳初第一个提出了"基本汉字体系"的设想，那么

---

❶ 陶行知：《行知书信集》，合肥：安徽人民出版社，1981，第 11 页。

陶行知和朱经农就是这个体系的应用者。在编纂用于平民教育运动的四卷读本时，他们移植了晏阳初千字课的方法。在题为《1924年的中国教育》的英文报告中，陶行知总结了《平民千字课》的适用性和有效性："一个一般的文盲每天花一小时，用四个月的时间即可学完四册读本。那时他可以在所学词汇的基础上阅览书报信件，也可利用这些词汇表达自己的思想。这四册读本总共只值银洋一角二分，即使赤贫者也可买得起。"❶

这些廉价的读本于是进入了"家庭、商店、工厂、学校、教堂、寺庙、衙门、轮船、监狱及军营"❷，让所有角落变成了平民学校、平民读书处和平民问字处。❸据陶行知统计，仅1923—1924年一年时间，千字课各种读本的发行量总计高达200万册。平教同志们有理由乐观："在中国实行强迫普及教育并征愚民捐的日子已经为期不远了。平民教育的朋友有这样的雄心壮志，即在30年内创造消灭两亿文盲的奇迹。"❹

除了扫盲的雄心，平教之友们还有用"平民千字课"创造新文学的愿景。❺五四运动号召创造通俗易懂的活的文学，这个诉求如

---

❶ 英文原题为"Education in China 1924"（中译标题为《民国十三年中国教育状况》）。最初由陶行知（W. Tchishin Tao）和程其保（C. P. Chen）共同署名，发表于1925年，得到了当时全国省教育会联合会和中华教育改进社的支持。银洋（Mex.）指的是墨西哥银元。陶行知：《陶行知全集》（第6卷），第56页；中译本参见《陶行知全集》（第6卷），第307页。

❷ 《陶行知全集》（第6卷），第57页。中译本第307页。

❸ 陶行知致信蔡元培、蒋梦麟和胡适夫人，希望他们把自己的家改造成平民读书处，以保证他们的家庭成员和帮工都能在《平民千字课》的帮助下获得基本读写能力。见陶行知：《行知书信集》，第13—14页。读书处和小先生在文学和戏剧作品中也屡见不鲜，如夏衍的《上海屋檐下》，北京：中国戏剧出版社，1957。

❹ 陶行知：《陶行知全集》（第6卷），第57页。中译本第307页。

❺ Yen, The Mass Education Movement, p. 15. 对平民教育提倡者而言，"平民千字课"既指《平民千字课》课本，也指千字课的教学法。

今获得了统计学的支持——使用统计学的方法，书写新文学的千字文可以被精准地拣选出来。老舍在《我怎样写〈小坡的生日〉》（1929）一文中谈到"平民千字课"如何迅速成为衡量文学质量的标杆。在新加坡逗留期间，老舍曾在中学担任中文教师，本想写一部关于东南亚或南洋华人的史诗，❶但最后囿于时间和材料的不足，史诗变成了一部聚焦南洋华人儿童的作品。虽有遗憾，但老舍非常满意这部小说为他的文学语言带来的启示："有了《小坡的生日》，我才真明白了白话的力量。"正是这部作品给了他足够的信心使用"最简单的话""几乎是儿童的话"。总结自己的语言变化，老舍说："我没有算过，《小坡的生日》中一共到底用了多少字；可是它给我一点信心，就是用平民千字课的一千个字也能写出很好的文章。"❷

老舍对《平民千字课》的信心并不盲目。恰恰相反，《平民千字课》之所以能成为全国性的平教运动识字读本，是因为它经过了实验验证，获得了统计数据的支持。关于千字课如何从最初的经验性拣选，即晏阳初的"基础汉字"，进入到实验验证阶段，晏阳初有较详细的叙述：

> 我们选出这最通用字的办法，强半是根据以前在法、比华工教育中的经验……但这种选法，还怕欠妥，所以我们又博咨旁问，在各方面教育专家前请教。恰有吾友陈鹤琴先生自归国以来，即与同事数人，在东南大学对于此事曾有精深研究。他

---

❶ Brian Bernards 描述了老舍写《小坡的生日》的由来，老舍本打算以他在新加坡教书的经验写一部南洋华人的史诗故事，后转而专写儿童，建构了一个"跨殖民"和"后帝国"的多元而平等的愿景。见 *Writing the South Seas: Imagining the Nanyang in Chinese and Southeast Asian Postcolonial Literature* (Seattle: University of Washington Press, 2015), pp. 59–70。

❷ 老舍：《〈老牛破车〉新编——老舍创作自述》，香港：三联书店，1986，第 25 页。

们几位先生，不辞劳瘁，不嫌麻烦，用了二年余的光阴，将我国的白话文学，如《水浒》《红楼梦》等书，及各界通用书报，每种分工检查，将各书所有的字，以各字所用次数的多少分类，一共检查了五十余万字，从中选出通用的字数千……以陈君用科学的方法所选的通用数千字中，最通用的，即分数最高的一千字，与我们由经验及研究所选的一千字比较，竟有百分之八十相同。由此足见经验的方法（Empirical）与科学（Scientific）的方法，实能互相纠正发明的。❶

科学方法事后证明了晏阳初在法国办识字班时的前瞻性。这一千个汉字如今得到了统计学实验的认证，为平民教育系列读本打下了坚实的基础。❷这里必须指出的是，所谓"白话文学"的数据库实际上是语体文文学的集成，它并没有展现出摹写语音的意图，遑论用千字文来彰显语音再现的精确性和优越性了。事实上，东南大学的专家也未曾想到将千字课的字表罗马化或者拉丁化。千字课的拣选原则纯粹看使用频率。用统计学方法考察和提炼的"白话文学"数据库和字库，使得五四白话不再仅仅是一种向往并许诺语音中心主义的书面语，更成为一种科学的语言，一种有统计学参数依据、向新进步、易于教授、为所有人服务的书面语。尽管"白话"成功成为现代中国语文的代名词，但有必要

---

❶ 晏阳初：《平民教育新运动》，《新教育》第5卷第5期，1922年12月，引自《晏阳初全集》（第1卷），第35页。晏阳初另有较简略的英文版叙述，给出的总检汉字数高达100万，见Yen, *The Mass Education Movement*, p. 3.陶行知在为陈鹤琴《语体文应用字汇》撰写的序言中，估计了总检字数大约有90万字，见《语体文应用字汇》，上海：商务印书馆，1933，第2页。而陈鹤琴自己在书中给出的数字是50万。
❷ 这些读本包括但不限于《农民千字课》《市民千字课》《平民千字课》《平民宗教课本》《农民宗教读本》等。

强调的是，此时另有一个在技术上更精确的专门术语借由统计学研究，短暂进入了人们视野。

这个术语就是"语体文"，即口语化的书面语。诚然，缩小口语与书面语之间的鸿沟不是新鲜想法，从日本的"言文一致"运动到晏阳初和华工们在法国的实践，都是同一思路。但对中文语体文的科学研究直到 1928 年才出现，即晏阳初前文提到的友人陈鹤琴牵头完成并发表的《语体文应用字汇》。虽然陈鹤琴早在 1920 年就开始了语体文研究，但一场大火不幸烧掉部分数据，该书直到 1928 年才问世。❶《语体文应用字汇》是中国学者在已有研究的基础上以统计学方法研究语体文字频的第一部专著。❷ 陶行知在本书序言中指出，虽然 1928 年研究成果才出版，但陈鹤琴等的语体文研究早在 1923 年就为第一版《平民千字课》提供了统计学根据。❸

陈鹤琴的语体文研究，包括其数据来源、研究方法和最终的研究成果，都以汉字为基础，很少或根本不关心音值和语音再现的问题。陈鹤琴和他的同事从六类原始材料中收集了共计 554478 个字（包含重复的汉字），生成了一个由"4261 个异样的单字"组成的字表❹，并按如下纲领性问题指导统计调查的方向：

---

❶ 陈鹤琴：《语体文应用字汇》，第 1 页。

❷ 陈鹤琴在绪论中列举了以下研究应用字汇的学者的工作：爱耳斯（Ayres）、琼斯（Jones）、安得孙（Anderson）、桑戴克（Thorndike）、南希尔（Southhill）以及克朗兹（Pastor P. Kronz）。参见陈鹤琴：《语体文应用字汇》，第 4 页。

❸ 陈鹤琴：《语体文应用字汇》，第 2 页。

❹ 陈鹤琴在绪论中说，第一个字表生成后，还进行过第二次大规模材料收集，新添 458 个单字，第二次收集的信息不幸焚毁。字库的材料来源分六大类别：（1）儿童用书：《全世界的小孩子》《儿童文学小说》；（2）新闻报：《厦门通俗教育报》《注音字母报》；（3）杂志：《妇女杂志》；（4）小学生课外作品：《南京附小学生新闻》；（5）古今小说：《红楼梦》《北京燕三小姐》《礼拜六》；（6）杂类：《学生婚姻问题》《官话国耻演说》《圣经》。见陈鹤琴：《语体文应用字汇》，第 7—10 页。

我们中国普通用的字汇究竟有多少？其中有多少文言文的字汇？其中有多少语体文的字汇？那多少字是两种文体都有的？还有那多少字是最通用的，那多少字是次通用的？那多少字是不常用的？那几多字是小学生应该学的？那几多字可作平民教育用的？这些问题虽关教育之普及甚重且大，然若没有精细的试验，缜密的研究断不能解决的。❶

一言以蔽之，所有问题指向汉字。语料库是五十万之巨的语体文字汇，实验的方法是依出现频次分析五十万汉字，研究的成果是一份含 4261 个单字的字表，按出现频率从低（如偻、罍、羌）到高（如一、不、的）排列。❷ 所以，实验的目标、数据库、统计学方法和最终输出，无一与"白话"相关。换言之，五四白话话语以语音中心主义的方式实现言文一致的诉求，对现代汉语书面语的主体——语体文——的研究和形成没有影响。

完成语体文研究后，陈鹤琴很少再提及语体文这个区别于白话的概念。陈鹤琴涉猎广泛，并非只是一名热心平教运动的统计学家。早在清华和约翰霍普金斯大学的本科学习阶段，陈鹤琴便对生物学、地质学、心理学有过涉猎，研究生时期才逐渐将注意力转向教育，并于 1919 年在哥伦比亚大学的教育学院取得硕士学位。❸

---

❶ 陈鹤琴：《语体文应用字汇》，第 1 页。

❷ 关于这 554478 个汉字中最不常用和最常用的字，分别参见陈鹤琴：《语体文应用字汇》，第 77、116 页。

❸ 陈鹤琴的学习哲学是"凡百事物都要知道一些，有一些事物，都要彻底知道"。他在约翰霍普金斯大学修读的课程非常广泛，包括地质学、生物学、经济学、教育学和心理学。他跟时任校长古德诺（Frank Goodnow，曾任袁世凯政府顾问）上过公共管理课程。他还花了两个暑假在康奈尔和阿默斯特学院学习鸟类学、园艺、养蜂和汽车等。见陈鹤琴：《我的半生》，上海：华华书店，1946，第 141—152 页。

在哥大教育学院，他的授业老师包括保罗·孟禄（Paul Monroe）、威廉·克伯屈（William Heard Kilpatrick）、爱德华·桑戴克（Edward Thorndike）和罗伯特·伍德沃斯（Robert Woodworth），同时受到杜威的间接影响。陈鹤琴选择专攻幼儿教育，后有"中国幼教之父"的美誉。巧的是，他也是基督教青年会的成员，亦和晏阳初相识。任教南京师范大学和国立东南大学时，又成为陶行知的同事。尽管陈鹤琴、晏阳初和陶行知都是基督徒，都留过美，都是教育家，但这并不妨碍三人在教育问题和政治立场上的分化。❶

作为拉丁化运动的支持者，陈鹤琴的教育和学术生涯随着拉丁化声势的壮大，有了新的政治维度和紧迫性。仅1938年一年间，他就撰文四篇支持拉丁化，其中一篇讲中文字母化的历史概览，还有三篇讨论拉丁化与战争难民、儿童、妇女的关系。❷1937—1938年间，他还编辑了一套两卷本的新文字入门读本，叫作《民众课本》，并推出16种新文字补充读本，其中包括鲁迅《阿Q正传》的新文字翻译和转写、英国作家奥维达的《佛兰德斯的狗》的新文字翻译，以及武训行乞兴学的新文字故

---

❶ 晏阳初、陈鹤琴和陶行知都是赴美留学的基督徒，这并非偶然。以新教传教士传统为大背景，社会福音运动和美国的进步主义教育关系紧密，在中国颇有影响。有关社会福音运动及其对中美两国教育的影响的讨论，见 Ronald C. White Jr. and Howard Hopkins, *The Social Gospel: Religion and Reform in Changing America* (Philadelphia: Temple University Press, 1975); Philip West, *Yenching University and Sino-Western Relations, 1916－1952* (Cambridge, Mass.: Harvard University Press, 1976); James C. Thomson Jr., *While China Faced West: American Reformers in Nationalist China, 1928－1937* (Cambridge, Mass.: Harvard University Press, 1969)。

❷ 这四篇文章分别是《汉字拉丁化》《新文字与难民教育》《小朋友！大家起来，扫除文盲》《新文字与妇女》，参见《陈鹤琴全集》（第6卷），南京：江苏教育出版社，1992，第160—186页。

事。❶ 他对拉丁化的兴趣和支持一直延续到 1958 年汉字革命搁置后。在文字改革委员会任职期间，他未曾间断关于新文字的研究和写作。❷

五四和新文化支持者下意识或者有策略地混淆了汉字革命和语体文这两个互相抵牾的语文工程，可能还可以用白话这个混沌的概念自圆其说；❸ 但《语体文应用字汇》的作者，是在做完汉字的统计学研究后，再投入拉丁化新文字的创制，也就是说他首先主张保留汉字、推进识字，再要求废除汉字、实现拼音化，这在概念上是无论如何无法自洽的。陈鹤琴在一篇 1938 年发表的题为《汉语的拉丁化》的英文文章（1947 年译成中文）中，放弃了技术上更为准确的语体文，选择和晏阳初一样，合并文字和语言、语体文和白话。❹ 读陈鹤琴 1938 年的英文文章，读者大有理由误以为他讨论的是语言问题，陈鹤琴文中的小标题分别如下："学习汉语的困难""汉语的罗马化""俗语运动""音标运动""国语罗马化""汉语的拉丁化"。然而，1947 年回译的中文版本则揭示出语言和文字概念的分歧，上述小标题各自有了不同的名字："学习

---

❶ 1872 年的小说《佛兰德斯的狗》出自英国小说家玛丽·路易斯·德拉拉梅（Marie Louise de la Ramée），奥维达（Ouida）是她的笔名。这本书由楼适夷从日文翻译成中文，陈鹤琴用的就是这个日文转译本。关于陈鹤琴的新文字读本，参见《陈鹤琴全集》（第 6 卷），第 187—230 页。

❷ 陈鹤琴 1955 年作为文字改革委员会的成员在会上发言，参见《在全国文字改革会议上的发言》，《陈鹤琴全集》（第 6 卷），第 234—238 页。1958 年后，陈鹤琴延续了对中文字母化的兴趣，直到 1979 年仍然致力于新文字，参见《文字改革是科学实践和人民群众自己解放自己的事业》，《陈鹤琴全集》（第 6 卷），第 243—246 页。

❸ 陶行知也混淆了语言和文字，他的一篇英文文章标题为"China's New Language"（《中国新语言》），但其中文版则为《中国新文字》。分别参见《陶行知全集》（第 6 卷），第 155—161、368—372 页。

❹ Chen Heqin, "Latinization of the Chinese Language," *China Quarterly* 3 (1938), pp. 155-166; 陈鹤琴：《汉字拉丁化》，王霞量译，《陈鹤琴全集》（第 6 卷），第 160—173 页。

中国文字的困难""中国字的罗马化""白话文运动""注音符号运动""国语罗马字""汉字拉丁化"。❶语言和文字的混淆绝不是陈鹤琴的无心之失。相反，他在英文版的文章中给出了混沌化概念的必要理由，同时也是一位统计学家对白话接管汉字革命的观察："因为人们的心理不能容受如中国字罗马化那样的根本改革，教育家们、语言学家们与改革家们便开始激起改造汉语书面语的浪潮。四分之一个世纪以前，胡适、蔡元培、钱玄同等便开始运用白话文了。"❷

陈鹤琴的坦率不期然地揭示出一个基本事实：以五四白话话语为框架的文学革命，从一开始就是汉字革命的妥协和变体。汉字革命的退守为文学革命创造了空间。白话文以不那么激进的姿态赢得了汉字革命主要人物的支持。陈鹤琴对语体文的研究和为白话文的辩护清楚地证明，只要汉字革命的退守仍坚持语音中心主义的大方向，那么关于（废）汉字问题的讨论也可以演化为混淆语言和文字的讨论。陈鹤琴在汉字拉丁化的简史中绝口不提语体文，俨然预演了汉字革命历史叙事中语体文被隐没的命运。取语体文而代之的正是白话，即便后者在技术层面和科学性上都不如前者精准，但对于如陈鹤琴般支持拉丁化运动的平教运动实践者来说，白话仍旧是更好的选择：一方面，白话和语体文一样，都承认一个基本事实，即现代中文书写是自有其传统、传承至今的书面语；另一方面，白话和语体文不一样，白话的名字保存了语音中心主义的火种。白话于是将语体文纳于麾下，又坚持对纯

---

❶ 陈鹤琴：《汉字拉丁化》，王霞量译，《陈鹤琴全集》（第 6 卷），第 160—173 页。

❷ Chen, "Latinization of the Chinese Language," p. 159. 陈鹤琴的原文是"the Chinese Language"，1947 年的中文版译为"中国文字"，我选择译为"汉语书面语"，见《陈鹤琴全集》（第 6 卷），第 164 页。

粹的口语的许诺，就此几乎不留痕迹地消解了语言和文字的边界，而这两个概念从汉字革命的角度来看是不可通约、无法混淆的。如第 3 章所示，是白话让双生革命的共存变得合理，并同时承诺未来语言对文字的统御，语音中心主义将最终一统大业。较之白话的黏着性和创造性，语体文因准确而彰显区别，其在统计学上的严密将汉字和拉罗字母的互斥性暴露得一览无余。汉字革命若想在以汉字扫盲为本的平教运动中占有一席之地，那么它就必须允许白话成为其变体。如果说陈鹤琴对语体文的统计学研究为平民识字做出了贡献，那么他后来对语体文概念的缄默，事实上推动了平教运动与拉丁化运动的联合。抗战阴霾下，拉丁化新文字和语体文达成了和解与合作，并直接构成了语音中心主义的第三次也是最后一次嬗变：拉丁化运动、民族救亡和新大众教育运动的汇流。

拉丁化、战争与新大众教育

1935 年 12 月签署《我们对于推行新文字的意见》公开信的 688 人中，陶行知可能是最不遗余力宣传拉丁化新文字的一位。民族危亡紧要关头，陶行知开风气之先，将汉字革命、大众教育与民族救亡紧密结合。❶ 和陈鹤琴一样，陶行知也在哥伦比亚教育学院深造过，被费正清（John King Fairbank）称作"杜威最有创造力的弟子"，且在处理中国问题方面，青出于

---

❶ 较完整的名单，可参考《陶行知全集》（第 3 卷），长沙：湖南教育出版社，1985，第 50—55 页。

蓝。❶ 回到中国后，陶行知致力于大众教育，足迹遍布城市和乡村，在实践中发展出了自己的教育理论，又根据自己的教育哲学创办了一批学校，其中最著名的当属南京城郊的晓庄试验乡村师范和重庆的育才中学。❷ 作为 20 世纪中国最重要的教育家之一，陶行知深受国共双方重视。中国共产党领导人曾赞美陶行知为"伟大的人民教育家"和"党外的布尔什维克"，国民党高层也委任他为"国民外交使节"，于 1936—1938 年间出访二十六个国家，为抗日战争争取国际支持。作为中国民主同盟成员和民盟中央的代表，陶行知更见证了 1945 年在重庆举行的国共谈判。1930 年国民党曾取缔晓庄师范，陶行知则短暂流亡日本。1940 年代，陶行知曾推崇过武训行乞兴学的事迹，而后受到批判。❸ 陶行知成就的高峰和争议的核心，都指向他对大众教育的执着以及他的扫盲方案。学界对陶行知作为伟大教育家的关注远超他支持拉丁化的努力，实际上他关于新文字的论著甚丰，甚至比他的教育学论著更能帮助我们理解识字、政治与教育之间的关系，认识汉字拉丁化运动、抗日战争与新大众教育运动之间的联系。签署公开信的第二年，陶行知仅用了短短几个月的时间就撰写了一系列推广拉

❶ John King Fairbank, *The Great Chinese Revolution* (New York: Harper and Row, 1986), p. 200. 中文版参见费正清：《伟大的中国革命》，刘尊棋译，北京：世界知识出版社，1999，第 241 页。杜威的其他中国学生和助手包括胡适、张伯苓（南开大学校长）、蒋梦麟（北京大学校长）和郭秉文（东南大学校长）。关于杜威的教育学理论在中国的应用情况，参见王颖：《杜威教育学派与中国教育》，北京：北京理工大学出版社，2007。关于费正清对陶行知的回忆，见 John King Fairbank, *Chinabound: A Fifty-Year Memoir* (New York: HarperCollins, 1983), pp. 262-263。

❷ 陶行知建立的其他教育机构包括香港中华业余学校和重庆社会大学，以及一些教育协会，如生活教育社和山海工学团等。

❸ 参见 Yingjin Zhang and Zhiwei Xiao, "Sun Yu," in *Encyclopedia of Chinese Film* (London: Routledge, 1998), pp.324-325；袁晞：《武训传批判纪事》，武汉：长江文艺出版社，2000。

丁化运动的文章。❶ 这些文字确立和巩固了新文字、民族救亡、新大众教育运动三方面的紧密联系，同时引发了一次新文字的语义转换。正是通过这一转换，汉字革命的最后一次嬗变决定性地向左转，与一种新的教育模式相融合，激发出了儿童的新形象，连带着的是对教师的重新定位。

在《大众教育问题》一文中，陶行知指出，由于新文字"有易学的好处，大众聪明的一天学会，笨的一月也学会"，而这对培养新文字的师资力量也有好处："我们要做先生的人要教学生，学生又做先生，再去教学生。"易学易教是为了最终的目标："大家都可以读书阅报，明白道理，运用力量来救国了。"❷ 抗战全面爆发，任何爱国者都理应欢迎汉字革命融入民族救亡的大潮并为之服务。针对拉丁化遭遇的敌意，陶行知积极辩护，支持用拉丁化新文字来进行大众识字教育，并将对新文字的支持上升为团结一致抗日的象征。陶行知由此反对以去政治化的方式来看待汉字革命。罗马化运动的元老黎锦熙对新文字多有批评，认为拉丁化是苏俄的舶来品，不如国语罗马字有"国货"本色，并坚持新的中国字母文字只能靠"政治的大力量来推动"，普通民众"管不着"。陶行知于是旗帜鲜明地反对："现在这种新文字（中国新文字），实实在在是中华民族大众争取解放之重要工具，要由整个民族的大力量来推动，我们既是国民一分子，就得尽一分子的力量，就管得着！"❸

---

❶ 陶行知关于新文字的文章有："China's New Language"、《新文字歌》（一）（二）（三）、《文字新论》、《大众教育问题》、《新文字为推进大众文化之最有效的工具》、《在广东省新文字研究会成立大会上的演词》、《中国新文字》等，参见《陶行知全集》的第4、6、7卷。

❷ 陶行知：《大众教育问题》（1936年5月1日），《陶行知全集》（第4卷），第58页。

❸ 陶行知：《新文字和国语罗马字——答覆黎锦熙先生》，《生活教育》第3卷第4期，载1985年版《陶行知全集》（第3卷），第41—42页。

黎锦熙当然不会忘记国语罗马字当年也得到了"政治的大力量"的背书。正如陶行知所指出，黎锦熙反对的其实是起源于苏联的政治力量。全面抗战一触即发，国共斗争也随之激化。这两位汉字革命支持者最显著的分歧，在于黎锦熙认为"政治的大力量"理应是自上而下的行政链条，而陶行知从新文字中看到的恰恰是重塑政治属性、重组力量来源的可能性。新文字一方面提供了一种比国罗更有效、成本更低的识字教育，另一方面也选择支持一种不同的政治观。不寄望于某种外部权威来推动或引导识字教育和大众教育，而是从里到外、自下而上，以拉丁化新文字为着力点，动员有机的政治力量，向民族救亡与大众解放迈进。

陶行知在不同场合多次强调民族救亡与大众解放间不可分割的联系。❶ 他将两者的关系定义为"连环性"，并主张："民族解放与大众解放是一个不可分开的大革命。"❷ 而新文字正是这个连环大革命在文字上的具体体现。在《大众教育与民族解放运动》一文中，陶行知讨论完大众教育、抗日战争和大众解放后，在文章末节专讲"拼音新文字"，不啻是对新文字的再定义：

> 新文字，新文字，新文字是大众的文字。它要讲大众的真心话。它要写大众的心中事。认也不费事，写也不费事，学也不费事。笔头上刺刀，向前刺刺刺，刺穿平仄声，刺破方块字，要教人人都识字。创造大众的新文化，提高大众的位置，完成

---

❶ 陶行知：《大众教育问题》,《大众教育与民族解放运动》(1936 年 5 月 10 日),《民族解放与大众解放》(1936 年 6 月 16 日),《普及民族自救的教育》(1936 年 6 月),《新中国与新教育》(1936 年 7 月 16 日), 载 1985 年版《陶行知全集》(第 3 卷) 与 1991 年版《陶行知全集》(第 4 卷)。

❷ 陶行知：《民族解放与大众解放》,《陶行知全集》(第 4 卷), 第 96—97 页。

现代第一件大事。❶

新文字捍卫并强化汉字革命、民族救亡与大众解放三方之间的纽带，与此同时发生了语义转换。它被喻为刺刀，拉丁化运动于是变身为武装抗日的象征。比起更高端的武器，新文字如刺刀般易得，可堪国民自卫之用。对新文字的支持者如陶行知和陈鹤琴来说，抗日迫在眉睫，认可新文字的象征意义似乎比实际用新文字书写更重要。事实上，陈鹤琴对新文字的使用仅限于初级读物，而陶行知和叶圣陶也并未用新文字写作，尽管三人名义上都坚定支持新文字。民族存亡之际，新文字从一个主张废汉字的书写系统，变成了一种所有人都可以拿起的反侵略、求解放的武器。相应地，新文字的拥趸们由此有了用旧文字写语体文的空间，因为汉字革命的进步主义立场已经转义为民族救亡和大众解放的希望。

更进一步地，陶行知认为新文字可作全国团结一致的象征，并希望借新文字的象征意义促成后来的第二次统一战线。❷拉丁化和罗马化运动间的龃龉，与国共间、军阀间的紧张局势可有一比。龃龉不去，紧张局势不破，统一战线就不成。陶行知恳求道："任何人要参加到战场上来，不要拒绝它。又好比一个船在海中风平浪静时，不管你主张新文字，我要保全国语、方块字，大家夹七夹八，但这船遇盗了，不管主张新文字也好，方块字也好，大家联合打退强盗再说。你不能因为他主张方块字，而把他推开，取

---

❶ 陶行知：《大众教育与民族解放运动》，载 1985 年版《陶行知全集》（第 3 卷），第 63 页。这里的引文出自三首新文字歌中第二首的歌词，关于这三首歌，参见 1991 年版《陶行知全集》（第 7 卷），第 432—434、574 页。

❷ 第一次统一战线即国民革命时期的统一战线，第二次即西安事变之后形成的抗日民族统一战线。1945 年重庆国共和谈期间陶行知曾陪同过毛泽东、陈诚、张治中等人，其合影见《陶行知全集》（第 4 卷），图 2。

消他加入打强盗的资格。"❶

陶行知用再直白不过的比喻论证了统一战线的紧迫性。他认为党派政治在民族救亡面前应该让步，而民族救亡恰恰需要国共摒弃前嫌，对新文字能否宽容就可作为检验两党合作诚意的试金石。作为新文字的支持者和跨党派知识分子，陶行知在 1936 年 7 月至 9 月间，接受了数次采访并撰文敦促国共合作。❷ 其中最有影响力的一篇是与他人合著的文章《团结御侮的几个基本条件与最低要求》，直接对包括蒋介石的中央政府、西南军阀和共产党等多方喊话，呼吁停止国内冲突，团结一致对抗日军侵略。文章反响广泛，并迅速得到了毛泽东的积极回应。❸ 不久，西安事变发生，第二次国共合作和抗日民族统一战线初具条件。❹

陶行知坚决拥护并推动统一战线的最终形成，不久便被推为主张联合抗日的代表人物之一。1936 年 7 月至 1938 年 10 月，陶行知代表全国各界救国联合会，以国民外交使节的身份出访了二十六个国家，向国际社会和海外华侨为中国抗日寻求道德和财政上的支持。他出席学术会议、接受采访、发表演讲、参加宴会，还和国际政要和进步人士交际，包括尼赫鲁、甘地、卡德纳斯、白求恩等。他还参观了伦敦的马克思墓、墨西哥的农场和埃及的清真

---

❶ 陶行知:《扩大联合战线是当前救亡的唯一政策》,《陶行知全集》(第 4 卷), 第 119 页。

❷ 这些文章和采访包括《答星洲日报记者问》(1936 年 7 月)、《新中国与新教育》(1936 年 7 月)、《我对于联合战线的认识》(1936 年 8 月)、《国共合作逐渐成熟》(1936 年 9 月), 见《陶行知全集》(第 4 卷), 第 123—124、134—148、151—152、162 页。

❸ 这篇文章由沈钧儒、章乃器、邹韬奋和陶行知于 1936 年 7 月 15 日共同完成,最早发表在 7 月 31 日香港《生活日报》和 8 月 1 日《生活教育》杂志上,之后以小册子形式传播,参见《团结御侮的几个基本条件与最低要求》,《陶行知全集》(第 4 卷), 第 169—182 页;毛泽东于 1936 年 8 月 10 日撰文答复,同前, 第 183—192 页。

❹ 张学良自己对该事件的叙述, 见 Peter H. L. and Edith Chang Papers, Rare Book and Manuscript Library, Columbia University, New York。

寺。❶在美国期间，他帮助杜威草拟了一封寄给甘地、罗曼·罗兰、爱因斯坦和罗素的公开信，敦促"所有国家组织自愿的抵制日货的运动"，同时"尽一切可能为中国抵抗侵略提供援助"。❷

陶行知将新文字和识字教育与抗日救亡紧密联系在一起的同时，抗日民族统一战线的工作也反过来对他的大众教育理论产生了影响。自此，汉字革命、民族救亡和大众教育的三方纽带得以完成。新大众教育运动调整了新文字的预期，重构了杜威的教育哲学，标志着改革教育的焦点从教育者转向受教育者。陶行知虽自始至终都坚决支持新文字，但他也认识到新文字俨然变成了一个民族救亡的标志，它的象征意义远比技术细节重要。尽管对新文字的未来充满信心，但陶行知彼时愿意对新文字、汉字、国罗一视同仁，因为这更符合统一战线的需要。❸拉丁化运动的这一最新进展，也是文字革命的最后一个变体，既服务于国防，也赋予所有愿意加入战场打强盗的文字以合法性，字母化中文写作与汉字书写得以矛盾地共存。从新文字支持者的角度出发，即便先前看起来格格不入的语体文——明确无误支持汉字书写、本质上与新文字互相排斥的文体——此时也不再构成威胁。本章的最后两节将表明，当拉丁化、民族救亡和大众教育实现合流，汉字革命就已做好准备，终于可以把语体文纳入革命洪流之中了。

在民族救亡的大框架下，陶行知除了重新定义拉丁化运动的内涵和外延，还进一步探索教育理论，对杜威的进步主义教育模

---

❶ 关于陶行知对自己海外之行的书写，见《海外的故事》和《海外归来谈话要点》,《陶行知全集》（第4卷），第233—244页。除他自己的叙述外，很少有关于这段经历的讨论。陶行知1936—1938年间日常活动的不完全记录见于歙县的陶行知博物馆。

❷ 陶行知：《杜威声明》,《陶行知全集》（第6卷），第471—472页。

❸ 陶行知：《实施民主教育的提纲》，1985年版《陶行知全集》（第3卷），第546页。

式进行改革。杜威的教育理念可以用"教育即生活"这句名言概括，旨在强调教育必须打破学校与社会的界限，给予个人"经验"以特别关照。[1] 虽然陶行知的早期理论和实践与杜威学派的正统相差不大，[2] 但到 1926 年，陶行知便已经主张外国运输来的理论是不够的，开始变"教育即生活"为"生活即教育"，视社会为学校，并建立起他自己的"教学做合一"的新理论，而后者正是晓庄师范的校训。[3] 如果说上述种种都不过是杜威模式在中国语境中的必要微调，与即将全面爆发的抗战无关，那么陶行知对平教运动的主张，尤其是对旧平教运动的批评，则明确无误地表达了受到抗战影响的政治态度。日寇步步紧逼，华北沦陷，越来越多的机构向内地撤退，其中就有晏阳初的定县实验机构，陶行知就此公开号召具有鲜明阶级意识的新大众教育运动。在 1936 年的文章《教育逃走》中，陶行知点名批评清华大学南迁和定县平教促进会

[1] "教育即生活"虽通常被认为是杜威的名言，但实际上是一种对杜威理论的阐释概括，涉及的杜威著作包括《明日之学校》《民主主义与教育》《经验与教育》等。"经验"是杜威和他的导师威廉·詹姆斯共享的一个术语，对两人来说这术语是连接哲学、心理学和宗教的关键，见 John M. Capps and Donald Capps, eds., *James and Dewey on Belief and Experience* (Urbana: University of Illinois Press, 2005) , pp. 1–40。

[2] 关于杜威对陶行知的影响以及二者教育哲学的比较研究，见 Philip Kuhn, "T'ao Hsing-chih, 1891–1946: An Educational Reformer," *Papers on China* 13 (1959), pp. 163–195；吴俊升：《陶行知与杜威在中国的影响》，周洪宇编：《陶行知研究在海外》，北京：人民教育出版社，1991，第 48—74、300—400 页；Su Zhixin, "Teaching, Learning, and Reflective Acting: A Dewey Experiment in Chinese Teacher Education," *Teachers College Record* 98, no. 1 (Fall 1996), pp. 126–152。关于杜威对陶行知影响的程度多有争论，例如休伯特·布朗（Hubert Brown）认为陶行知直到 1919 年杜威访问南京时才与杜威有较多接触，他更多的是受王阳明知行合一理论的影响，以至于会把名字从知行改为行知。Hubert Brown, "Tao Xingzhi: Progressive Educator in Republican China," *Biography* 13, no. 1 (Winter 1990), pp. 21–42。

[3] 陶行知：《中国师范教育建设论》（1926 年 12 月），《陶行知全集》（第 1 卷），第 90—97 页。晓庄试验乡村师范建立于 1927 年，陶行知对"教学做合一"的解释见于《教学做合一讨论集》（1929），《陶行知全集》（第 2 卷），第 3—34 页。

撤离定县。如果说清华大学南迁是高等教育的战略性撤退，那么平民教育没有理由抛弃无路可退的平民，定县平教促进会不应该退守西南，晏阳初和平教人士不应该有精英主义与逃跑主义的表现。陶行知批评说："高等教育可以跟着高等华人一起逃光，平民教育却不能这样干脆。真的平民是逃不掉的。"真的大众教育应该与平民同在，成为"与现实格斗的真教育"，为"中华民族解放运动"做出贡献。❶陶行知不无讽刺地"鼓励"高等华人撤退，因为这样一来，新的大众教育——属于大众自己的、大众自己办的、为大众服务的教育——才能真正登上历史舞台。拒绝旧平民教育，揄扬新大众教育，陶行知与自由主义教育改革分道扬镳，向富有阶级意识的、革命的教育模式靠拢。与晏阳初公开决裂的前两年，陶行知的儿童剧《少爷门前》(1934)已然显现了这种倾向。这出独幕剧上演了一个小乞丐、一位卖菜女和一名报童的觉醒时刻——只要团结一致，就能打败少爷，不受欺负，俨然是底层大众团结起来，对抗少数精英的革命寓言。❷

日渐清晰的阶级意识在改造杜威教育理论的同时，也形塑了新大众教育运动的第三个也是最后一个面向：在民族危亡关头，将教育的焦点从教育者转向受教育者，重新定义儿童。1930年晓庄学校被查封后，陶行知把注意力从师范教育转向儿童教育，终于在1939年为难童开办育才中学。正是这一时期，儿童的形象开始从领导识字运动的"小先生"，转变为以民族危亡为己任的"小工人"。❸如果说陶行知在大众教育问题上明确左转，那么他对未来儿童的定义和期许也相应地明确左转，阶级意识日趋强烈。早

---

❶ 陶行知：《教育逃走》，《陶行知全集》(第3卷)，第723页。

❷ 陶行知：《少爷门前》，《陶行知全集》(第5卷)，第777—782页。

❸ 赵元任为陶行知的《小先生歌》谱了曲，见《陶行知全集》(第5卷)，第810—811页。

在 1932 年，他就提出"新时代的儿童是小工人"，应该成为既能劳心又能劳力的广义的工人。❶ "小工人"的主题更在 1938 年的演讲《小朋友是民族未来的巨子》中有集中体现。陶行知呼吁："小孩子都是将来的主人，战胜敌人的后备军，建国时代的战斗员。目前小孩子所受的教育，应该是工学的教育，应在各地建立难童的工学团……小朋友们，诸位将在抗战中，在炮火下，成长为中华民国的巨子。"❷ 陶行知毫不粉饰新一代儿童面对的残酷现实，直言中国要在工业化战争中免于失败，就需要更多的产业工人，而这需要从培养小工人开始。陶行知将儿童作为未来巨子放在中心地位，大致延续了五四以降，以儿童为民族主义话语中心的传统，但对儿童的关注点已经从儿童教育转向了国防建设。❸ 饱受战争蹂躏的国家已不再有余裕让下一代拥有布尔乔亚式的童年，不得不提早以"小先生"和"小工人"的职责来要求他们。曾几何时，鲁迅呼吁从礼教的束缚和发展主义的桎梏中"救救孩子"，但现在鲁迅的呼声让位于"救救国家"的呼号。民族救亡定义并加速了年轻工人阶级的成长。通过以"工学的教育"训练下一代，用"小工人"来称呼他们，陶行知试图加速培养"民族未来的巨子"，期待他们从老一代精英手中夺取领导权，正是这些精英不久前还以孩子们的拯救者和启蒙者自居。儿童形象的变化也标志着中国现代文学生产的转向。汉字革命和文学革命的支持者如今可以毫无负担地用语体文创作，并鼓励用语体文来

❶ 陶行知：《怎样选书》，《陶行知全集》（第 5 卷），第 757—759 页。

❷ 陶行知：《小朋友是民族未来的巨子》，《陶行知全集》（第 4 卷），第 258 页。

❸ 安德鲁·琼斯（Andrew F. Jones）讨论了两次世界大战之间儿童如何被塑造为未来的"资产阶级文化消费者"，见其著作 *Developmental Fairy Tales: Evolutionary Thinking and Modern Chinese Culture*, p. 112。

实践双生革命的主张，只要作品符合拉丁化和新大众教育运动的理念。于是，语体文的教育文学从五四的启蒙范式转向抗战的民族救亡与大众解放，文学焦点从自由主义的教育者转向进步的受教育者，而文学范式从批判现实主义一路左转，开始寻找革命主体性。

作为现代中国文学的语体文

叶圣陶作为"现代中国文坛上的教育小说作家"，有口皆碑。[1] 从 1914 年第一次发表作品直到去世，叶圣陶艺术生命之长、生产的作品之多之优质，被夏志清赞扬为"最经得起时间考验"。[2] 他一开始取法华盛顿·欧文和奥利弗·戈德史密斯，为《礼拜六》杂志写短篇小说，但很快厌倦，转向他的真正志向所在——批判现实主义。[3] 受终身好友历史学家顾颉刚的鼓励，叶圣陶开始为《新潮》供稿。他的写作吸引了茅盾和郑振铎的注意，邀他作为 1921 年 1 月成立的文学研究会的十二名创始成员之一。[4] 在中国文学史上，叶圣陶创造了许多第一，包括第一个儿童文学集子《稻草人》（1922）、第一部教育小说《倪焕之》（1928）和第一本

---

[1] 这个评价来自钱杏邨：《叶绍钧的创作的考察》，载刘增人、冯光廉编：《叶圣陶研究资料》，北京：十月文艺出版社，1988，第 380 页。

[2] 夏志清赞扬叶圣陶"很稳健地在六个小说集子里维持了他同时代的作家鲜能匹敌的水准"。见 Hsia, *A History of Modern Chinese Fiction*, pp. 57—58；中文版第 43 页。

[3] 叶圣陶承认自己的第一篇作品《穷愁》是模仿华盛顿·欧文写的。除了一些《礼拜六》上的文言文章外，叶圣陶的其他作品都是以语体文写的。见叶圣陶：《杂谈我的写作》，《叶圣陶研究资料》，第 245—247 页。

[4] 参见本书第 2 章，第 108 页注释 [2]。

"小说化的国文教材"《文心》(1934)。❶

两个主题支配了叶圣陶的文学生产：一个是对儿童和教育的忧思，另一个就是对语言孜孜不倦的关注，这和他作为教育者、编辑和出版家的多重角色相呼应。作为一位有使命感的教育家，叶圣陶从 1910 年代开始在中小学任教十余年，1949 年后担任中华人民共和国教育部副部长。作为编辑和出版人，他先后在商务印书馆和开明书店工作，致力于提升语体文的地位，并提携年轻作者，如巴金和丁玲。叶圣陶的整个生涯都围绕着书写展开，而叶圣陶活跃的时期正是中国语言和文学转型的时代，于是他自然难以自外于新文字和语体文的历史纠葛。事实上，这位语体文的杰出实践者、倡导者、教育家，也是 1935 年签名支持新文字拉丁化的 688 人中的一员。❷叶圣陶的文学地位、对语言和书写的热爱以及对教育事业的奉献，为考察民族危亡时刻汉字革命、文学革命和大众教育的合流和张力，提供了重要的文本参考。本章余下篇幅将从语体文的角度来细读叶圣陶的两部代表作——《倪焕之》和《文心》。我希望解答如下问题：如叶圣陶一般赞成新文字的语体文作家在作品中究竟写了什么以及为什么这么写？他们对文学语言的选择是否会影响他们对主题的选择？如果采用语体文是识字运动、教育改革与战争危机之间的复杂的中间物，那么强调语体文的切入点是否能为我们理解识字、教育与战争间的勾连提供新洞见？

《倪焕之》——中国现代文学史上最早的长篇小说之一，可以说是叶圣陶最具野心的作品。在此之前，叶圣陶主要写一些短篇

---

❶ 叶圣陶说《文心》是"用小说体裁叙述学习国文的知识和技能"。叶圣陶：《杂谈我的写作》，第 246 页。

❷ 叶圣陶的生平信息来自商金林编：《叶圣陶年谱》，南京：江苏教育出版社，1986。

小说。❶友人李石岑和周予同鼓励他创作长篇小说，并代表《教育杂志》向他约稿，从1928年1月到11月连载《倪焕之》。❷这部作品立即吸引了批评家的注意。钱杏邨称其为"很有力量的反封建势力的教育小说"，茅盾评价其为后五四文坛"'扛鼎'的工作"，夏丏尊则称赞这部作品"实是划一时代的东西"。❸这部充满力量的、为中国文学开教育小说先河的作品，采用同名主人公、乡村小学教师倪焕之的第三人称叙事视角。小说追踪了现代中国历史上的关键事件，从辛亥革命到五四运动，再到1927年第一次国共合作破裂。这部自传体小说刻画了倪焕之——一名教育工作者、浪漫爱情信徒和革命青年——一路的成长、成熟，以及最后的死亡。❹

倪焕之在小说开头非常热心教育改革。他任教于吴淞江沿岸某村的小学，实施进步的教改，虽遇到重重阻力却矢志不渝。共同的教育理想使他和金佩璋走到了一起，然而婚姻的琐碎让他备感失望。受到五四运动的鼓舞，他离开乡村小学只身前往上海，以革命教育家的身份投身政治运动。他开始筹划一所乡村师范学校，并在街头集会上发表演讲。1925年的五卅运动，让倪焕之见

---

❶ 叶圣陶的短篇小说代表作有《隔膜》《饭》《火灾》《潘先生在难中》《校长》等，参见叶圣陶：《叶圣陶集》，南京：江苏教育出版社，1987，第1、2卷。

❷ 叶圣陶于1928年1月开始写作，11月15日作毕，共分十二期连载。参见叶圣陶：《〈倪焕之〉作者自记》，《叶圣陶集》（第3卷），第285页。

❸ 钱杏邨：《关于〈倪焕之〉问题》，《叶圣陶研究资料》，第397页；夏丏尊：《关于〈倪焕之〉》，《叶圣陶集》（第3卷），第281页；茅盾：《读〈倪焕之〉》，《叶圣陶集》（第3卷），第279页。

❹ 乡村小学教师的形象贯穿在现代中国文学的不同时期，从批判现实主义到革命文学和社会主义现实主义，并对中国现代农村社会的文化、行政、认识论与政治转型具有重要意义。这方面的重要研究有孙晓忠：《村庄中的文书行政》，《中国现代文学研究丛刊》2017年第6期，这篇论文也提到了《倪焕之》。

识了上海警察对抗议工人和学生的暴力，更让他认识到革命的残酷和自己说教的空洞。他于是陷入了对自己启蒙式教育是否真有合法性的巨大怀疑中，对革命的前景和自己的未来日益幻灭。此时，他的友人共产党员王乐山不幸牺牲，更让他感到悲痛。第一次国共合作破裂后不久，倪焕之感染伤寒（"肠窒扶斯"），撒手人寰，只留下妻儿和未完成的乡村师范蓝图。

对《倪焕之》的研究大都认为该小说由两个独立的子小说构成：前十八章是一部以乡村为背景的教育小说，而后十二章则是以大上海为背景的革命小说。一些学者关注小说对 1920 年代教育改革的文学处理，把前半部小说放置在平教运动和进步主义教育改革的关系中考察，并认为后半部小说为前半部小说提供了政治背景。[1] 另一些学者则较少关注教育内容，而选择政治化的读法，认为小说准确认识了小资产阶级知识分子在革命时代必然失败的命运。[2] 尽管评论家们对前后两部分都各有褒扬，但普遍也对两部分的割裂有所不满。夏志清认为《倪焕之》"不能说是很出色的小说"，虽然在中国文学起步阶段算是"值得一提的成就"。[3] 安敏成的评价较慷慨，但也指出"小说仍然是不连贯的"。[4] 批评家们指

---

[1] 潘懋元：《从中国现代教育史的角度看〈倪焕之〉》，《厦门大学学报》1963 年第 1 期；徐龙年：《从〈倪焕之〉看叶圣陶的早期教育追求》，《中国教育学刊》2003 年第 8 期。

[2] 第一个如此定义《倪焕之》的是茅盾，参见茅盾：《读〈倪焕之〉》。其他批评家如夏丏尊、钱杏邨和顾彬也都把革命部分置于教育部分之上。参见夏丏尊：《关于〈倪焕之〉》；顾彬：《德国的忧郁与中国的彷徨》，肖鹰、沈勇译，《清华大学学报》2002 年第 2 期。顾彬文章原为德文，"Der Schreckensmann: Deutsche Melancholie und chinesische Unrast: Ye Shengtaos Roman *Ni Huanzhi* (1928)," *minima sinica* 8, no. 1 (1996), pp. 61–73.

[3] Hsia, *History of Modern Chinese Fiction*, p. 64.

[4] 安敏成对叶圣陶写作面临的局限性做出了精彩解读。以《倪焕之》为例，他发现主人公对生活的不满主要来自三个方面，即教育、感情和政治，见 Anderson, *The Limits of Realism*, pp. 110, 116；中文版第 96、101 页。

出小说前后两部分形式上的不一致当然合理，叙事者在前后两部分的衔接上也略显笨拙。但是，我想强调的是，批评家们忽略了《倪焕之》小说结构的独创性：一方面，两部子小说之间确有具体的连接；另一方面，设置子小说本身就是对小资产阶级智识者的没落、统一战线的失败和革命文学兴起的历史性洞见。而这一切的核心就在书写，准确地说是语体文的书写。倪焕之短暂一生中的种种努力和挫折，从职业生涯到浪漫爱情，从革命热情到最后的幻灭，书写——其内容、形式以及再现模式——始终占据中心地位。

　　首先，书写是倪焕之作为老师的教学责任，而倪焕之进步的教育计划也在有关书写的叙事框架中浮出水面。倪焕之告诉学生他教的不是文言而是白话文，白话书写因此成为他的日常活动，也成为他支持的教改模式的象征。小说的第一章从倪焕之乘船前往新学校开始。船上有我们的主人公和他未来的内兄金树伯，受新校长蒋冰如委派特来接他。从两人的对话中，我们得知蒋冰如是一个致力于教育改革、无可救药的理想主义者。金树伯敏锐地指出倪焕之堂·吉诃德式的作风和蒋校长颇有几分相似，并告诉他蒋校长"做好一篇对于教育的意见的文章，那篇文章就是他的理想"❶。倪焕之瞬间被蒋校长的热忱打动，视这篇珍贵的文章为自己新生活的象征，并迫不及待地想谒见校长，拜读大作。"焕之接稿子在手，是二十多张蓝格纸，直行细字，涂改添加的地方确是不少，却还保存着清朗的行款。"❷一旦交稿给倪焕之，这篇文章便进入小说叙事，在小说近三分之一的篇幅中，这篇文章承担了相当可观的叙事功能。它持续被传阅，不断引发讨论，却始终

---

❶ 叶圣陶：《倪焕之》，《叶圣陶集》（第3卷），第6页。
❷ 叶圣陶：《倪焕之》，《叶圣陶集》（第3卷），第30页。

拒绝被直接引用。蒋冰如和倪焕之设想的教育理念和教改方法借由这个重要的叙事装置，得以宣讲。它同时也是进步主义的标志，象征着蒋冰如和倪焕之在教学上的严谨和理想主义，将他们和趋于保守的同事区别开来。

蒋校长的文章从本质上说，是一篇进步主义教育的施政纲领。随着之后章节对这篇文章讨论的逐渐展开，我们得知"学校不应是学生的特殊境界，而应是特别适宜于学生生活的境界"❶。因此，学校不应只重视书本知识的传授，而应该有自己的"工场，农场，音乐院，疗病院，图书馆，商店，新闻报社"❷。叶圣陶的叙述显然受到当时流行的进步主义教育改革的影响，有很深的杜威所谓的"教育就是生活"的印记，小说中他更直接将蒋冰如的思想与杜威的理论作对比，并指向陶行知的"教学做合一"。❸然而，倪焕之渐渐发现虽然蒋冰如的理念在文章里颇具吸引力，但实践起来却令人失望。同样地，倪焕之尽管被五四和五卅运动所感召，但他自己筹办乡村师范教育最终也只停留在纸上谈兵阶段。前有蒋冰如的文章，后有倪焕之的乡村师范计划草稿，前者被乡村小学所抵制，后者则被遗忘在倪焕之的抽屉里。对书写的迷恋，一方面正如茅盾所言是小资产阶级智识者的"不中用"的症候，❹另一方面也暴露了叶圣陶叙事的局限。叶圣陶自己说："我不了解工农大众，也不了解富商巨贾跟官僚，只有知识分子跟小市民比较熟悉。"❺外部的现

---

❶ 叶圣陶:《倪焕之》,《叶圣陶集》(第 3 卷)，第 60 页。

❷ 叶圣陶:《倪焕之》,《叶圣陶集》(第 3 卷)，第 79 页。

❸ 叶圣陶:《倪焕之》,《叶圣陶集》(第 3 卷)，第 197 页。杜威对叶圣陶的影响可以追溯到叶 1919 年的文章《小学教育的改造》，载《新潮》第 2 卷第 2 号，1919 年 12 月。

❹ 茅盾:《读〈倪焕之〉》,《叶圣陶集》(第 3 卷)，第 279 页。

❺ 叶圣陶:《叶圣陶选集自序》,《叶圣陶选集》，北京: 开明书店，1951，第 8 页。安敏成明确指出叶早期的作品包括《倪焕之》都"充满着浓郁的自我关注和感伤情调"; Anderson, *The Limits of Realism*, p. 94; 中文版第 82 页。

实——无论是教育改革还是激进政治——都必须经过书写的中介，才能为叙述者所用。❶ 书写在《倪焕之》中同时扮演了三重角色，它首先是小说的主题，其次是内容，最后是把两部子小说缝合起来的叙事框架。对书写的执念或许限制了《倪焕之》的叙事潜力，但它无意中也揭示出小资产阶级教育者在启蒙与革命间的根本困境，这种困境在语言中有具体体现。

最说明问题的例子是倪焕之和金佩璋之间的情书往来。倡导新文化的倪焕之相信白话文的效力，选择用白话文写情书。表达心意后，他在信中向金佩璋解释了使用白话文的理由："试用白话体写信，这还是第一次。虽不见好，算不得文学，却觉说来很爽利，无异当面向你说；这也是文学改良运动会成功的一个证明。你该不会笑我喜新趋时吧？"❷ 当然，倪焕之在这里使用的并不是当面诉衷肠时会使用的"白话"，而是语体文。"确觉""无异""喜新趋时"这样的词显然不是口语，而是略带文言色彩的书面语。尽管句末的"吧"显示出某种口语性，但倪焕之所谓的白话体至多只能算是口语与书面语的折中，即语体文。事实上，小说叙事者使用的语言和人物对话也都是语体文，唯一的例外是金佩璋的书写。金佩璋虽然原则上赞成新文化的精神，但她认为自己只有掌握了文言，才能开始学习用白话。为回应倪焕之对白话的热诚，金佩璋答复如下："白话体为文确胜，宜于达情，无模糊笼统之弊。惟效颦弗肖，转形其丑，今故藏拙，犹用文言。先

---

❶ 普实克和安敏成都认为叶圣陶受到传统笔记和契诃夫的影响，安敏成将叶圣陶的这种风格称为"对叙述资源高度节制性的把握"。见 Jaroslev Prušek, *The Lyrical and the Epic: Studies of Modern Chinese Literature* (Bloomington: Indiana University Press, 1980), pp. 178-194; Anderson, *The Limits of Realism*, p. 95. 中文版见普实克：《抒情与史诗》，郭建玲译，上海：上海三联书店，2010，第177—192页；安敏成：《现实主义的限制》，第83页。

❷ 叶圣陶：《倪焕之》，《叶圣陶集》（第3卷），第140页。

生得毋笑其笃旧而不知从善乎？"❶金佩璋虽然承认白话体的优越性，但仍坚持用文言写信，且文辞有相当的古典形式感，和倪焕之追求白话风格的信一样，强调文言和白话的二元对立和不可兼容。

如果说白话和文言的书信往来见证了倪焕之和金佩璋爱情的萌芽，那么书写也记录了他们关系的幻灭。五四爱情故事的老套发展不外乎男性知识分子对婚后生活的琐碎日益失望，为昔日爱人沦为乏味的家庭主妇而痛心疾首。为引出两人关系的新阶段，小说叙事者再次使用书信和文言与白话的对比。小说第二部分，倪焕之离家前往上海，留妻儿和母亲在乡间。独居上海的倪焕之收到家乡来信，又是一封金佩璋写的文言信，读后倪焕之感到"似乎吃了不新鲜的水果"，不禁幻想若婚姻和孩子没有毁掉自己的妻子，她现在会是什么样子呢？她大概会是一名新女性，"头发截到齐耳根，布料的长袍紧裹着身体"，"写起信来，是简捷的白话，决不会什么什么'也'地纠缠不清"。❷文言书写于是被女性化和污名化，白话则被赋予权威的男子气概。书写与性别的关系值得另作研究，但是这里的重点在于倪焕之自己的未来也被书写预言。如果金佩璋的沉沦可以从倪焕之对她的写作风格中解读出来，那么倪焕之自己的终了也同样可以从对书写的反思中预见。

倪焕之不得不死吗，又为什么要死？同时代的批评家如茅盾、钱杏邨都认为五四小资产阶级知识分子的必然命运便是覆灭，他们的自怜自艾在革命时代不会有立锥之地。安敏成对《倪焕之》的讨论也支持这一论断，历史判决之外，他还指出叶圣陶的作品

---

❶ 叶圣陶：《倪焕之》，《叶圣陶集》（第 3 卷），第 141 页。
❷ 叶圣陶：《倪焕之》，《叶圣陶集》（第 3 卷），第 218、219 页。

体现出现实主义遭遇的道德阻碍。如果现实主义的力量在于它对现实的客观描述，那么这样的再现模式必须同时包括外部世界的物理现实和内在自我的心理和情感现实，并要在二者间寻求平衡。当《倪焕之》的叙事者发现这两种现实根本无法调和，换言之，布尔乔亚小资产阶级对自我的追求，不可能在无情抛弃一切感伤主义、滚滚向前的革命历史车轮下求生存，那么布尔乔亚离自我毁灭也就不远了。用安敏成的话来说："现实主义小说，在形式上以自我的创造和表现为根基，但最终留下的只是自我的消解，一种叙事的自毁。"**❶** 由于无法抹平倪焕之个人主体性与外在世界迫切要求间的鸿沟，叙事就不得不结束它起初试图塑造的"布尔乔亚自我"。

在历史的判决与文本的形式主义解读之外，我认为《倪焕之》中"叙事的自毁"另有一种以书写为中心的解释，呈现的方式恰是倪焕之自己对文字的反省。第二十三章五卅运动之后，倪焕之发现自己常跑去上海的工业区，那里正是罢工开始的地方。倪焕之对勇敢行动的工人们充满敬佩，从对工人的佩服到对农村状况的哀叹，他由此开始了一段无声的独白。叙事者对倪焕之进行了直接心理描写：

> 在这一回的浪潮中，农民为什么不起来呢？他们太分散了。又该恨到中国的文字。这样难认难记的文字，惟有没事做的人才能够学，终年辛苦的农民就只好永没有传达消息的工具；少了这一种工具，对于外间的消息当然隔膜了。**❷**

---

❶ Anderson, *The Limits of Realism*, pp. 96, 116–118.
❷ 叶圣陶：《倪焕之》，《叶圣陶集》（第3卷），第213页。

汉字再次承担骂名。倪焕之现在清楚地认识到文字作为社会媒介的角色，文字对于动员农民的重要性。但是汉字的繁难，阻碍了有效的传播与动员。倪焕之提不出解决方案，只能耽溺在语体文的沉思中，他开始反思近日面对工人的"说教似的"演讲，心生疑窦："眼前引起的疑问是：他们果真知道得太少么？他们的心意果真象空空的一张白纸或者混沌的一块石头么？自己比他们究竟多知道一些么？自己告诉他们的究竟有些儿益处么？……"❶ 这一连串的问题如此致命如此难以回答，以至于等待他的失语的是他最终物理意义上的消亡。

平心而论，倪焕之的问题无一有解，每一个问题都直指五四启蒙计划的心脏，动摇了说教的智识者与听讲的大众之间的权力关系，挑战其理论、道德和智力根基。这些问题在晏阳初领导的旧大众教育运动里，大概不会出现，但对一名正遭遇生存危机的自由主义教育者来说，这些问题无法回避，连同对自我、知识分子权威和启蒙计划合法性的怀疑。一旦提出文字这个无解的问题，这部刻画知识分子和教育者的小说，便不得不走向他们的反面。语体文叙事无法冒险提出废除汉字，那么替代方案就是消灭掌握和教授汉字的人。小资产阶级知识分子倪焕之，连带着他对书写的敏感和对革命的热情，成为结构性叙事自杀的完美受害者。虽然他的覆灭不可避免，但叙事者并未当场宣判，反而允许他的长篇反思渐渐隐没在省略号里。省略号之后，读者读到的是主人公的逐渐衰弱，他告别老友，哀悼新朋，为乡村师范计划陷入停滞而痛苦，最终染上伤寒，不幸去世。小资产阶级知识分子的代表就此凋零，新的一代即将登场。

---

❶ 叶圣陶：《倪焕之》，《叶圣陶集》（第3卷），第214页。

文　心

　　《文心》是叶圣陶和夏丏尊于1931—1934年间合著的作品，也是叶圣陶最后一部长篇小说。其时，两位作者是开明书店《中学生》杂志的编辑，写作期间还结为儿女亲家。《文心》在《中学生》杂志上连载，其目的是以虚构的形式教授青少年"关于国文的全体知识"。❶ "文心"的起意来自两部作品，其一是南朝刘勰的《文心雕龙》，这部书既是中国最早的系统性的文学批评——真正的第一部关于"文的全体知识"的书，也是《文心》书名的来源。另一部作品，根据学者罗福林的考察，是意大利作家亚米契斯（Edmondo De Amicis）的小说《爱的教育》（*Cuore: Libro per i ragazzi*, 1887）。夏丏尊1923年将此书从日译本翻译为中文，定名《爱的教育》，《文心》的叙事结构便受它的启发。❷

　　结合《文心雕龙》文的主题与《爱的教育》以学生为中心的叙事结构，《文心》用三十二章的篇幅描绘了H城第一中学的学生生活。❸ 故事的着力点是抗战全面爆发前夕的中学语文教育，但

---

❶　参见陈望道为《文心》所作的序言，叶圣陶、夏丏尊：《文心》，北京：中国青年出版社，1983，第1页。

❷　罗福林对《文心》和所谓白马湖作家群（夏丏尊是其中一员）的讨论，见于罗福林："Wenzhang Zuofa: Essay Writing as Education in 1930s China," 孙康宜、孟华主编：《比较视野中的传统与现代》，北京：北京大学出版社，2007，第188—205页；Charles A. Laughlin, *The Literature of Leisure and Chinese Modernity* (Honolulu: University of Hawai'i Press, 2008), pp. 77–102。另见刘勰：《文心雕龙》，上海：上海古籍出版社，2008；Edmondo De Amicis, *Cuore: The Heart of a Boy*, trans. Desmond Hartley (London: Owen, 1986)。

❸　H城第一中学的原型多半是杭州市第一中学，其前身是浙江两级师范学堂和浙江省立第一中学。在1920年代到1930年代，这里聚集了一批杰出的教师，除夏丏尊、叶圣陶外，鲁迅、蒋梦麟、李叔同、丰子恺、朱自清、许寿裳、经亨颐、沈君儒、刘大白等都与该校有过联系。

实际上小说的处理方式是将校园生活当成社会政治全景的有机组成部分。小说借由年轻的主人公周乐华的第三人称视角，让读者置身于一个三重的教育过程当中——学校教育、战时教育与生活教育，时段跨越中学三年，历经 1931 年的"九一八"事变、1932年的"一·二八"事变、1933 年的榆关沦陷。一个意想不到的转折是周乐华放弃学业，去到当地的一家铁厂当工人。而故事的结尾则是小工人周乐华在厂里崭露头角，写信给老同学们祝贺大家毕业。作为一部以语体文写就的关于语体文的小说，《文心》既是一本现代中国语言和文学的教学手册，也是一部刻画年轻学生成长为"小工人"的教育小说（Erziehungsroman）。小说把识文断字、学校教育与战争教育紧密连接起来，将语体文教学法、新大众教育运动和民族救亡的紧迫性融为一体。让人欣慰的是，三者合流的结果是小工人的诞生，新时代的小工人不仅能够读懂有字之书，还能掌握无字之识。❶

与《倪焕之》和同时代的其他避而不提语体文的作品不同，《文心》准确使用"语体文"来描述小说使用的口语化的书面语。小说开头，周乐华和同学在国文课上对两篇课文颇感困惑：一篇是文言体，姚鼐的《登泰山记》；另一篇是白话体，鲁迅著名的《秋夜》。周乐华和同学读完课文，大呼"难懂，简直不懂"，周乐华的父亲对儿子和他的同学们深感同情，哀叹没有为中学生"特地编的""适当的课本"，但他请孩子们放宽心，他们的新国文老师王仰之是一位好老师，会教给大家现代中文写作的正确方法。❷

---

❶ 第十三章和第十九章讲到了这两种知识的区别。第十三章围绕着周乐华父亲给儿子的信展开，信中敦促他和同学们去读"没有字的书"，这与第十九章周乐华离开学校去读"不用文字写的书"相呼应。叶圣陶、夏丏尊：《文心》，第89、146 页。

❷ 叶圣陶、夏丏尊：《文心》，第3—5 页。

国文课里的国文既不是文言，也不是五四白话，而正是语体文。小说叙事随着王先生的国文课展开，详细解析语体文的文学渊源、用词、句法、语法、作文技法，甚至是常见错误。第九章以一次班级讨论展开，讨论的对象正是叶圣陶和夏丏尊主编的《中学生》杂志上很受欢迎的专栏"文章病院"。❶孩子们细读了专栏中的三个"病例"以及对它们的详细诊断，第一位"病患"来自《辞源续编说例》，第二位出自《中国国民党第四届第一次中央执行委员全体会议宣言》，第三个病例则引自《江苏省立中等学校校长劝告全省中等学校学生复课书》。同学们从三个病例里研究出一连串的句法和语义错误，总结道："那三篇文字都是文言文，而我们写的是语体文。"❷

小说能坚持使用语体文这一准确的术语，证明抗战全面爆发前夕，与民族救亡、大众解放协调一致的基于汉字的语文教育，已然被汉字革命和文学革命的进步主义思潮所接受，并为师生们的战时教育提供了重要工具。小说中，学生们就他们自己办的杂志《抗日周刊》请教老师；这份杂志的灵感来自夏丏尊和叶圣陶编的《中学生》杂志，《中学生》经常刊登关于战事的文章。❸围绕着如何写一部以抵抗为主题的戏，学生们展开了广泛的辩论。他们甚至写壁报抨击教育部强迫学生学习文言文和读经，认为国

❶ "病院"原为日语汉字词。这个受欢迎的专栏当时曾因批评蒋介石而引发过轩然大波并面临审查。1949 年后，台湾方面延续了对叶圣陶的审查。台湾开明书店 1977 年出版的《文心》去掉了叶圣陶的名字，作者栏只剩夏丏尊，"文章病院"一章也被整体删除。见夏丏尊：《文心》，台北：开明书店，1977。

❷ 叶圣陶、夏丏尊：《文心》，第 59 页。

❸ 《中学生》还经常登载介绍左翼思想和革命人物的文章。例如，仅第 25 期就刊发了瞿秋白的两篇文章《马克思和昂格思》《列宁》，以及巴金的《克鲁泡特金》和茅盾的《高尔基》。参见《中学生》第 25 期，1932 年 6 月。

耻当头必须拒绝"封建""骸骨",捍卫进步的语体文。❶《文心》强调甚至歌颂语体文的重要性,但小说的语体文叙事也有自我反省的能力。若干章节批评纯粹的书本学习、诗歌写作和知识分子以自我为中心的问题。第六章整章从《中学生》的一篇抗日范文开始,写到同学们要为自己的《抗日周刊》作一篇宣传文章,同学们的文章受到王老师的赞许,但结尾处老师的苦笑让人理解只能用语体文来抗日的不足和歉疚:"外国人讥诮我们中国是'文字之邦',我们只能用文字去抗敌,大家应该怎样惭愧啊!"❷在关于新诗的讨论中,周乐华的父亲告诫儿子和同学们不要迷恋陶渊明的田园诗,转而向他们介绍苏联的无产阶级诗歌。❸如此的语境,使得退学去铁厂工作的周乐华,在同学和老师心目中占有特别的位置。在为周乐华举办的送别会上,师生们虽然为别离伤感,但仍为乐华小工人的新身份欢欣鼓舞。大家认为象牙塔中的学习是"中产以上阶级自私心的表现",而真正的学习"在无论什么场所都行"。乐华这位准工人最后向众位表态:"书本自然不想放弃。有空闲的时候,我预备跑图书馆。可是我还想读不用文字写的书,我要在社会的图书馆里做一番认识、体验的功夫。诸位看这个意见如何?"❹犹如听见了陶行知对小工人的召唤,乐华决心做一个有文化的小工人。他迅速掌握了铁工手艺,开始庆祝五一国际劳动节,在工人夜校里帮助工友,思考工人与机器的关系。小说叙

---

❶ 叶圣陶、夏丏尊:《文心》,第六、十二、十五章。

❷ 叶圣陶、夏丏尊:《文心》,第 39 页。

❸ 周父推荐的两首诗来自莎陀菲耶夫(Ilya Sadofiev)和加晋(Pavel Kogan),皆选自冯雪峰编译:《流冰新俄诗选》,上海:水沫书店,1929。引自叶圣陶、夏丏尊:《文心》,第八章。感谢陈曦和托马斯·拉胡森帮助我确认了这两位诗人的名字并了解了冯雪峰译本的情况。

❹ 叶圣陶、夏丏尊:《文心》,第 144、146 页。

事以学校知识、工厂经验和人生感悟的结合结尾，读者和周乐华的同学们一样，期待着小工人在毕业典礼上的演讲。❶

从教育小说的角度来看，《文心》可被解读为抗战全面爆发前夕应对民族危机的预案，也是对未来中国的预言。它支持新大众教育，主张让儿童迅速变身成小工人，不仅仅是因为国防需要迫在眉睫，更因为维护中国未来和平的重担也迟早要落在他们肩上。随着如倪焕之一般的布尔乔亚知识分子的凋零，周乐华和其他小工人们登上历史舞台，他们掌握语体文，学习工业知识和技能，热心民族救亡。《文心》把小说叙事、语体文教科书和两位作者主编的《中学生》糅合在一起，积极地想象、描摹和建构了属于小工人的未来。小说频繁地直接引用《中学生》，而《中学生》又连载小说，流水线式的操作让小说和杂志实现双赢，也为亟待丰富的教材提供了更多养分。❷《文心》不加掩饰的自我指涉，实现了教科书、小说和通俗杂志的三合一，使得原本抽象的扫盲计划、大众教育和文学生产的革命化转向变得生动起来。

《文心》当然不无缺陷，依语体文课程铺排开的叙事多少略显机械，教科书式的说教腔也不可避免地减损了它的文学价值。但这部小说的不寻常之处在于展示了语体文写作和汉字革命，在民族救亡、大众解放和无产阶级文化的历史性交汇口，并行不悖、

---

❶ 叶圣陶、夏丏尊：《文心》，第二十一、二十四、三十二章。

❷ Robert Culp 和 Peter Zarrow 都认为教科书在想象、规划和培育现代中国公民方面至关重要。见 Robert Culp, *Articulating Citizenship: Civic Education and Student Politics in Southeastern China, 1912–1940* (Cambridge, Mass.: Harvard University Press, 2007); Peter Zarrow, *Educating China: Knowledge, Society, and Textbooks in a Modernizing World, 1902–1937* (Cambridge: Cambridge University Press, 2015)。Carl Kubler 则展示了中华人民共和国成立之初儿童的形象如何被改造为"劳动贡献者"，"Imagining China's Children: Lower-Elementary Reading Primers and the Reconstruction of Chinese Childhood, 1945–1951," *Cross-Currents* 7, no. 1 (May 2018), pp. 153–196。

携手向前的可能路径。如前章所述，文字与文学双生革命的汇流，靠的是重命名语体文的白话话语机制，最终加强的也是同一机制，伴随而来的是日渐高涨的政治革命浪潮。与三轮文艺大众化讨论同期的《文心》，有意无意地用作品说话，也参与到讨论中来，以一个文学实例来说明理想的大众教育应该如何，新的大众又应该是谁。新大众教育既然被汉字革命的主旨与民族救亡的精神形塑，那么接受这种教育的新大众必然将是语体文的使用者与拉丁化的支持者，有意愿也有能力承担起工业化和保家卫国的使命。从 1928 年的《倪焕之》到 1934 年的《文心》，短短六年，大变局已然开启，居于支配地位的小资产阶级教育者退居二线，整整一代青年学生工人呼之欲出。放到长时段里考量，从第一次世界大战到抗日战争，抱持自由主义与改良主义启蒙方案的教育家们不得不对自己的事业产生怀疑，他们要么退守内地，要么在自己的斗室里凋零。写语体文文章表达批判思考的工人再也不会被轻视，恰恰相反，工人们被热情鼓励用自己的声音去思考、言说和书写，去创造属于工人阶级的文化，时间倒转二十年，这一点不可想象。文艺中的无产阶级化倾向继续发酵，于 1942 年被《在延安文艺座谈会上的讲话》推向高潮，《讲话》强有力地论证了文艺走革命文学与社会主义现实主义路线的需要，主张文艺要由工人阶级领导，为"占全人口百分之九十以上的最广大群众"服务。与本书第 2 章末尾所述的语音中心主义二律背反中的正面力量、民主化倾向相类似，语音中心主义的最后一个变体更明确地为未来几十年艺术与政治的纠葛定下基调。❶《文心》依此而言是一幅颇具预言色

---

❶ 毛泽东:《在延安文艺座谈会上的讲话》,《毛泽东选集》(第 3 卷), 北京: 人民出版社, 1953, 第 869—900 页。

彩的文学素描，它捕捉了新时代的脉搏，勾勒出革命文学与社会主义现实主义的发展势头，并让读者一窥为政治服务的无产阶级文化的强大动力与潜在局限。

工人阶级文化的兴起不单只是中国现象。作为资本发展的伴生现象，世界各地的工人阶级文化在 1930 年代大萧条的背景下如雨后春笋般蓬勃发展。❶1917 年俄国革命，苏俄就率先出现了无产阶级文化，并于 1930 年代达到了巅峰，出现了一批如尼古拉·奥斯特洛夫斯基、亚历山大·法捷耶夫、费奥多尔·格拉德科夫和马克西姆·高尔基的重要作家，对中国和其他地区的革命和社会主义文学的发展产生了直接和深远的影响。❷ 日本和朝鲜亦产生了制度化的无产阶级文学运动——如日本无产者艺术联盟、全日本无产者艺术团体协议会、朝鲜无产者艺术联盟等，其中不乏天赋过人的年轻作家，如小林多喜二、德永直、林和、金南天等。❸1930 年代活跃文坛的欧洲工人阶级小说家则有英国作家沃

---

❶ 关于"普罗小说"的简明定义，见 M. H. Abrams and Geoffrey Galt Harpham, eds., *A Glossary of Literary Terms* (Stamford, Conn.: Cengage Learning, 2015), p. 256。

❷ 多布伦科（Evgeny Dobrenko）深入探讨了无产阶级作家的形成、社会主义现实主义和文学乌托邦，见 *The Making of the State Writer: Social and Aesthetic Origins of Soviet Literary Culture*, trans. Jesse M. Savage (Stanford, Calif.: Stanford University Press, 2001)。克拉克（Katherine Clark）在经典之作《苏联小说》中对苏联文学史作了梳理，见 *The Soviet Novel: History as Ritual* (Chicago: University of Chicago Press, 1981)。托马斯·拉胡森（Thomas Lahusen）展示了社会主义国家建设如何影响社会主义现实主义文学的书写和重写，在其他社会主义国家中往往也有类似的情况，见 *How Life Writes the Book: Real Socialism and Socialist Realism in Stalin's Russia* (Ithaca, N.Y.: Cornell University Press, 1997); "Cement," in *The Novel, Volume 2: Forms and Themes*, ed. Franco Moretti (Princeton, N.J.: Princeton University Press, 2006), pp. 476–482。

❸ 关于朝鲜日据末期的日文与朝鲜文学，见 Janet Poole, *When the Future Disappears: The Modernist Imagination in Late Colonial Korea* (New York: Columbia University Press, 2014); Samuel Perry, *Recasting Red Culture in Proletarian Japan: Childhood, Korea, and the Historical Avant-garde* (Honolulu: University of Hawai'i Press, 2014)。

尔特·格林伍德、威尔士作家杰克·琼斯、法国作家亨利·普拉伊和亨利·巴比塞等。❶ 在美国,《文心》出版的同年爆发了总罢工,随后是产业工会联合会（CIO）的成立,其成立获得了一众才华横溢的文学家和艺术家的支持,如阿奇博尔德·麦克利什、奥森·韦尔斯、约翰·多斯·帕索斯、兰斯顿·休斯、艾灵顿公爵与马尔科姆·考利等。用美国学者迈克尔·邓宁（Michael Denning）的话说,如此便构筑起一道"文化阵线",重塑美国社会。❷

　　本章无意深入比较各国无产阶级文学,即使只是全面梳理中华人民共和国成立后的无产阶级文学和社会主义现实主义的发展,也已超出了本书的考察范围。但我想借此说明的是,中国无产阶级文学和革命文学的最初脉动,可以通过汉字革命及其若干变体感知。同样的道理,中文字母化运动这一看似不可能完成的任务,把自己语音中心主义的追求注入新旧大众教育运动中,并通过"大众化"与文学革命、政治革命合流,最终在无产阶级文化和社会主义现实主义中获得了其文学形式。对文字的叩问和对无产阶级文化的追求间的联系还不止于对进步性的追求,更有局限性的启发。语音中心主义的局限性——对方言不可避免的抑制、改良主义启蒙方案的盲点,以及工农兵的必然成长与胜利——为理解之后数十年社会主义现实主义文艺的各种条条框框提供了关键线索。❸ 虽然本章对无产阶级文化的探究被语音中心主义二律背

❶ 国际无产阶级书写的书目汇编,见 Bill Mullen, "Proletarian Literature," *Oxford Bibliographies*, DOI: 10.1093/OBO/9780199827251-0130。

❷ 邓宁（Micheal Denning）指出,三个主要群体——美国工人阶级、左翼现代主义者和国际反法西斯移民——构成了这一"人民阵线"。见 *The Cultural Front: The Laboring of American Culture in the Twentieth Century* (London: Verso, 2010)。

❸ 蔡翔对"十七年"文学生活进行了一系列富有启发性的论述,参见蔡翔:《革命／叙述:中国社会主义文学 - 文化想象（1949—1966）》,北京:北京大学出版社,2010。

反的框架影响和限制，但把汉字革命及其变体作为切入点也开启了一系列值得继续思考的问题：要兑现语音中心主义的民主化承诺，就必须选择再现方言土语、重视方言文学吗？在何种程度上，语音再现能让庶民，无论是讲闽南语的"圣经女人"还是写普罗小说的工人，拥有真正言说和书写的机会？最后，如果语音中心主义的自由化和民主化力量助推了革命文学和社会主义现实主义的潮流，那么它激进平等主义的政治是否先决性地指定了一条阶级意识强烈的文学道路，而这条道路又是否不可避免地必然导向简单化和典型化的美学？

文学革命或者说革命化的文学，在一定程度上为汉字革命提供了文学方面的解决方案。但汉字革命是否已然准备好落下帷幕？汉字革命的拥趸们有理由相信语音中心主义的承诺强大如初，正是这个统御中文现代性的关键点把字母化、语体文、大众教育和无产阶级文化紧紧地系在一起。本书第5章将进入汉字革命最激烈的阶段——社会主义文字改革，并思考汉字革命让人惊讶的中止对中文现代性的深意。

第三部分

中 止

走向汉字书写学

与语音割裂的书写恐怕是所有科学机器中最理性、有效的。

——德里达《论书写学》

语音记录不是文字，文字乃是一种历史的积累。

——唐兰《文字改革问题座谈会记录》

1958 年 1 月 10 日，时任中华人民共和国教育部副部长、人民教育出版社社长、文字改革委员会会员的叶圣陶，与其他代表一起列席政协全国委员会报告会，听取了周恩来总理题为《当前文字改革的任务》的报告。❶ 两天后，叶圣陶带着总理讲话的录音磁带，动身前往祖国西南，宣传总理对文字改革的指示，同行的还有经济学家出身的、未来文改会最长寿的委员周有光。❷ 社会主义文字改革继承了拉丁化运动的衣钵，党内精英、国内文字改

---

❶ 叶圣陶参与过中国文字改革协会的筹备，是创始委员之一。成员名单载于 1949 年 10 月 11 日的《人民日报》。参见王均主编：《当代中国的文字改革》，北京：当代中国出版社，1995，第 57 页。1949 年后，叶圣陶的其他头衔包括新闻出版总署署长、全国人大常委会委员、中央文史研究院院长等，见商金林编：《叶圣陶年谱长编》，北京：人民教育出版社，2004，（第 3 卷）第 1—6 页、（第 4 卷）第 4—5 页。文改会其他成员的情况，参见王均主编：《当代中国的文字改革》，第 63 页。

❷ 商金林编：《叶圣陶年谱长编》（第 3 卷），第 592 页。

革支持者和外国观察家们普遍认为它是毫无争议的终极汉字革命，汉字的最终废止指日可待。所以，当听到周恩来宣布"当前文字改革的任务，就是：简化汉字，推广普通话，制定和推行汉语拼音方案"时，❶ 海内外的讶异和不解可想而知。汉字竟然终将被保留，而字母中文则被无限期搁置。

关乎六亿人口、获得史无前例国家支持的社会主义文字改革大概是人类历史上规模最大的语言和文字试验。让人不解的是，誓将终结方块字统治的汉字革命何以从高峰骤然跌落，国家为何选择支持简化字和一种叫作"拼音"的辅助拼写系统？时至今日，尚无研究解答这一最根本的谜团。《纽约客》作家何伟在其畅销书《甲骨文》中解释，据传汉字得以存活是因为毛泽东访苏期间，斯大林鼓励新中国在书写领域发展"民族形式"。❷ 这个历史掌故式的解释当然有一定道理，毕竟民族形式在 1930 年代的中国文坛就有大量相关讨论，更在"二战"后于全球范围内成为反殖反帝与国际团结的重要场域。但是，汉字革命到底缘何中止这样的大谜题应当有一个超越历史掌故的、更有学理基础的解释。

本章无意于全面考察社会主义文字改革，尤其是少数民族文字的创制、简化字的不同版本等问题，这些问题目前已有大量专著讨

---

❶ 周恩来：《当前文字改革的任务》，载王均主编：《当代中国的文字改革》，第 556 页。

❷ 此事的关键信息源是一次对周有光的访谈，该访谈被广泛引用，如 Peter Hessler, *Oracle Bones: A Journey Between China's Past and Present* (New York: HarperCollins, 2006), pp. 416–417; Zhou Minglang, *Multilingualism in China: The Politics of Writing Reforms for Minority Languages, 1949–2002* (Berlin: Mouton de Gruyter, 2003), p. 165; 费锦昌主编：《中国语文现代化百年记事（1892—1995）》，北京：语文出版社，1997，第 125 页。周有光在回忆录里也重述过此事，参见周有光：《逝年如水》，杭州：浙江大学出版社，2015，第 270—271 页。

论过。❶ 本章旨在揭开汉字革命的最大谜团，解释历时将近半个世纪的汉字革命如何中止，并为重新想象书写学（grammatology）提出可能的路径。我们将首先讨论社会主义文字改革的规模和强度。以文字学家陈梦家与文字改革的致命冲突为例，探讨拼音化如何从国家政策上升为国家"意识形态"——拼音"意识形态"。但这看似不可动摇的"意识形态"化的拼音并非固若金汤。通过梳理陈梦家的老师、古文字学家、考古学家唐兰的工作，我们将探究对拼音的"意识形态"化的追求，如何导向了中国文字学传统内部对拼音这个似乎清晰稳定的概念的重新界定和叩问。唐兰依循拼音化、简化的思路，提出"新形声字"，一面遵从拼音"意识形态"，一面将其从内部引爆。更重要的是，"新形声字"不仅对拼音文字的本民族中心主义、语音中心主义的局限提出有力质问，更对书写学作为新的研究领域、政治场域、知识论方法的多方面潜力进行了探索。长达半个世纪的汉字革命至此以重新定义拼音的方式落下帷幕，新中国文字在省思拼音文字之形而上学的同时，开启了汉字书写学这个珍贵的智识场域。

社会主义热潮

这场理论上可称为终结版的汉字革命，因新中国急需新文字而更显紧迫。这种新文字须体现文字的平等主义，象征语言的现

---

❶ 例如，Zhou Minglang, ed., *Language Policy in the People's Republic of China: Theory and Practice Since 1949* (Boston: Kluwer Academic, 2004); Zhou, *Multilingualism in China*。关于汉字简化的初始方案，参见吴玉章等：《简化汉字问题》，北京：中华书局，1956；王均主编：《当代中国的文字改革》，第139—185页。

代性，并利于国际团结；它应该采取字母形式，符合社会主义原则。任何"想象的共同体"要成形，必须首先在语言文字上做好准备。社会主义文字改革的筹备工作就早于新中国的成立。从1949 年初到同年 8 月，文字改革协会召开了三次发起人会议，得到众多党内高层干部的支持，并经毛泽东亲自过问。1949 年 10月中华人民共和国甫一成立，中国文字改革协会就正式在北京成立。这一未来数十年领导中国语言文字发展的最高机构，成立后不久就更换过两次名称：第一次是 1952 年 2 月，更名为中国文字改革研究委员会；第二次是 1954 年 10 月，改为中国文字改革委员会（下文简称"文改会"），由国务院直接领导。❶ 第一次更名重点突出文改会"学术研究"的自我定位，研究范围涉及汉字的字母化、中国语言的标准化、非汉民族的文字改革、拼音方案的民族形式，以及基本汉字的调研与简化问题。❷ 第二次更名，用文改会主任吴玉章在文改会二次更名后的首次全体会议上的话来说，标志着"机构性质的变化"，不再是单纯的"研究机构"。他号召："应该走到人民中间去，走到生活中间去，根据政府的政策，采取切实可行的步骤来推行各项文字改革的具体工作，把中国文字改革运动向前推进一步。"❸ 在汉字革命尘埃落定的今天看来，当年种种"政策"和"具体工作"之多之庞杂，很难不相互抵牾和竞争，给文字改革的戛然中止埋下清晰的伏笔。然而在文改会定名的当年，展望未来，似乎汉字的去留问题不必再研究，大局已定，按毛泽东的指示："文字必须改革，要走世界文字共同

---

❶ 文改会于 1985 年更名为国家语言文字工作委员会，工作重点从文字转移到了语言上，继续受国务院领导，直到 1998 年被教育部接管。

❷ 王均主编：《当代中国的文字改革》，第 55—57、61 页。

❸ 王均主编：《当代中国的文字改革》，第 63 页。

的拼音方向。"❶中文字母的胜利俨然唾手可得。

　　虽然未有资料显示毛泽东亲笔写下了上述指示，但并不妨碍这条口头意见成为社会主义文字改革的最高指示，广泛传播。最高指示中，获得多方无条件支持、指涉含混却具有相当建设性的关键词便是"拼音"。仅从字面上理解，拼音指拼写读音或语音；拼音文字，即为可拼写读音或语音的文字，或称拼音字母。以拼音为核心概念，社会主义文字改革与之前的汉字革命运动相比，有两点显著不同：首先，社会主义文字改革清晰贯彻字母化、拼音化，且获得了国家政策保障和专属机构支持；其次，拼音的概念被重新界定，以符合社会主义的社会动员，拼音由此从国家政策上升为国家"意识形态"。毛泽东号召走拼音文字的道路，一方面明确了语音中心主义在新时代的合法性，另一方面却重新开启了一度被罗马化、拉丁化运动否定了的旧的可能性。正当众人以为毛泽东号召的文字改革道路是完成汉字革命大业的康庄大道时，没想到社会主义文字改革的坦途却指向错综复杂的分岔口。岔路口之一是文改会内部关于是否放弃拉罗字母、选择西里尔字母作为汉语拼音主要形式的争论。冷战框架下缔结的《中苏友好互助同盟条约》，使得从 1950 年该条约缔结之初到 1960 年中苏交恶期间，数以千计的苏联专家来到中国，其中有大量工程师、技术人员和教师，还包括以谢尔久琴柯（G.P. Serdyuchenko）为首的语言学家工作组。在苏联专家的指导下，文改会积极探索中文西里尔字母的可能性，它不仅将用来拼读汉语，还可适用于少数民族

---

❶ 根据《第一次全国文字改革会议文件汇编》（北京：文字改革出版社，1957，第 5 页），毛泽东于 1951 年底下达该指示。1952 年郭沫若在文改会成立大会上传达了这个精神。参见王均主编：《当代中国的文字改革》，第 60 页。胡乔木在回忆录里也提到了毛泽东的指示，见《胡乔木回忆毛泽东》，北京：人民出版社，1994，第 23 页。

语言。❶ 尽管文改会最终并未推荐采纳该提议，但西里尔字母曾一度是中文字母的有力竞争者。即便是坚决支持拉罗字母的拉丁化主将吴玉章，也不得不在 1954 年 6 月至 1955 年 5 月间制定的"四个方案"中加入一个西里尔字母方案。❷

　　当然，参加中文拼音文字终极角逐的绝不只是拉罗字母和西里尔字母，关于终极拼音的争论也绝不仅限于文改会内部。无论是否有意为之，关于拼音的讨论切实打破了个别书写系统的垄断，对拼音字母的想象不再局限于拉罗字母或者西里尔字母。拼音作为抽象概念出人意表地开始推进文字改革的民主化，向更多的书写系统打开成为汉语拼音的大门，文改会更是面向社会招募更多汉语拼音、中文字母的方案。仅 1950—1955 年间，文改会便收到了来自全国各地的总计 612 份提案，他们选出 264 份有参考价值和代表性的方案，编辑整理字母表和例句，结集成册，出版了两卷本的《各地人士寄来汉语拼音文字方案汇编》（以下或称《汇编》）。❸ 备选的拼音文字种类繁多、五花八门，常常在现有的书写系统基础上加入自己的创制，《汇编》中出现的基础书写系统包括汉字、拉罗字母、西里尔字母、注音字母、国际音标、朝鲜谚文、日文假名，各种速记系统、不规则图形、混合字母，甚至阿拉伯

---

❶ 周明朗考察了少数民族使用西里尔字母表的情况，见 *Multilingualism in China*, pp. 169-171。

❷ 另外三个方案中，两个使用国际音标，还有一个用拉丁字母。吴玉章还提到了丁西林、韦悫、林汉达、陆志韦以及文改会书记处的同志们提出的方案。参见吴的内部报告《草拟下列四个中国拼音文字方案（草案）的经过》，国家语言文字工作委员会图书室藏。

❸ 王均书中统计的方案总数为 655 份，见《当代中国的文字改革》，第 210 页。这里采信的是《汇编》第二册"说明"中列出的数字。一些方案拟制人的姓名可考，是文改会或相关人士，如唐兰、杜定友和尹斌庸，但大部分名字并不可考。见《各地人士寄来汉语拼音文字方案汇编》，北京：文改会拼音方案部，1954—1955。

数字。《汇编》将以拼音字母为主体的备选方案划归为"国际形式",将以汉字为基本形式的方案称为"汉字式字母",其他所有选项都划入"其他"。值得注意的是,所有备选方案,不管是字母式、汉字式、还是数字式,都一律隶属于拼音文字这个统一概念。似乎任何字形只要被系统地赋予相应的音素,那么它们的形状和名称就无关紧要了。所以,阿拉伯数字式和汉字式的字母与传统拼音字母一样,也可以承担摹写语音的功能。汉字居然也可以成为字母,这一颠覆性事实足以改变汉字革命的基本逻辑,却未在社会主义文字改革的高潮引起波澜;相反,它被当成汉字革命终将成功的胜利号角。"汉字式字母"标志着汉字必须改革,必须按毛泽东的指示,"走世界文字共同的拼音方向"。

汉字革命的终章俨然即将来到。拼音作为国家政策意味着社会主义文字革命将获得前所未有的官方支持和机构保障。更关键的是,拼音指向了一种新的政治,并将最终上升为一种拼音"意识形态"。具体来说,拼音首先昭示了一种新的政治秩序。国民党退至台湾后,汉字字母化的系统工程不再像当年的罗马化运动一样受到支持,社会主义文字改革于是成为唯一活跃的有官方支持的汉字革命。是否支持汉字字母化,对于身处冷战世界格局的社会主义新中国而言,成为衡量是否支持社会主义革命秩序的标准之一。其次,拼音作为国家政策,加深了群众动员程度,提升了政治化规模。拼音,作为抽象概念和文字改革的准则,一旦跳脱拉罗字母的窠臼,便打开了文字改革民主化的大门。上述《汇编》公布的 264 个提案便可以理解为动员群众一起争取文字改革胜利的实录,清晰展示出原本精英化、专家化的文字改革如何成为一项群众运动。再次,拼音作为国家政策和群众动员的渠道,更参与介入了社会主义建设的核心面向——社会主义主体性的建构。

本章虽无意全面讨论种种国家政策如何——形塑社会主义主体性，但必须指出的是，全国范围内对新中国新文字的追求见证了一种新的集体政治意识的兴起。《汇编》中有不少用各种中文字母拼读的典型例句，见证了文字、主体性和国家政治三方面的缠绕："中华人民共和国万岁""抗美援朝，保家卫国""大力开展人民的革命文化运动"。❶ 拼音不再是一项孤立的国家政策，而开始与其他一系列关乎社会主义中国命运的政策绑定。支持拼音政策便是支持社会主义国家政权、冷战军事动员、无产阶级文化建设。拼音政策于是成为社会主义整体政策的转喻。用法国马克思主义哲学家阿尔都塞的话说，每个社会主义主体对拼音事业的支持都是对国家及其主要意识形态所发出的"询唤"（interpellation）的恰当回应。阿尔都塞认为："除非借助主体、为了主体，否则没有意识形态。"相应的，除非借助社会主义主体及其发挥的功能，否则就没有拼音"意识形态"。❷ 换句话说，拼音从国家政策升华到国家"意识形态"的时刻，就是社会主义主体因响应汉字字母化而成形的时刻。支持拼音"意识形态"意味着同时支持它在原则上的不容置疑以及实际内容中的模棱两可，而这拼音"意识形态"的二律背反则反过来确认了社会主义新中国政治主体性的运作。❸ 所以，怀疑和抗拒拼音"意识形态"，便有充足的理由被认为是怀疑社会主

---

❶ 《各地人士寄来汉语拼音文字方案汇编》（第 1 卷），第 6、102、119 页。

❷ 阿尔都塞的表述如下："没有不为了一些具体的主体而存在的意识形态，而意识形态的这个目标又只有借助于主体——即借助于主体的范畴和它所发挥的功能——才能达到。"见 "Ideology and Ideological State Apparatus (Notes Towards an Investigation)," in *Lenin and Philosophy and Other Essays*, trans. Ben Brewster (London: New Left Books, 1971), pp. 159, 160；中文版参见阿尔都塞：《论再生产》，吴子枫译，西安：西北大学出版社，2019，第 484 页。

❸ 这里并不排除其他国家政策转变为国家意识形态。唐兰就提及农业合作化的例子，见《唐兰全集》（第 3 卷），上海：上海古籍出版社，2015，第 969 页。

义新中国，挑战文字、政治主体性和国家权威的三位一体。

异见者

拼音"意识形态"的询唤尽管一呼百应，但也不是毫无阻力。持异见者中最著名的恐怕要算陈梦家（1911—1966）。他被认为对社会主义文字改革进行了最彻底的批评，也因此受到了最严厉的惩罚。❶1957 年 2—5 月间正是"百花齐放、百家争鸣"的高潮和反右运动的前夕，在此期间陈梦家多次公开批评文改会，质疑文改会推广的第一批简化字，❷甚至否定整个汉字字母化运动。他很快被打为"右派"，被指与"章罗联盟"勾结。❸在多次自杀未果后，陈梦家于 1966 年"文化大革命"开始后不久结束了自己的生命。❹

作为古文字学、文字学和考古学的专家，陈梦家反对废除他的研究对象和终身志业，顺理成章。事实上，他也不是唯一的异见者。在陈梦家于 1952—1966 年间供职的中国科学院内部，就有

---

❶ 除陈梦家自己和其妻子赵萝蕤的文字之外，巫宁坤的自传中亦有纪念陈梦家的章节，见 Ningkun Wu, *A Single Tear: A Family's Persecution, Love, and Endurance in Communist China* (New York: Atlantic Monthly Press, 1993)。何伟（Peter Hessler）的《甲骨文》（*Oracle Bones*）也回顾了陈梦家的生平。

❷ 第一批简化字公布于 1956 年 1 月 31 日。见王均主编：《当代中国的文字改革》，第 537 页。

❸ "章罗联盟"中的章、罗分别指章伯钧和罗隆基。关于"章罗联盟"如何影响文字改革，参见《1957 年文字改革辩论选辑》，北京：新知识出版社，1958。

❹ 虽然不能完全确定，但一般认为陈梦家是自杀的。赵萝蕤的说法是："1966 年 9 月初，梦家受了林彪、'四人帮'反革命修正主义路线的残酷迫害，与世长辞了，终年五十五岁。"1978 年中国社会科学院考古所（中国社会科学院从中国科学院独立出来是 1977 年）为陈梦家举办了追悼会，1980 年陈梦家被平反。见赵萝蕤：《忆梦家》，《读书生活散札》，南京：南京师范大学出版社，2009，第 221 页。

至少两位同事——李荣和傅懋勣——对彻底废除汉字持保留意见，而傅懋勣还是文改会的初创委员。❶另外，陈梦家曾经的老师唐兰对文字改革进行了更彻底、更持久的批评。然而，有且仅有陈梦家对文字改革的批评是如此直截了当，彻底否定拼音"意识形态"，挑战文字、政治主体性和国家权威的三位一体。

陈梦家的古文字学、考古学转向发生在他取得法学学士学位和成为知名新诗诗人之后。❷虽是新月社中最年轻的诗人，但陈梦家与闻一多、朱湘和徐志摩齐名，合称新月社四大诗人。以泰戈尔的同名诗集命名的新月社，在主张解放新诗诗体的同时，也十分注重格律。❸陈梦家的诗是二者兼顾的典范，诗中有徐志摩式抒情的感伤主义，亦有闻一多对形式的重视。因为出身于家教良好的基督教长老会家庭，陈梦家更在"中国人的蕴藉风度"和基督教主题之间取得了平衡。❹举例来说，诗作中反复出现的、将中西两种气质熨帖结合的一个主题是飞翔。《九龙壁》里有九条各怀抱负、一齐呼喊"我们要生命"的飞龙。《我望着你来》里有从"云际""点着一片一片蔚蓝的云"飞来的"你"。《圣诞歌》咏唱的对象是要从天上荷着包袱飞下来的白发老翁，而"我们"则"祈祷天风替你驾起飞

---

❶ 关于周有光对李荣文字改革立场的叙述，参见《逝年如水》，第287页；李零对傅懋勣的感人回忆，见《今天》第106期《视野：李零特别专辑》，第13—20页。

❷ 1927年前后，陈梦家结识了闻一多、徐志摩，开启短暂的诗人生涯，又在1934年《铁马集》（上海：开明书店，1934）出版后转向学术。

❸ 关于新月社的成员和批评者如何在争论中确立起其文学身份，见 Lawrence Wang-chi Wong, "Lions and Tigers in the Groups: The Crescent Moon School in Modern Chinese Literary History," in *Literary Societies of Republican China*, eds. Kirk A. Denton and Michel Hockx (Lanham, Md.: Lexington Books, 2008), pp.279–312。

❹ 同为新月派诗人的俞大纲曾为《铁马集》作序，称赞陈梦家的诗作"特具中国人的蕴藉风度"，见《铁马集》，第2页。陈梦家和赵萝蕤都出身于基督教家庭，关于陈氏家族，见陈梦家：《青的一段》，《梦甲室存文》，北京：中华书局，2006，第89—113页；陈梦熊口述：《我的水文地质之路》，长沙：湖南教育出版社，2013。

马"。《铁马的歌》里的主角最是中西合璧，"我是古庙 / 一个小风铃"，"也许有天 / 上帝教我静，我飞上云边 / 变一颗星"。❶

从编辑《新月诗选》到出版自己的《铁马集》，陈梦家的兴趣逐渐从专攻有深厚外国文学传统的抒情诗，发展成寻求将"中国诗中所有的优点，溶化在新诗里"，以求新诗全面超越旧诗，好似"老乡土上新生的春笋"。❷ 评论家们从他身上看到华兹华斯的浪漫传统和丁尼生的抒情才能，并将其与唐代诗人王勃相提并论。❸ 尽管他的诗集好评如潮、大获成功，陈梦家仍认为新诗是"壮夫不为的小技"，并为自己在抗战前线苟活而感到羞耻。❹ 经刘廷芳的推荐和他未来岳父赵紫宸的鼓励，他进入燕京大学攻读甲骨文和古文字学，把目光转向"老乡土"，不再醉心诗作。❺

陈梦家于燕京大学毕业后留校任教，后转入清华大学，其间曾在芝加哥大学访问，于 1952 年进入中国科学院考古研究所。

---

❶ 这里涉及的诗作包括《我望着你来》《铁马的歌》《圣诞歌》《九龙壁》，见陈梦家：《铁马集》，第 9—11、26—28、30—32、81—82 页。

❷ 陈梦家：《新月诗选》，上海：新月书店，1931，第 21—24 页；《秋天谈诗》，《北平晨报》1932 年 11 月 7—8 日。

❸ 何伟称评论家将陈梦家与郝思曼（A. E. Housman）和哈代相提并论，见 Hessler, *Oracle Bones*, p.244. 但在提到郝思曼和哈代的关于陈梦家的诗评时，方玮德说的是陈梦家不读这两位的作品；而《铁马集》的后记中，方玮德和俞大纲将陈梦家与华兹华斯、丁尼生、王勃相比拟，见《铁马集》，第 2、5、6 页。

❹ 陈梦家二十岁时编辑了《新月诗选》，三年后出版了自己的《铁马集》；陈梦家：《铁马集》，第 41 页；"附录"，第 10 页。

❺ 刘廷芳和赵紫宸当时都任教于燕京大学。刘廷芳是中国语言学和心理学的先驱，见 Timothy Ting-fang Lew, "The Psychology of Learning Chinese: A Preliminary Analysis by Means of Experimental Psychology of Some of the Factors Involved in the Process of Learning Chinese Characters" (PhD diss., Columbia University, 1920). 关于心理学实验介入汉字研究，见袁一丹：《另起的新文化运动》，北京：生活・读书・新知三联书店，2021，第九章。据说赵紫宸虽然欣赏陈梦家的才华，但初始是反对女儿和他的婚事的，说"要娶 Lucy，就拿真学问来求聘"，见言文：《才学人生》，载赵萝蕤：《读书生活散札》，第 285 页。

对他的批评最早可以追溯到清华时期，如果说1951—1952年间的"三反"运动对他只有零星的批评，那么1957年反右运动则开始了对陈的深入批判。❶但是，直到他公开反对文字改革，他过去的许多"错误"——基督教背景、与洛克菲勒基金会以及美国的青铜器商人的往来、价值不菲的明式家具收藏——才真正成为被攻击的靶子。❷1957年的短短几个月中，陈梦家发表了一系列文章和演讲，全盘否定拼音政策和拼音"意识形态"，完全置自己于险境。❸

陈梦家开的第一炮是一篇1957年2月4日发表于《光明日报》的短文——《略论文字学》。❹通过回顾三千年的文字学史，陈梦家呼吁："在讨论文字改革的时候，还应该对汉字作一个比较公平的估价。"❺陈梦家简述了文字学作为学科的历史和课程设置，认为它对任何关于中国文学、考古学和上古史的研究都有不可或缺的学科价值。他认为，如果没有足够的文字学尤其是古文字学训练，考古学家、历史学家和文学学者都将无法"看懂自己需要

---

❶ "三反"指的是反贪污、反浪费、反官僚主义。

❷ 陈梦家的早期诗作《我是谁》的终章写道："不是，你想要听我的身世？／我寒伧，讲来真要红脸。／我轻轻掀过二十张白纸，／有时我想要写一行字：／我是一个牧师的好儿子。"《铁马集》，第6—8页。实际上他是两位牧师的好儿子，他父亲陈金镛（1868—1939）是著名的长老会牧师，他岳父赵紫宸（1888—1979）曾任圣公会牧师，也是中国基督教本土化运动的关键人物之一。关于赵家的更多信息，见 Peter Tze Ming Ng, *Chinese Christianity: An Interplay between Global and Local Perspectives* (Leiden: Brill, 2012), pp.167–178; 赵萝蕤：《我的读书生涯》，北京：北京大学出版社，1998，第1—6页。

❸ 陈梦家在此之前就发表过很多关于语言、文字和古文字学的文章，但直到1957年他才对文字改革表达明确反对意见。他之前的文章如《书语》和《介绍王了一先生汉字改革》，参见《梦甲室存文》，第220—225、226—231页。

❹ 陈梦家：《略论文字学》，《光明日报》1957年2月4日，载《梦甲室存文》，第235—239页。

❺ 陈梦家：《略论文字学》，《光明日报》1957年2月4日，载《梦甲室存文》，第239页。

的资料"。❶ 陈梦家在此并未提及字母化运动，但希望汉字的简化工作必须抱有极大的谨慎，贯彻真正的民主，"要像汉朝未央宫开过的文字大会一样"。关于简化字的民主问题，陈梦家认为，"负责部门吸取文字学家的意见是不够的"。他敦促文改会："试行以后，一定还要征集反对的意见，重新加以考虑。"因为只有被人民群众普遍接受的专业见解才能为汉字简化打下坚实基础，才能经得起时间的检验。最后，他提到一份唐兰的文字改革建议，认为唐兰的意见虽不同于文改会的方案，但其文字学方面的分析无懈可击。他拒绝参与对唐兰的"围攻"和"痛击"，和唐兰统一了立场。❷

陈梦家的第二击更加直截了当。1957 年 3 月 22 日他受邀到文改会演讲，演讲的文稿以《关于汉字的前途》为标题发表于 5 月 19 日的《光明日报》。❸ 陈梦家当然清楚自己与文改会的分歧，他认为报章杂志上总不见对文改会的批评意见是"很可奇怪的"，所以乘着"百家争鸣"的东风，选择为沉默的大多数发声。他开门见山地表示："我讲一些不同的意见，不一定客气。"❹ 他的批评共四部分："什么是汉字？""汉字有那些缺点？""如何改进汉字？""对研究汉字的意见"。他的论点主要有三：其一，汉字功大于过；其二，汉字所谓的缺点，大率是因为不够科学的简化字

---

❶ 陈梦家：《略论文字学》，《光明日报》1957 年 2 月 4 日，载《梦甲室存文》，第 237 页。

❷ 陈梦家：《略论文字学》，《光明日报》1957 年 2 月 4 日，载《梦甲室存文》，第 238 页。

❸ 陈梦家：《关于汉字的前途——1957 年 3 月 22 日在中国文字改革委员会的演讲》，《光明日报》1957 年 5 月 19 日，载《梦甲室存文》，第 244—251 页。

❹ 《梦甲室存文》，第 250、244 页。1957 年 2—3 月间陈梦家收到一位关锡先生的信。尽管关先生明确表示不希望将自己的信给文改会和《中国语文》，陈梦家还是这样做了，并强调了文改会与民间文改爱好者相互理解的重要性。这封信和陈梦家的《附记》一起发表在 6 月的《中国语文》上，两个月后遭到了批判。见《中国语文》1957 年第 6、8 期。

以及不够科学的教学法；❶ 其三，基于以上两点，汉字应该改进而不是改革。似乎是嫌 3 月的演讲锋芒还不够犀利，陈梦家在为发表演讲作的"补记"中更加清晰地亮明了立场：

> 我个人对这次公布的程序是不赞成的，制定得不周详，公布得太快，没有及时收集反对的意见。因此，在某些方面它是不科学的，没有走群众路线，也脱离了汉字的历史基础，把学术工作当作行政工作做。我因此希望是否可以考虑撤回这个简字方案，重新来过。我也希望，是否可以考虑成立一个永久性的文字学研究所，从事较长时期的研究，毫无成见的来"处理"汉字。❷

陈梦家的演讲从头到尾都没有点文改会的名，但他阐述的可不只是对文改会的不甚客气的"不同意见"。事实上，他的不同路线是以群众路线武装自己，要求全盘推翻现有的简字方案，❸ 且正面挑战文改会领导社会主义文字改革的合法性，无论是学术上还是政治上。陈梦家可能认为他的不同意见不过是百花齐放中的一朵，他可能预判自己的听众和读者也会如此认为。但他未曾料到，他认为不妥的对汉字的"成见"此时已然变成国家支持的共识和意识形态，不能重新考虑，更不可以被挑战。

---

❶ 关于这个问题，陈梦家为《国文周刊》写过一系列短文，《梦甲室存文》收录了部分文章。

❷ 陈梦家：《梦甲室存文》，第 251 页。

❸ 关于简化字的创制、斟酌与推广，参见王均主编：《当代中国的文字改革》，第 139—154 页。文改会参考和吸收了很多资料，据赵元任估计，1956 年的第一批简体字中有超过 80% 的字取自历史上的简体字。参见赵元任：《赵元任全集》（第 16 卷），第 245 页。

如果说陈梦家的第一篇文章为以更文字学的方法实施文字改革奠定了基础，那么他的演讲稿则更尖锐地暴露了他改进汉字的主张和文改会代表的拼音"意识形态"间的鸿沟。然而，他对社会主义文字改革最彻底的否定意见，还要等到第三篇文章——《慎重一点"改革"汉字》。文章提出六点关于文字改革的意见，于1957年5月1日成稿，5月17日见报。恰巧毛泽东的《事情正在起变化》于1957年5月15日完成，之后经党内传阅，成为"百花齐放、百家争鸣"转向反右运动的重要信号。❶陈梦家在文章的开头，开门见山地提出：平日里为汉字辩护的声音和对文改会"简字"方案的不满，不应该只在私下里说，很是值得公开地"百家争鸣"一下。事实上，他的六点意见全部围绕着保存汉字和要求文改会纠正错误展开。首先，他再次反对已经公布的简体字。第二，他重申了在文改会之外另行成立文字学研究所的提议，研究所的属性要更少些行政性，更多些研究导向。第三，他批评在公开场合随便造简字，比如上海制造打字字模工人的发明创造。第四点意见最为致命：

> 在没有好好研究以前，不要太快的宣布汉字的死刑。我个人不赞成用外国字母的或民族形式的以拼音代替汉字的措施。至于以拼音辅助汉字的读音，无论什么形式都可以。主张拼音的人，不要过于简单的认为全国大多数的人全赞成拼音，此事还得大家讨论，包括反对的人在内。❷

---

❶ 陈梦家：《慎重一点"改革"汉字》，《文汇报》1957年5月17日，载《梦甲室存文》，第240—243页；毛泽东：《事情正在起变化》，《毛泽东选集》（第3卷），北京：人民出版社，1977，第423—429页。

❷ 陈梦家：《慎重一点"改革"汉字》，《文汇报》1957年5月17日，载《梦甲室存文》，第242页。

陈梦家的第五点意见援引了其他异见，呼吁文改会和批评文改会的人能互相信任与理解。[1] 最后，他称赞了近期关于简化字的论辩和对文改会工作的讨论。尽管他尝试软化自己的鲜明立场，但这篇檄文已然板上钉钉，成为一篇罕见的反对废汉字、反对中文字母化、反对拼音"意识形态"的书面声明。这份宣言决绝地全面否定了字母化运动的核心，以及拼音这一明确的国家政策。从指出文改会某些措施的仓促，到指责拼音化的拥趸（包括一般文改支持者和党的高级干部）想事情"过于简单"，陈梦家作为文字学家和一般公民，都在事实上拒绝了文改会的领导。我们无从知晓陈梦家是否意识到文改会直属国务院，挑战文改会会被一些人视为挑战国家核心权力，而对国家权力的挑战恰恰成了后来他被批斗的理由。陈梦家对拼音作为一场运动、一项政策、一种意识形态的反对，构成并被理解为背叛社会主义文字改革、政治主体与国家权威的既成事实。

陈梦家被错划为"右派"且被禁止在相当一段时间内公开发表言论，在此之前，他最后一次公开发言是在 1957 年 7 月出刊的《拼音》杂志第 12 期中的《文字改革问题座谈会记录》里。[2] 座谈会在政协全国委员会文化俱乐部举行，分 5 月 16 日、5 月 20 日、5 月 27 日三次召开，召集了不少文改会委员，如胡愈之、韦悫、黎锦熙、倪海曙、周有光，也有非文改会委员，如唐

---

[1] 陈梦家征引了关锡的信和《光明日报》的一篇采访，其中一位不具名的生物学家质疑对书写体系大动干戈是否会扰乱科学研究进程。见《梦甲室存文》，第 242 页。陈梦家后来透露这位生物学家是秉志，中国科学社生物研究所以及中国动物学会的发起人之一。见《拼音》第 12 期，1957 年 7 月。

[2] 该杂志由文改会主办，这个记录稿是经过与会成员审核修改的书面简化版，见《拼音》第 12 期，第 1—35 页。这一期是《拼音》杂志于 1957 年 8 月更名为《文字改革》前的最后一期。

兰、陈梦家。❶根据座谈会记录,陈梦家出席了第一次和第三次会议,谈的意见与前述三篇文章大致相同,他对文改会的官僚主义作风提出了异议,同时还和另一位与会成员——物理学家、文改热心人士、拼音支持者江超西,就若干字的词源考证和此次讨论是否要提出个人文改方案进行了辩论。尽管陈梦家不是唯一对汉字简化方案提出批评意见的与会者,却是唯一一个公开挑战汉字走拼音文字改革道路的异议者,他表态:"文字改革的前途首先应该讨论能不能改为拼音文字,其次才是改成什么样的拼音文字。"❷如此鲜明的反对立场可能在座谈会现场引起了不小的争论,但是关于拼音概念最尖锐、最直捣黄龙的讨论意见并不出自陈梦家。

拼音重定义

1957 年 5 月文字改革问题座谈会上,对拼音的讨论最具启发性、最凸显问题意识的意见来自唐兰。现代中国古文字学奠基人唐兰(1901—1979)生于浙江嘉兴一贫寒商贾之家,习商科、中医和诗词,1919 年起始治古文字。❸他 1920 年入无锡国学专修馆(现苏州大学),三年后以第一名的成绩毕业。之后的十年间,他任教于各高校,还担任报纸、丛书的编辑,迅速成为重要的文字学家、考古学家、历史学家和甲金文专家,在各方面都取得了顶尖的

---

❶ 三场会议与会者的不完全名单,见《拼音》第 12 期,第 1、10、18 页。

❷《拼音》第 12 期,第 21 页。

❸ 唐兰:《殷虚文字记·自序》"余治古文字学,始于民国八年",转引自《唐兰全集》(第 1 卷),第 1 页。

成就。❶从 1933 年一直到 1979 年去世，唐兰在故宫博物院从专门委员做到了副院长，他带队发掘文物，主持铭文破解，将田野考古与学术生产相结合，因此相较于一般学者具有得天独厚的优势。唐兰的整个学术生涯都围绕汉字展开，他从未赞成过无条件、彻底的废汉字主张，且二十年如一日地反对将汉字以拉罗形式字母化。在某种程度上，唐兰亦是社会主义文字改革，至少是拼音"意识形态"的异见者，他和陈梦家的区别是什么？又如何最终得以全身而退？回答这个问题无意消解也不能减轻异见者们遭受的智识和身体上的暴力，但细读唐兰在座谈会上的发言或许能让我们窥见他最关键的立场，而这正是从内部挑战和改变拼音"意识形态"国家机器的可能性所在。

根据座谈会记录，唐兰只出席了第一场讨论会，且是第一位发言人。他开门见山，表态赞成文改会的基本方针，认为"文字要改革"，"要走拼音的方向"。接下来，他历数文字改革的三种态度：第一，不改或者少改，改革措施止步于简体字；第二，彻底革命，主张褫夺汉字"执政"文字的地位，用新文字建立一个"新政权"；第三，"从汉字本身的发展中去改"。唐兰坦承，他个人倾向于第三种意见，认为从汉字内部发展拼音化不仅可能，且有相当的优越性。理由如下：其一，中国文字过去一直都是变化和发展的，未来也会继续变化和发展，所以没有理由认为拼音化的民族形式不能从中国文字内部生长出来。❷其二，采用民族形式

---

❶ 唐兰曾在天津的《商报文学周刊》以及《将来月刊》当主编。曾任教于北大、清华、燕京和东北大学，其开创性的早年著作《古文字学导论》（1934）和《殷虚文字记》（1934）都始自讲义。唐兰据说只佩服四位学者：孙诒让、王国维、郭沫若和陈寅恪。王国维称赞唐兰是当时四位最值得注意的年轻文字学家之一，郭沫若则曾征序于唐兰。见《唐兰全集》（第 1 卷），第 6—7、12、39 页。

❷ 关于"民族形式"问题，见徐迺翔编：《文学的"民族形式"讨论资料》，北京：知识产权出版社，2010；汪晖：《现代中国思想的兴起》（第 2 卷），北京：生活·读书·新知三联书店，2004，第 1493—1526 页。

的拼音方案利大于弊——一方面，以汉字为民族形式的拼音文字比起拉罗字母，能更好地传承文化；另一方面，民族形式的字母化和拼音化可以从汉字本身找到文字学的依据。总结说来，唐兰认为中国的拼音文字要走内部发展的道路，寻求用汉字自身的结构和特点实现拼音功能。这个提案的基础是对汉字的重新理论化，倘若成立，将改变文字改革全局。这并非唐兰第一次提出汉字重新理论化的问题，受篇幅限制，唐兰本次也并未展开，仅以自己的姓氏"唐"为例，简短带过："汉字不全是意符，其中声旁（如'唐'）也是声符。"❶唐兰的建议清晰明了：继续发展汉字中的声旁，寻求以汉字为基础的拼音文字，最终实现真正的、具有民族形式的拼音字母。唐兰在总结陈词中声明不推销自己过去创造的拼音方案，并重申应从汉字内部发展最佳形式的拼音文字。

唐兰意见的重要性至少有三方面。首先，他不动声色地以陈述既成事实的方式，重新定义了拼音这个关键概念。通过支持拼音作为提高任何书写系统表音能力的基本原则，唐兰转化了拼音二字的所指，虽未明言但在事实上拒绝了罗马化和拉丁化运动将拼音等同于拉罗字母的习惯性操作；将汉字的声旁，连带汉字本身，置于拼音概念内部，他挑战的正是拉罗字母对拼音的垄断地位。拼音作为概念从先验性的拉罗字母，转而变成了一种值得追求的、表音的、象征新中国新中文的文字原则。其次，通过诉诸汉字内部的形声属性，❷唐兰反对把旧文字绑死在表意文字的图腾

---

❶《拼音》第 12 期。

❷ 唐兰使用的是"形声"而不是"表音文字"（ideo-phonograph 或 ideo-phonogram）。卢梭讨论人类文字发展三阶段的第二阶段时，使用了表音文字的说法，即指形声字，见 Jean-Jacques Rousseau, *Essay on the Origin of Languages*, as quoted in Jacques Derrida, *Of Grammatology*, pp. 318−321。

柱上，提出汉字中有意符与声符相互转换的空间，自成表音表意的流动光谱。❶ 这个想法不仅是唐兰在文改会座谈会上发言的主旨，更是贯穿他小学、古文字学研究和文字理论的主干。如果拼音指的是对文字的表音，那么应该承认旧文字的声旁属性至少在一定程度上能实现拼音的功能。唐兰预言，只要科学规范声旁，加强其表音功能，那么汉字将从整体上，在表音表意的流动光谱上向表音方向靠拢。所以，他认为与其立即实施汉字革命，即从外部革汉字的命，不如允许汉字从内部走拼音化的道路，即发展拼音化的汉字。最后，通过将汉字置于更广意更抽象的拼音概念治下，唐兰实现了一个彻底的反转——汉字自身从来就是表音的。而这指向了一个文字理论的新方向：书写学。

有必要指出的是，唐兰强调汉字声符或者说汉字的拼音潜力，并非试图否定文字改革，他提出表音和表意的转换也不是套用法国哲学家德里达对表音文字的形而上学的批判，更没有主张汉字作为书写系统可作为元书写（arch-writing）中语言与文字互相缠绕的绝佳例证，毕竟德里达《论书写学》的相关论述至少要晚唐兰此说十年。尽管我们可以认为，一旦意识到汉字本身从来就有表音功能，那么延烧半个世纪的汉字革命就可以落下帷幕了，但是唐兰并无意挑战汉字必须改革这个基本前提。恰恰相反，他亮明文字改革同路人的立场，对文字改革即便谈不上热衷，至少充满同情，且坚信改革汉字的必要性和紧迫性。作为古文字学家，

---

❶ 英文学界关于表意文字最著名的辩论之一是卜弼德（Peter Boodberg）与顾立雅（Herrlee Creel）之间的争论：后者认为应该把汉字归入表意文字，而前者则批评了表意文字的迷思。David Lurie 关于这场"卜顾之争"有清晰的论述，见"Language, Writing, and Disciplinarity in the Critique of the 'Ideographic Myth': Some Proleptical Remarks," *Language and Communication* 26 (2006), pp. 250–269。

他为座谈会开的头炮引起了与会者的广泛兴趣，大家旋即便从汉字本质出发，讨论文改会的基本方针。推荐民族形式的发言者，如文改会邀请的钱文浩和陈梦家，也援引唐兰的观点，即便他们对唐兰之前的拼音方案持保留意见，但俨然将唐兰当作文改讨论的盟友。而偏爱拉罗字母的与会者，如物理学家江超西和文改会副主任韦悫，则认为唐兰是可以协助文改会推广拼音的重量级专家。尽管唐兰和陈梦家一样，都对第一批简化字持有批评意见，都主张非拉罗字母的拼音化路径，但唐兰未被指为试图破坏社会主义文字改革的"右派"。相较于陈梦家对文改会的正面攻击，唐兰的措辞温和许多；只不过似乎无人意识到，对有国家背书的、文改会设计的、充满语音中心主义的拼音事业而言，唐兰的观点远比陈梦家的批评犀利而富于挑战。语言学家、文改会邀请来的高名凯在他的书面发言中对唐兰发言的评论，很好地总结了文改会的看法："只要我们肯定方块汉字有改革的必要和可能，到底应当走民族形式的道路，或'拉丁化'的道路，就只是技术问题，不是什么原则性的问题。"通过捍卫文字改革的基本原则，唐兰确保自己没有走到拼音"意识形态"国家机器的对立面，并维护了自己拼音道路拥护者的形象。即便如此，唐兰也未能免于批评，用高名凯的话说，唐兰遭到了"围剿"。❶

所谓的"围剿"，从 1956 年 1 月持续到 1957 年 3 月，由文改会和中国科学院语言研究所合办刊物《中国语文》发起。❷《中国语文》1956 年第 1 期登载了唐兰的文章《论马克思主义理论与中

---

❶ 高名凯的书面发言并不完全赞同唐兰的方案，但明确反对下文所述的《中国语文》对唐兰的围攻，见《拼音》第 12 期，第 29—35 页。

❷ 该杂志由文改会和中国科学院语言研究所创办于 1952 年，见王均主编：《当代中国的文字改革》，第 535 页。

国文字改革基本问题》❶，同期刊行的还有五篇对唐兰文章的评论，出自杂志社组织的一次至少有十八人参加的、关于唐文的讨论会，其中包括文改会副主任韦悫和文改会委员、语言学家王力的犀利批评。❷此后，更多批评接踵而至，包括罗马化运动元老黎锦熙的短评。❸他们对唐兰的马克思主义——准确地说是斯大林主义——语言学理论立场提出异议，质疑他提出的"综合文字"，认为他走汉字内部字母化的道路实质上是对文改会路线的批评，而这一点很有可能为那些真正和拼音"意识形态"唱反调的人所利用。❹一年之后，唐兰的《再论中国文字改革基本问题》在1957年3月的《中国语文》发表，他坚决反击了各项指控，把单方面的集体批判变成了一场公开论战。❺须说明的是，尽管唐兰面对的是猛烈的批评炮火，但指控再严重也仅限于说他是"彻头彻尾的修正主义"，企图"把实现完全拼音的文字拖延到遥遥无期"，❻因此他免遭陈梦家的"右派"命运，从"围剿"中基本安全脱身。

---

❶ 唐兰：《论马克思主义理论与中国文字改革基本问题》，《中国语文》1956年第1期；亦载《唐兰全集》(第3卷)，第916—940页。《中国语文》刊载时在目录页省略了标题中的"理论"二字。

❷ 这些批评文章有韦悫《对唐兰先生的文字改革论的批判》，王力《论唐兰先生的文章的思想性和逻辑性》，曹伯韩《关于中国文字改革的过渡时期》，胡明扬《对〈论马克思主义理论与中国文字改革基本问题〉一文的意见》，梁东汉《关于〈论马克思主义理论与中国文字改革基本问题〉的几个问题》，均见《中国语文》1956年第1期。

❸ 郑林曦、魏建功、黎锦熙和刘又辛在《中国语文》1956年第2期上发表了针对唐兰文章的评论。第3期又有一篇边兴昌、陈琪瑞、刘坚合著的批评唐兰的文章，以及一篇就唐兰文章组织的笔谈稿，与谈人包括关兴三、岑麒祥、周祖谟、管燮初、王显、曹广衢。

❹ 唐兰与陈梦家的关系起初似乎是友好的，后转而反对陈梦家，见唐兰：《右派分子陈梦家是"学者"吗？》，《中国语文》1957年第10期。

❺ 唐兰：《再论中国文字改革基本问题》，《中国语文》1957年第3期，第7—11页；亦载《唐兰全集》(第3卷)，第967—975页。韦悫和曹伯韩对唐兰的回应又有评论，分别见于《中国语文》1957年第3期，第11页；1957年第5期，第47—48页。

❻ 这两项指控分别来自王力和韦悫，见《中国语文》1956年第1期，第15、12页。

唐兰 1956 年的宏文分为七节，主要讨论三个关键问题：第一，文字改革与马克思主义的关系；第二，汉字的性质；第三，改革的实际举措。前两节"讨论文字改革问题要不要根据马克思主义理论"和"中国文字改革能不能通过爆发方式"，策略性地将他对文字改革的论述定位于马克思主义传统内部。唐兰坚持唯物主义史观，认为文字和语言一样，都不是上层建筑。他虽未明确使用"基础设施"的说法，但认为语言和文字是全民创造的，没有必要在革命成功后推倒重建；且语言和文字是不断变化和发展的，直接反映社会需要，❶ 而这种变化并不以"爆发的方式"进行。他征引斯大林的见解："历史表明，语言有巨大的稳固性和抗拒强迫同化的极大的抵抗性"，并解释说，文字也有类似的性质，汉字的"稳固性和抵抗性"正是爆发式的字母化运动不能在中国土壤中扎根的原因。唐兰历数了历史上推行拼音字母的尝试，从明代耶稣会士的注音罗马字，到 19 世纪末的方言字母《圣经》；从 1920 年代的罗马化运动到 1930 年代的拉丁化运动。❷ 唐兰总结了这些运动失败的原因，认为废汉字式的全盘字母化道路不符合马克思主义语言学与文字学的发展路径，而马克思主义思想则要求汉字改革应遵守文字的演化规律。❸

　　接下来要讨论的自然就是中国文字为什么能有这么巨大的稳固性和抵抗性。唐兰的答案是："从马克思主义者看来是由汉字

❶ 唐兰：《论马克思主义理论与中国文字改革基本问题》，《中国语文》1956 年第 1 期，第 28 页。

❷ 唐兰：《论马克思主义理论与中国文字改革基本问题》，《中国语文》1956 年第 1 期，第 31 页。

❸ 唐兰：《论马克思主义理论与中国文字改革基本问题》，《中国语文》1956 年第 1 期，第 30 页。唐兰的批评者认为，根据马克思主义理论，语言和文字不能混为一谈。因此汉语不能以爆发的形式发展，而汉字则可以。见韦悫、王力和曹伯韩的评论。

的结构所决定的。"❶ 文章用第二节的后半段和三、四两节解释了汉字的历史与性质。唐兰引入了"综合文字"的概念，认为汉字"它在最古的时候，就是以图画文字和表音文字结合起来的综合文字"。唐兰进一步解释："汉字的基本结构是什么呢？是方块字，是音节文字，是以形声字为主的综合文字，是有两三千个字的基本字汇（其中包括一千左右的核心字），是篆书隶楷行草等字体。"❷ 此处唐兰并未就汉字的基本结构举例说明，但在别处他以自己的姓氏"唐"为例，指出在合体字"糖""塘""瑭""膅"中，"唐"就承担声旁的功能，标识出几字共有音值（táng）。❸唐兰当然也承认，汉字经过三千年的发展，整齐的声旁已然芜杂，但这并不意味着系统性的研究和科学的改革措施不能规训声旁。唐兰将这些可以且值得抢救的声符称为"存在于汉字内部可以发展为拼音文字的因素"。在如"糖""塘""瑭""膅"的形声字中，形旁表意或指示相关意义，"唐"则很好地完成了再现语音的声旁职责。唐兰指出，这些形声字古来有之，而人们必须认识到，汉字是由意符和声符共同组成的一个高度综合的整体，不能以偏概全，把意符当成汉字的全部。❹

让诸多汉字革命支持者感到意外的是，如果唐兰对汉字性质的判断是正确的，如果汉字确实是包含图画文字、形声字和表音文字的综合性文字，那么废除形声字和声符，代之以另一种声符——

---

❶ 唐兰：《论马克思主义理论与中国文字改革基本问题》，《中国语文》1956 年第 1 期，第 31 页。

❷ 唐兰：《论马克思主义理论与中国文字改革基本问题》，《中国语文》1956 年第 1 期，第 32、36 页。

❸ 《拼音》第 12 期，第 3 页。

❹ 唐兰：《论马克思主义理论与中国文字改革基本问题》，《中国语文》1956 年第 1 期，第 32、36 页。

拉罗字母——就变得不甚合理，缺乏合法性。如果历史上汉字能够发展出形声结构来为意符标注发音，那么就没有理由认为现存的不表音的图画文字不能被改革，从而发展成形声字。根据这个思路，唐兰在最后三小节中思考了实际的改革方案。既然旧文字是综合文字，那么是否能以旧综合文字为基础发展表音功能更强的新综合文字，从而实现拼音的最终目标。相较于文改会提出的"汉语拼音"，唐兰认为"汉字拼音化"是更优化的方案，一方面不至于引起中文写作的爆发和断裂；另一方面，从汉字内部发展拼音化，能和文改会的另一项任务——简化字做到并行不悖，而这是拉罗字母的拼音方案无法做到的。唐兰写道："汉字拼音化将以简化的方式出现，因之，可以逐渐进行的。"他估计，在三到五年的时间内"插入一千多个拼音简字"并不会十分困难。❶ 最后，他总结并预测："汉字拼音化，是从汉字内部孕育出来的拼音文字。一方面继续使用汉字，一方面逐步推行新的拼音文字，使汉字使用范围逐渐缩小，拼音文字的使用范围相应的扩大以达到最后完全使用拼音文字，如其用逐渐过渡的方式是完全可能的。"❷

唐兰并不满足于纸上谈兵，他至少两次亲自动手设计拼音新字。在《各地人士寄来汉语拼音文字方案汇编》（1952）中，排在第一个的就是唐兰的方案，被归入"汉字式字母"一类。❸ 唐兰的方案包括 51 个声母和 14 个韵母，大部分来自原有汉字的简省与假借，保留 800 个汉字与新形声字混合使用。❹ 更早的一版拼音

---

❶ 唐兰：《论马克思主义理论与中国文字改革基本问题》，《中国语文》1956 年第 1 期，第 38、37 页。

❷ 唐兰：《论马克思主义理论与中国文字改革基本问题》，《中国语文》1956 年第 1 期，第 39 页。

❸ 《各地人士寄来汉语拼音文字方案汇编》（第 1 卷），第 1 页。

❹ 《各地人士寄来汉语拼音文字方案汇编》（第 1 卷），第 1 页。

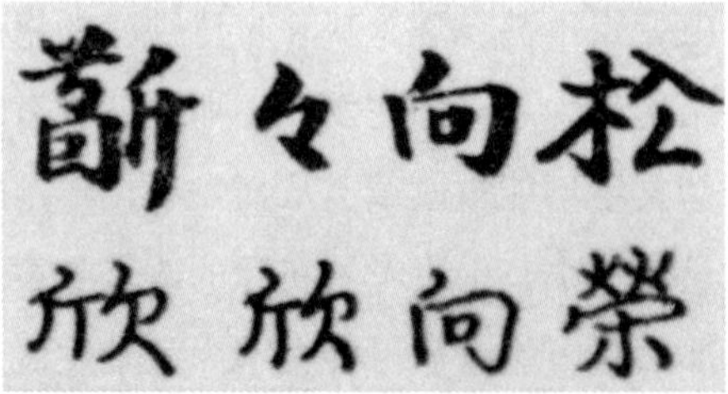

图 5.1

汉字作于 1949 年，有 54 个声母和 13 个韵母，搭配 800 个基本汉字（其中 600 字为必须认识的）。[1] 这些基本汉字主要是作为意符出现，而声母和韵母的自由组合则标记读音。两者一结合，真正的综合文字——拼音简字就此产生。唐兰用成语"欣欣向荣"（图 5.1）举例，组成该词的三个不同的字当中，"向"作为基本汉字被保留，而"欣"和"荣"则接受了汉字式字母的改造。两个"新形声字"的音值（x·in）和（r·ong）分别标记为蔚和公，声调则从略。[2]

要说明的是，如果我们把时间跳转到公开论辩发生的 1956—1957 年，那时唐兰并不热衷于推销自己早先的拼音方案，却是坚持"汉字拼音化"基本原则的，他认为"汉字拼音化"是比"汉语拼音"在文字学上更负责、更有效的方法。他 1956 年发表的宏文第四节的标题很好地总结了他和批评者的根本分歧："汉字拼音化呢还是汉语拼音？"这个核心问题以及唐兰一以贯之的答案，是我们理解他如何将"围剿"变成公开论辩，如何避免进一步的迫害并从拼音"意识形态"内部将其攻破的关键。面对众人

---

[1] 唐兰:《中国文字改革的理论和方案》,《唐兰全集》（第 11 卷），第 1423—1454 页。其中"切音文字草案"一节有具体切音文字表，见第 1439—1454 页。编者推测，这份已排版但未发表的方案成形于 1949 年 10 月前不久。

[2]《各地人士寄来汉语拼音文字方案汇编》（第 1 卷），第 1 页。唐兰的方案和大多数方案一样，并不注重标记声调。

对自己拼音方案字母化得不够彻底的批评，面对指控自己本质上是企图保留汉字的修正主义者的舆论，唐兰在1957年的答辩文章《再论中国文字改革基本问题》中明确反击："但怀疑只能是怀疑，臆断终究是臆断，我主张现在就使用拼音文字，总是事实。"理由很清楚："新加进去的一千多拼音文字，总是拼音文字，终究要为完全拼音开辟道路。"❶唐兰的综合文字至多被指有修正主义嫌疑，却不至于沦为"反革命"。他的批评者们对唐兰方案不够彻底的指控，反过来确认了唐兰方案符合拼音大框架的事实，承认了汉字拼音化也可以是中文书写系统实现拼音大目标的有效路径，尽管这样的民族形式可能"不彻底"。唐兰自始至终都是拼音的支持者，并成为寻求另类拼音解决方案的最有力代言人。面对求拼音心切的批评者们，唐兰以古文字学家的身份提醒大家，汉字从来都在发展和变化。作为综合文字，汉字过去朝注音和形声方向发展，未来将向拼音文字方向演化。他回顾历史，展望未来，写道：

> 中国文字的历史上有过这样的例子，它本来只有象形字、意符字，在殷商文字里有了注音字，就是形声字，但在那时还不到百分之三十，到了汉代，就几乎占全部文字的百分之九十了。在那个时代里，注音比意符进步，但由于这是自然发展，拖了一千多年，时间是十分长的；现在拼音文字比注音更进步了，在社会主义建设时期里，有组织有领导地进行文字改革，难道进步的文字反会不能发展吗？❷

---

❶ 唐兰：《再论中国文字改革基本问题》，《唐兰全集》（第3卷），第969页。

❷ 唐兰：《再论中国文字改革基本问题》，《唐兰全集》（第3卷），第971页。

诉诸"中国文字的历史"，唐兰将自己主张的汉字拼音化置于长时段的汉字革命的历史当中，从而建立起从汉字内部发展拼音文字的历史合法性。唐兰认为，可预见的是，相较于过去形声字的缓慢发展，社会主义文字改革将以更高的效率实现汉字拼音化、字母化，这既是表达对汉字革命的信心，也是在为汉字拼音化争取上层支持。只要"有组织有领导"的文改会能认同从汉字内部发展拼音化，便可以抵达中文字母的终点，那么拼音文字实际上已经唾手可得，唐兰自己就有两个版本可供参考。接下来，唐兰转守为攻："并不是我在'把实现完全拼音的文字拖到遥遥无期'，事实上却是有些同志不允许人民大众迅速获得拼音文字。"❶ 尽管修辞略带火药味，但唐兰也承认他提出的解决方案——拼音简字混搭基础汉字——确实只是实现完全拼音化的第一步，在现阶段看来不够彻底。然而他进一步提示，认为综合文字不彻底就拒绝拼音汉字化的态度是短视的，因为一旦在汉字中引入"新质（拼音部分）"和"旧质（汉字部分）"的"矛盾"，那么汉字将不可避免地往更先进的、拼音的方向发展，就像汉字诞生的头一千年里，形声字克服了与象形字和意符字的矛盾而蓬勃发展，取得压倒性胜利一样。联系汉字历史，展望社会主义语文规划政策，唐兰深入论述从汉字内部发展拼音的优越性：汉字拼音化将避免爆发式的文字改革，可以在汉字真正"退休"前，有控制地淘汰旧文字，循序渐进地发展拼音简字，向完全的拼音化过渡，让新文字有机地从旧文字内部发展出来，从而避免"六亿人民在文化生活上受到任何方面的不可弥补的损失"。让文改会和唐兰的批评者们讶异的是，在不挑战拼音"意识形态"的前提下，新的拼音

---

❶ 唐兰：《再论中国文字改革基本问题》，《唐兰全集》（第3卷），第970页。

文字居然可以从汉字内部生长出来，且按照唐兰的话说，"新文字应该从旧文字内部孕育出来"。唐兰总结道："现在保持汉字基本形式就是为的将来发展为民族形式的但又完全拼音的中国新文字。"❶ 通过重新定义拼音这个关键概念，汉字拼音化获准继承拼音衣钵，新拼音文字亦获得了从汉字内部发展的许可。唐兰由此揭示出中止汉字革命的解决方案，即汉字内部的革命（汉字的拼音化与简化）与外在于汉字的革命（汉语拼音）间的妥协与中和。

揣测唐兰是否或者在多大程度上影响文改会最后的决议，恐怕意义不大。然而，我们有必要认识唐兰重新定义拼音的重大意义。一方面，如果拼音是汉字革命的终极目标，那么如唐兰所言，这个终极目标其实就蕴蓄在汉字内部，革命对象本身就有革命的因素。另一方面，被重新定义的拼音，相比所谓国际形式的拉罗字母，不仅同样可以承担再现语言的功能，还能表达比拉罗字母更丰富的意涵。唐兰提出的综合的拼音文字，在解构主义浮出历史地表之前，就展现了重新思考书写学的可能。从批判理论的角度来看，唐兰基于中国文字学理论，先于以书写学著称的法国哲学家德里达，揭示出文字绝不只是语言的附庸，提示了基于新文字观的形而上学的可能，唤起了不同于语音中心主义治下关于书写、意义和存在的想象。

汉字书写学

有必要说明的是，唐兰对拼音的重新定义并非只是应对拼音"意识形态"国家机器的权宜之计。他对中文书写的理解和关

---

❶ 唐兰:《再论中国文字改革基本问题》,《唐兰全集》（第 3 卷），第 972—973 页。

于文字改革的眼界，植根于他的毕生志业古文字学。唐兰在他的两部重磅级专著——《古文字学导论》（1934）和《中国文字学》（1948）——中，向我们展示了古文字学如何观照和影响汉字革命。❶《古文字学导论》被公认为"标志着现代意义上的古文字学的建立"，而《中国文字学》则可被认为是唐兰对科学和系统地研究中国文字学进行的学科规划和建构，唐兰因此被认为是现代中国文字学理论的奠基人。❷学术是唐兰参与社会主义文字改革并为之做出贡献的根基。立足文字，支持拼音，他最终指向的是批判语音中心主义的基本立场，并在批判理论的高度上开辟出基于汉字的书写学。

《古文字学导论》和《中国文字学》清晰勾勒出了唐兰的分析路径和理论轨迹，从介入汉字构成理论，到批判性回溯汉字历史，再到提出"新形声字"方案，最终重新界定文字学，展望独属于文字的意义与潜力。唐兰在《古文字学导论》中提出并始终坚持：两千年来统治汉字构成理论的"六书"应该精减为"三书"。❸虽然许慎《说文解字》中的"六书"——指事、象形、形声、会意、转注和假借——是历代文字学研究的基石，但唐兰认

---

❶《古文字学导论》构成了《唐兰全集》第 5 卷的全部内容，《中国文字学》则载于《唐兰全集》第 6 卷的第 389—521 页。《古文字学导论》出过四个版本：1934 年讲义版、1957 年修订过的油印版、1963 年党校版和 1981 年齐鲁书社版。《唐兰全集》采用了第四版，并做了进一步修改，见第 5 卷整理说明，第 466 页。至于《中国文字学》，常见的是上海古籍出版社 2001 年版，再版次数较少，据唐兰自己说："此书于一九四八年开明出版。因对中国文字拉丁化有不同意见被逼作处理，后致国内成为绝版书。"见《唐兰全集》（第 1 卷），第 13 页。

❷《唐兰全集》（第 1 卷），第 6、13—14 页。对《古文字学导论》的高度评价来自裘锡圭。

❸ 唐兰当然不是文字学史上第一个对《说文》"六书"提出质疑的人。"六书"的其他批评者还有郑樵、严可均、吴大澂、林义光等。参见唐兰：《古文字学导论》，《唐兰全集》（第 5 卷），第 284 页。

为，"六书"大可化约为"三书"——象形、象意和形声，而"三书"说不仅能够更全面地容纳所有汉字，也更简洁地澄清了汉字的历史发展："象形、象意文字是上古期的图画文字，形声文字是近古期的声符文字，这三类可以包括尽一切中国文字。"❶把形声字单列开，强调的是"近古期"声符文字的发展。南宋郑樵在《六书略》中统计，到近古时期形声字的数量已经是其他所有文字总和的十五倍。很多形声字是基于象形字、象意字创制或改变而来的，形声字大量产生的同时，象形字的数量则持续下降。文字数量愈多，形声字所占的比例就愈大。❷

鉴于绝大多数汉字都是形声字，在唐兰看来，中国文字的问题自然就是这些形声字的问题。❸汉字读音淆乱的根源，在于声符和意符的转换使用，以及对声符的运用缺乏一致性。《中国文字学》中，唐兰举了一个极端的例子：隹。作意符时，它表示短尾鸟或柘树的果实，读为 zhuī。但作声符与其他意符结合构成形声字时，它却不一定发 zhuī 音。事实上，声符"隹"构成的形声字读音多达三四十种，如椎、雉、唯、推、崔、準、進、堆，不一而足。❹三千年的汉字史中出现过诸多类似的表音注音的混乱，唐兰在别处称这种现象为"中国声符文字的退化"❺；但是这种混乱，恰恰是文字改革整肃的对象，应该也能够用科学的方法重

---

❶ 唐兰：《古文字学导论》，《唐兰全集》(第 5 卷)，第 292 页；《中国文字学》，上海：上海古籍出版社，2001，第 66—69 页。

❷ 唐兰：《中国文字学》，第 89 页。

❸ 唐兰认为："我们由历史的观点来说，过于前进的拼音文字一样是走不通的，中国文字现在可以走的路，是怎样去改进这些注音文字。"《中国文字学》，第 98 页。而混淆形声字与象形字或象意字是历史现象，前有方以智，后有钱玄同。

❹ 唐兰：《中国文字学》，第 96—97 页。

❺ 参见唐兰未发表的方案《中国文字改革的理论和方案》，《唐兰全集》(第 11 卷)，第 1433 页。

组、简化声符，使之真正达到拼音的效果。如果像"隹"这样的声符不再能标识包含它的形声字的正确音值，那就再无理由沿用。早在1930年代出版的《古文字学导论》中，唐兰就提出应该创制"新形声文字"，为应该被淘汰的声符提供更准确的替代方案。❶这个早期方案列出了创造新形声字的十项"大纲"（即基本原则）和六种"特殊优点"。❷值得一提的是，在1949年和1952年的两个拼音方案产生之前，唐兰就已经确立了从形声结构入手，实现文字改革拼音目标的基本路径。这个基本路径被称作"新形声文字"或者"综合文字"，它的基础汉字和声母韵母的数量可以有所变化，但用形声字这一民族形式改良拼音功能的基本方针，可谓数十年如一日。唐兰1934年便总结道："我们研究历史，不只为满足好古的私嗜。我们研究古的，要用以建设新的。我们希望能研究出最合理的文字，可用以建设伟大的新文化，因为这是文字学最后的目的。"❸

　　必须澄清的是，唐兰虽力主用科学的方法研究出最合理的汉字，建构科学的中国文字学，但他从未使用过英文术语grammatology或者法文grammatologie，也从未试图和创制grammatology这一新词的文字学家盖尔布或者将该词发扬光大的法国哲学家德里达对话，毕竟德里达的《论书写学》要迟至1967年才面世。但是从批判理论的角度出发，唐兰针对汉字革命提出的文字学概念，本质上就是解构主义意义上的书写学，甚至还早

---

❶ 新形声文字的原则与范例，参见唐兰：《唐兰全集》（第5卷），第295—310页。

❷ 新形声字有的从旧有字符更新而来，有的则是全新的创制。十项大纲包括：规定左形右声结构为新形声字的唯一组合方式，保留约五百个基础汉字，设四十个声母，用注音符号标注，声调标在声母四侧，等等。见《唐兰全集》（第5卷），第302—304页。六种特殊优点包括：能保存固有文化，易学易读易印刷，便于吸收别国文化和容纳科学知识等。同前书，第306—308页。

❸ 唐兰：《唐兰全集》（第5卷），第308页。

于解构主义意义上的书写学。从学科的角度来说，唐兰给文字学的定位是反语言学的，且自有批判理论的考量。他坚持认为研究文字的前提就是要将语言和书写区分开来，提出所有关于语音和语义的研究，包括音韵和训诂，都应该从文字学中"送出去"。❶如果说汉字革命的第一个全球性时刻是 20 世纪初语音中心主义确立主导地位的时刻——此后语言学向文字学宣布独立，语言凌驾于书写之上，那么，唐兰对肃清文字学、去除其中语言学残留的坚持，则是少有的将语言和文字的关系颠倒回来，把文字放在语言前面的时刻。他的文字学研究是纯粹研究书写的科学。再有，他和后结构主义更实质的共同点还在于对拼音书写的形而上学的批判。支持拼音的唐兰最终表达的是反语音中心主义的立场。

德里达将"逻各斯中心主义"定义为"拼音书写的形而上学"，一种"最原始和最强烈的本民族中心主义"。❷这种本民族中心主义要求全世界按自己的标准行事，只认可拼音文字这一种书写模式，只接受一种形而上的历史，只允许一种科学存在并以此科学为基本秩序。❸德里达认为本民族中心主义的三层定义中，拼音书写的问题是西方形而上学传统中最核心的问题，从柏拉图到黑格尔，从卢梭到列维－斯特劳斯，贯穿始终。❹德里达对西方形而上学传统的解构正建立在对拼音书写的处理上。一方面，拼音书写被当成是最理想的文字技术，可以记录语言（德里达使用

❶ 唐兰：《中国文字学》，第 6—7 页。

❷ Derrida, *Of Grammatology*, p. 3.

❸ Derrida, *Of Grammatology*, pp. 3–4.

❹ 如柏拉图的《斐德若篇》。海德格尔《语言的本质》和《通向语言的途中》（1959）有对"原始词语"（Urwort）的论述，引自 Derrida, *Of Grammatology*, part 1, chap. 1, n. 11, p. 380。德里达也在第二部分第一章（pp. 102–152）对列维－斯特劳斯的《忧郁的热带》和卢梭的《论语言的起源》进行了对读。

的概念是"充分语言"），实现自我存在，甚至被认为可以依靠它见证耶稣基督的"再临"。另一方面，拼音书写又被判定永远只能是语言的附庸和从属，相较于充分的真正的语言永远是匮乏的，且因为企图再现语言，而有以假冒真的危险。本质上，语音中心主义对拼音书写的特殊处理分两步走：首先将真实、科学、未经中介的声音设置于所有书写之外，然后规定拼音书写为最接近但永不可能真正复制这种声音的工具。在德里达的论述中，这两步走构成了西方形而上学和神学的文字基础。当然，必须说明的是，唐兰并无意对西方形而上学传统进行解构主义批判，他也未曾使用"本民族中心主义"的概念。但是，唐兰以古文字学和文字学理论为毕生志业，从中提炼出"形声"这个关键的民族形式——一方面确认未来汉字必然要向拼音文字的大方向发展，从而推进汉字革命；另一方面重新定义拼音的意涵，将汉字自身的形声功能与拉罗字母的表音功能等量观之，校正社会主义文字改革之语音中心主义倾向。事实上，唐兰的中国文字学理论是基于汉字内部生长出来的、有机的批判理论，以民族形式为出发点，解构了拼音书写的形而上学，比德里达更早提出了批判理论意义上的书写学。德里达的《论书写学》于1967年发表，而唐兰的书写学早在1948年《中国文字学》出版之时就已成形，到1950年代中期，在社会主义文字改革的论争中，批判锋芒愈加锋利，明确指向拉罗字母的本民族中心主义，清楚要求重视民族形式，与汉字革命反殖反帝的第二个国际时刻高度契合。

　　唐兰坚持叩问的关键问题有二：其一，拉罗字母是否是拼音书写先验的、唯一的选择？其二，西方形而上学认定语言为本源正宗，书写仅以其记录和补充的形式存在，在这看似命定的二元对立之外，我们是否有能力和空间想象不同于此的语言和书写的关系？关于拉罗字母的本民族中心主义，唐兰在 1956—1957 年的公开论辩中提出过一个尤为犀利的反问：如果他主张的拼音化的汉字和拉罗支持者们力主的"国际形式"的汉语拼音都能表音，那么"为什么一定要用国际通用字母呢"？❶ 这个直指字母普遍主义的"大哉问"，使得拉罗支持者对国际形式的忠诚与他们对民族形式的"顾忌"一并变得可疑起来。唐兰并非文改会委员，站在群众的角度，他恳请文改会的专家们反躬自省："群众的意见，有时是逆耳的，专家们为什么不肯彻底思考一下对方的理由和自己的缺点呢？"❷ 对拉罗字母普遍主义的绝对信心有必要被相对化。首先，就算语音中心主义的地位不可撼动，实现语音中心主义的也未见得就必须是拉罗字母。再者，如今积极求变的中文也追求拼音化字母化，大可加入对语音中心主义和字母普遍主义的争夺，民族形式理应和拉罗字母公平竞争。如果说对拼音书写的推崇有意无意地遮蔽了拉罗字母的本民族中心主义，那么唐兰的叩问则简单明了地将拉罗字母拉下"普遍"和"国际"的神坛，将之与汉字拼音化这种民族形式的拼音文字做比较，并明确站队，认为拉罗字母不如民族形式适用于社会主义文字改革。唐兰毫不掩饰汉字拼音化本质上是民族形式，属于也只适用于本民族。但让人意外的是，正是对民族形式的拥抱，让反本民族中心主义的批判立场成为可能。

反对拉罗字母的本民族中心主义的同时，唐兰也批评中国文字学中的本民族中心主义倾向，具体体现在唐兰对汉字基本属性与基本结构的判断上。汉字革命的标准论述总乐于强调汉字难以表音，但让人疑惑的是，主流汉字革命论似乎有意忽略了一个基

---

❶ 唐兰:《唐兰全集》(第 3 卷)，第 970 页。
❷ 唐兰:《唐兰全集》(第 3 卷)，第 970 页。

本事实，即象形、象意和形声文字在很大程度上是同步发展的，而形声字在总字数上占比 90%，是压倒性的多数。形声被忽视至此，简直好比《说文解字》奠定的近两千年来的文字学传统从未将形声列为"六书"之一一般。有意思的是，对汉字表音功能的贬抑由来已久。史学家阮思德（Bruce Rusk）对明末清初中欧文字交流有翔实的研究，他认为对汉字表音功能的这种贬抑有多方面的原因：首先，历代对象意、象形价值的强调，在很大程度上是因为人们认为象意、象形的文字能够直接上通贤圣，下启新知。比如，王莽就曾把《周礼》当作古文字学的宝库来合法化新朝的统治；另外，一些明代学者也认为训诂学对心学的修习有帮助。❶其次，欧洲传教士介绍中文书写系统时将汉字定义为"通行东亚的象形文字"，更强化了汉字看似无声的特点。❷最后还有一层原因，明清之际的文人，比如王世贞和方以智，接受了欧洲人的东方主义幻想，将对汉字表意和单音节的认识完全内化。唐兰通过将许慎的"六书"精减为"三书"，重新突出了汉字的表音功能，对西方和中国的双重本民族中心主义提出反对，并进一步指出以形声的基本结构来实现拼音的可能性。

　　唐兰新形声字的提法和他"三书"说的创见，有效纠正了彼时认为汉字没有表音功能的偏见。唐兰强调的重点是综合文字的

---

❶ 文字学家们公认"六书"中的象形是最早产生的。象形的原教旨派会说其他五项都是对象形的败坏，比如南宋文字学家戴侗《六书故》中的《六书通释》，转引自 Bruce Rusk, "Old Scripts, New Actors: European Encounters with Chinese Writing, 1550–1700," *East Asian Science, Technology, and Medicine*, no. 26 (2007), p. 88。阮思德列举了一些把古文字中的象形形式置于表音因素之上的用例，但这种偏好本身意味着表形和表音的共存（pp. 85, 87）。

❷ Rusk, "Old Scripts, New Actors," p. 104. 除了比较埃及象形文字和中国象形文字外，阮思德还指出了一件颇为讽刺的事，即创造了"表意文字"（ideogram）一词的商博良（Jean-François Champollion）恰恰证明了"埃及象形文字是作表音的"（ibid, p. 108）。

表音本质和潜力。乍听之下，唐兰既像他的批评者口中所言的那个修正主义者，也像他自己批评的对表音问题过分执着的专家。但恰恰是这种看似符合语音中心主义原则的较温和的改良主张，成为他能在拼音"意识形态"中保全自己的关键。然而，无论是唐兰的论战对手还是整个学界都未曾注意到的是，唐兰的文字理论中事实上已经生成了一个明确的反语音中心主义的立场。让我们回顾1957年唐兰在文改会组织的那场座谈会上的发言："我认为文字不等于录音、速写、记录。有的同志把创造文字看得太简单了，以为只要用若干符号把语音拼写出来就行了。语音记录不是文字，文字乃是一种历史的积累。"❶

此时离《中国语文》的公开论辩不过数月，唐兰的批评者们正在理解汉字内部有拼音化元素、新形声字有充分的表音潜力的论述，唐兰马上追加了关于书写的论断。他直捣黄龙，反对书写是语言的记录，认为文字和书写不能被语音和语言穷尽，文字和书写中的盈余叠加起来便是"一种历史的积累"。这个立场之重要，不仅在于唐兰从支持拼音的出发点竟发展出了反语音中心主义的批判，也不仅在于他从文字学理论角度主张文字不是语言的附庸，提前说出了解构主义批判形而上学的书写学基本立场，更重要的是，早在德里达批判拼音书写的形而上学（代表人物有柏拉图、胡塞尔、卢梭、索绪尔）之前，唐兰就已经实现了书写学批判意义上的颠倒，把构成西方本民族中心主义和贯穿汉字革命的本民族中心主义的书写观颠倒了过来。❷

---

❶ 唐兰:《唐兰全集》（第3卷），第996页。

❷ 这里的"颠倒"是在柄谷行人"転倒"的意义上使用的。见 Brett de Bary's introduction to Kojin Karatani, *Origins of Modern Japanese Literature*, trans. Brett de Bary et al. (Durham, N.C.: Duke University Press, 1993), pp. 1–10。

这种颠倒不啻为对语音中心主义式的语言和书写关系的全盘翻转。首先，通过拒绝将文字等同于对语言的记录，唐兰实际上拒绝了最早源自柏拉图的认为书写是语言的附庸的逻辑。柏拉图认为语言是正宗，书写是补充，甚至是邪恶的、可能歪曲语言的附庸，它污染记忆、破坏社群、僭越权位。如果德里达关于延异和痕迹的长篇分析最终证明了没有所谓纯粹的语言，书写总是栖居在语言之中，❶ 那么唐兰则更进一步，把书写从附庸变成了盈余。德里达在《论书写学》接近尾声的部分讨论了"原初的附庸"，对自然语言"词语"（对应法文"voix"和元音）和人工"声音"（对应法文"sons"和辅音）进行了区别，认为自然语言如啼哭尖叫确实是元音，但要组成语言，不得不仰赖辅音的力量，而辅音恰是人工的，是配合书写的。也就是说，人工的辅音在自然语言形成的原初时刻，就已然将书写的元素置入所谓纯粹语言的内里了。比德里达的"原初的附庸"更激进的是，唐兰完全翻转了书写捕捉和补充语言的前提，提出语言——元音和辅音——不能记录书写的全部。从附庸逻辑到盈余逻辑，唐兰将自柏拉图以降的语言为本、书写为辅的逻辑一笔勾销。

唐兰并未进一步展开论述在文字和书写中，究竟什么是语言无力捕捉的，所谓的盈余逻辑也只能归入笼统的"历史的积累"。但是，文字的盈余完全可以在形声字中找到具体体现。依形声字的定义，每一个形声字里都有超出语言再现的内容。如唐兰所说，每个字的字义上的、美学的、文字史的盈余如滚雪球般累积，最后形成的便是"历史的积累"。对唐兰来说珍贵的盈余，在拉罗字母支持者看来，是无效而多余的补充。但有意思的是，即便

---

❶ Derrida, *Of Grammatology*, pp. 34, 37.

在拉罗字母支持者那里，即便从语音中心主义内部出发，附庸的逻辑要压倒盈余的逻辑也颇费了一番周章。这还要从卢梭对形声字不甚顺畅的处理说起。大部分学者对此不曾留意，甚至包括批评卢梭的德里达，但形声字在卢梭的书写与文明等级论中占据相当的地位。卢梭将人类社会分成三个等级——"野蛮、蒙昧、文明"，分别对应三种文字——"象形文字、形声文字、分析性的表音文字"。❶象形文字是"原始的书写方式"，无意表音，直接指代"事物本身"。❷让纯粹的象形文字引以为豪的是它们直接再现事物本身的能力，但由于它对概念性和抽象化事物的无能为力，且难以承担谓语的功能，所以很难被用来遣词造句，也就把自己圈定在了原始文字的等级里。等级最高的分析性表音文字的语言再现力量当然强劲，它向"纯粹的表音文字"致意，许诺着"纯粹的在场"，因此是"文明"的。❸最蹊跷而值得玩味的部分便是形声字，卢梭使用的是"表意表音文字"（ideo-phonography, ideo-phonogram）。德里达概括卢梭对形声字的认识如下："表音表意文字预设了一个'双重的约定俗成'：其一，字形与它的音素的所指联系，约定俗成；其二，把音素的所指作为能指，与它所指的意思、概念联系起来，约定俗成。"❹对卢梭而言，作为"能指与所指的混合物"，形声字的双重约定俗成有一种特别的神秘性。一方面，形声字见证了"表音化的诞生"；另一方面，形声字里有尝试

---

❶ 这是德里达对卢梭观点的归纳，见 *Of Grammatology*, p. 319。

❷ Derrida, *Of Grammatology*, p. 317.

❸ 这里的引文也是德里达对卢梭的字母观念的讨论。卢梭认为表音文字再现语言的能力更强，而语言本身也是再现的结果，所以表音文字加强了再现语言这种再现能力，多重再现，不是好事；见 "The Alphabet and Absolute Representation," in Derrida, *Of Grammatology*, pp. 321–329。

❹ Derrida, *Of Grammatology*, p. 319.

描绘声音的"象形文字的残留"。❶ 发现其棘手的双重性后,卢梭无法继续讨论,只能视形声字为不完美不纯粹的再现,❷ 重谈书写之可疑,与对语言的败坏,重申表音文字对纯粹的语言和存在的追求。

　　让人讶异的倒不是卢梭在勉强处理完形声字的双重约定俗成后才能展开他的文明等级论,也不是他刻意淡化形声字对表音化的首创之功,转而强调其以象形手段描画声音的徒劳尝试。毕竟,从德里达《论书写学》的角度看来,卢梭《论语言的起源》完美地代表了语音中心主义的立场,以至于德里达对它的批判亦成就了完美的反语音中心主义的读解。真正让人奇怪的是卢梭的批评者德里达,在描述卢梭解除形声字威胁的尝试时,竟允许卢梭以"象形的残留"的论断结束有关形声字的讨论,而居然没有循着卢梭定义的"双重的约定俗成",用同样合理的"表音的盈余"来反驳卢梭。一方面,德里达论证了卢梭的《论语言的起源》作为18世纪形而上学的代表,充分体现了逻各斯中心主义对自证式存在(self-presence)和自身感发(auto-affection)的追求。另一方面,卢梭在形声字问题上的手足无措,却被德里达完美放过,从

---

❶ 卢梭——或者说是德里达笔下的卢梭——对表意表音文字的着迷从前一节"文字的历史与系统"一直延续到后一节"字母与绝对再现"。其原文如下:"Direct—or hieroglyphic—pictography represents the thing—or the signified. The ideo-phonogram already represents a mixture of signifier and signified. It already paints language (*langue*). It is the moment located by all historians of writing as the birth of phoneticization, for example, through the procedure of the picture puzzle (*rébus à transfert*); a sign representing a thing named in its concept ceases to refer to the concept and keeps only the value of a phonic signifier. Its signified is no longer anything but a phoneme deprived by itself of all sense. But before this decomposition and in spite of the 'double convention,' representation is reproduction; it repeats the signifying and signified masses en bloc, without analysis. This synthetic character of representation is the pictographic residue of the ideo-phonogram that 'paints voices'." (Derrida, *Of Grammatology*, p. 325)

❷ Derrida, *Of Grammatology*, p. 326.

而错过了一个从内部解构逻各斯中心主义的绝佳机会。对卢梭来说，纯象形文字和纯表音文字占据两极，体现了两种理性的思想。用德里达的话说，卢梭眼里最高级和最低级的文字事实上都追求纯粹的存在：第一种情况即对象形文字而言，象形是对被再现的对象的完美模仿；第二种情况即对表音文字而言，是语音自证似的在场。❶ 事实上，形声字是连接象形文字和拼音字母的枢纽，所以形声字无论是对象形的自动再现，还是对表音文字完美捕捉语言的野心，都表示友好。正是卢梭口中的"双重的约定俗成"——象形的残留和表音的盈余——让形声字成为一种既有语音能指又有概念命名功能的理想文字。❷ 由此，我们不得不问一个德里达没能问的但非常德里达式的问题：如果自证式存在和自身感发确是西方形而上学传统从柏拉图到卢梭一直追求的，那么形声字难道不是更优越的文字吗？

唐兰暗示这个问题的答案在于确认书写比语言丰富，书写不只是语音符号的累积。于是，第二层颠倒就此发生，数千年来定义语言和书写之内外关系的逻辑在这里发生倒转：书写不再是外在的，语言不再是内在的；相反地，语言被划归到外在，书写变成了历史本身。从柏拉图在《斐德若篇》里对书写表达的敌意开始——"书写的邪恶来自外部"；类似地，索绪尔也必须首先克服"书写这个奇怪的外在系统"，才能进入他对语言学内部系统的分析。当然，作为语言的记录，拼音和字母书写之所以能被容忍也只因为它们是歪曲程度最轻的外在，它们力求捕捉原初、自然和内里的声音，尽管它们的捕捉永不可能完美。这个完美语言的结

---

❶ Derrida, *Of Grammatology*, p. 327.

❷ Derrida, *Of Grammatology*, p. 325.

构曾经非常便宜地维持了逻各斯中心主义的运作；然而现在，完美语言的结构被打破、截断，被另一个叫历史的结构取而代之，而书写历史的正是形声字。正如唐兰再三强调的："语音记录的不是文字。"语言记录、转录、复述，甚至完美语言本身都无法进入积累历史的过程。既然历史由书写累积而成，那么语言就注定外在于这个历史结构。德里达思考如何走出逻各斯中心主义时，谈到了另一种"外在性"："我们希望能够抵达一种对逻各斯中心主义时代整体而言的外在性。"可以说，德里达寻求的批判理论意义上的外在性在汉字革命提供的解决方案中得以实现。唐兰对古文字学的重新思考，以及他的新形声字提案，一齐构成了这样一种外在性，一个能让德里达希望成真的外在性。借由它，"某种对整体性的解构"，有望获得突破。❶

如果外在性值得被重新考量，那么内在性也一样。第三层也是最后一层颠倒，恰恰是内在性的重构。重构或者重新占有内在性，一方面有改变汉字革命的前进方向的潜力；另一方面，能为汉字书写学注入新的活力。德里达在考查尼采如何用他的解构实践批判形而上学时，把尼采和海德格尔、黑格尔放在一起对读，他发现从内部破局的方法黑格尔一早就演练过了，德里达总结道："解构的行动对外部的结构不感兴趣。从外部解构，既不可能也没有效果。解构的行动但凡能做到有的放矢，那都是因为寄居到了要解构的结构中去。以一定的方式进入结构内部并栖居，人永远需要寻找栖居之所，尤其在不经意间，更有可能进入结构内部栖居。"❷同样地，尼采对形而上学传统的突破和突围，若不以

---

❶ Derrida, *Of Grammatology*, p. 176.
❷ 斯皮瓦克在新版本中说明了她如此翻译的理由。Derrida, *Of Grammatology*, p. 25.

利用形而上学传统的方式进行，将无从入手。❶ 从占据内在结构向外寻求突破的角度看，唐兰的新形声字主张便是一种解构。新形声字的运作必然要进入形声结构内部，向旧结构借用资源，进行有策略而经济的反叛。这种借用是结构性的，也就是说并不刻意区隔结构中的种种元素。❷ 如唐兰所示，汉字革命的内部有两个结构等待占领：其一，拼音"意识形态"，只有进入拼音"意识形态"内部才有可能批判语音中心主义的形而上学；其二，形声字，一旦进入汉字的旧结构，就可以借用形声的元素为汉字革命服务。所以，寄居在旧结构中寻求突破，破坏性和建设性并存。对唐兰来说，寄居、占有旧的形声字，能发展出新的形声字，破坏语音中心主义的同时，建设拼音文字的共同道路。借用唐兰的话——"新文字应该从旧文字内部孕育出来"，这不再只是愿景，而是结构和解构汉字革命的必经之路，是汉字书写学的题中之意。斯皮瓦克在《论书写学》四十周年版的"后记"中提出寄居、占据旧结构可以被当成是建构和实践智识行动主义（intellectual activism）的第一步。❸ 而唐兰的理论实践告诉我们，书写学本身就是智识行动主义。

归根结底，汉字革命的高潮带来了最出人意表的结果。空前的政治和群众动员，使得语音中心主义上升为拼音的"意识形态"。但讽刺的是，语音中心主义"意识形态"的巅峰却以对它的否定出现。语音中心主义的二律背反再次出现。这次与我们见证的汉字革命的三次嬗变——与文学革命合流的拉丁化运动、五四白话话语、新大众教育运动——并无二致，语音中心主义势头越

❶ Derrida, *Of Grammatology*, p. 20.

❷ Derrida, *Of Grammatology*, p. 25.

❸ Derrida, *Of Grammatology*, p. 350.

猛，它的贯彻实施就越虚弱。社会主义文字改革，依最强之势一举登上语音中心主义的顶峰，于是也以最彻底的方式遭遇解构和遏阻。语音中心主义意欲凌驾于所有民族形式的书写之上，却没料到对其内部两个概念——"拼音"和"形声字"的重新定义，让语音中心主义自己被占领、被解构。以严格的辩证法的方式，语音中心主义走向了汉字书写学。汉字书写学毫不避讳自己的本民族中心主义，早于德里达的《论书写学》而完成了对西方本民族中心主义的批判。对德里达和后结构主义者而言，西方的本民族中心主义之所以能将自己的意志强加于世界，主要分三步走：输出拼音书写的模型，书写形而上学的历史，以科学的概念作为组织世界秩序的唯一依托。而这三步共享的一条金科玉律，便是书写要以拉罗字母的形态出现。❶ 相应地，汉字书写学的成形也依靠三步：翻新"形声"的书写模型，主张一种进步的政治范式，复兴文字学这个古老的学科而让新知成为可能。

在汉字的层面，唐兰在古文字学和文字改革上下的功夫告诉我们，字母化、简化的新汉字将从旧汉字中孕育出来。后来的历史证明了唐兰的预言。1956 年 2 月 1 日，第一批 230 个简体字公布并在全国推行，之后，国家陆续发布了三批简化字，并对简体字表和偏旁简化字表进行了调整，于 1964 年 5 月刊布了汇总 2236 个字的《简化字总表》。❷ 需要特别说明的是，社会主义中国的简体字本身就是拼音大业的一部分，拼音和简字紧密关联。而

---

❶ Derrida, *Of Grammatology*, pp. 3–4.

❷ 《简化字总表》总数标为 2238 个，但有两字重复，所以实为 2236 个。与第一批简化字相比，1972 年着手拟定、1977 年公布的第二批简化字（俗称"二简"字，第一表 248 个字，第二表 605 个字）则不甚成功。王均主编：《当代中国的文字改革》，第 147—165 页。

为了保守新的中文书写系统提高拼音化的承诺，简化汉字之外，社会主义中国继续自己文字改革的任务："推广普通话，制定和推行汉语拼音方案。"

尽管周恩来总理 1958 年宣布的《当前文字改革的任务》可能与唐兰没有特别的关系，但是唐兰新形声字的构想和实验确乎为汉字革命的中止找到了一条可行道路。更重要的是，抛开实际政策的实施不谈，单从理论角度出发，形声书写代表了一种不同的文字学想象：一方面，有卢梭讨论形声字时体会到的"表音的盈余"；另一方面，有唐兰指示的书写学意义上的盈余——基于中国文字学的、批判理论意义上的文的积累。汉字书写学是植根于"文"的、关于"文"的理论。"文"通"纹"，指书写和纹路，揭示的是最朴素和真实的、关于世界组织方式的"道"。刘勰《文心雕龙》开篇"原道第一"里定义"文"——"文之为德也大矣，与天地并生者"。❶汉字书写学的文是书写本身，是广阔天地，是一种进步政治。在 20 世纪的第二个国际时刻，汉字书写学以拥抱自己民族形式的方式反对西方本民族中心主义，为反帝反殖和国际主义团结贡献了自己的力量。

最后，社会主义文字改革作为汉字革命中止前的最后一章，召唤汉字研究的老学问、重新占领旧学科的旧结构。汉字革命的肇端与结构主义语言学的兴起暗合，索绪尔的《普通语言学教程》和赵元任的《中国语言的问题》于 1916 年一同横空出世。至汉字革命的中止，语音中心主义的遏阻也伴随着学科层面的发展。唐兰 1956 年 10 月的一篇文章《文字学要成为一门独立的科学》，标

---

❶ 刘勰：《文心雕龙》，上海：上海古籍出版社，2008，第 1—2 页。

题便有提纲挈领之义。❶ 唐兰重申"语言学的发展不能代替文字学"，呼吁只有建立独立的、不依附于语言学的新世纪的文字学，科学的文字研究才有可能；文字学家们需要致力于个别文字的深入研究，也需要研究一切文字的共同规律和技术特点。

历史最后的反讽在于若没有语音中心主义，那么就不会有一个重获活力的中国文字学以及在批判理论意义上有新发展的汉字书写学。汉字革命最后的希望是能够生产出人文主义者寄予厚望的，智识上、知识论意义上的行动主义。汉字书写学通过联动的三步走，自主自发地拒绝语音中心主义范式下的本民族中心主义的书写观，积极反对对各种民族形式的化约和简化，支持世界多种书写系统的和平共处，展望由此重组世界的方式。为新世界寻找新意义，唐兰呼吁研究世界各种文字——埃及文字、苏马连文字、印度文字、希腊文字、拉丁文字、阿拉伯文字或印第安文字的学者都能看到书写的重要，为古老学科的新未来努力。唐兰号召全世界的文字学家："团结起来！"而这俨然就是汉字革命的结语。

---

❶ 这篇文章发表在 1956 年 10 月 6 日的《人民日报》上，算是他参与"百家争鸣"的记录。参见《唐兰全集》（第 3 卷），第 953—955 页。

尾声

最后的守护人

2016 年 6 月 3 日，北京二环内，我终于见到了周有光。彼时一百一十岁的他自嘲是"被上帝遗忘的人"，已不再会客，我的多次采访请求也均被周老的陪护人员婉拒。周有光著作等身，尤其在八十五岁正式退休后多产得惊人。我的若干疑问其实从他的作品里已经能得到基本解答，但我还是想面见这位文字改革委员会最后的在世成员，哪怕只是向他致敬。正当我要接受"被上帝遗忘的人"不应被打扰时，我的引荐人、社科院的语言学家、国家语委高级研究员苏金智教授带我走进了周有光的家门。❶

周有光的家很朴素，几近简陋。这栋国家语委的宿舍楼住过不少文改会的老同事，比如王均和尹斌庸。作为一位刚刚出院、身体虚弱的百岁老人，周老虽需要靠枕支持，但神志清醒、说话清晰，他用柔软的常州口音亲切地接待了我们。他的助听器尚在修理，所以我只能通过笔谈提问，他则说话作答。想来有趣，采访汉字革命的最后一位见证人却还须依靠汉字。我的第一个问题是："为什么常州青果巷这么特别？"读完我笔记本上的这行大字，周老会心一笑。青果巷是常州城里现存最老的巷子之一，历

---

❶ 文字改革委员会于 1985 年更名为国家语言文字工作委员会（或简作国家语委），但它在北京朝阳门内南小街 51 号的地址保持不变。

史至少可以追溯到 16 世纪。而在 19 世纪末 20 世纪初的短短数年间，这里竟先后诞生了三位汉字革命家——赵元任、瞿秋白和周有光，又分别成为罗马化、拉丁化和社会主义文字改革的代表人物。这历史的巧合太过工整，似乎暗含某种深意，邀人发掘。周老对此也不知该作何解释，只是说："赵元任很了不起的。"停顿片刻，他补充道："如果算上整个常州，那还有吴稚晖。"吴稚晖是国民党四大元老之一、世界语支持者，在 1913 年持续半年的读音统一会上担任主席，参与审定注音符号。有意思的是，常州在孕育最激进、最引人瞩目的汉字革命者之前，也是晚清今文经学的研究重镇。常州学派尤其注重对经典的口头传授，代表人物庄存与和刘逢禄当然也是常州人。❶

周有光并非天生的语言学家。他先后在圣约翰大学、光华大学读经济学，毕业后在杭州和无锡办大众教育，之后留学日本，成了一名颇为成功的银行家。❷周有光一直保持着对语言学的兴趣，对字母化也有涉猎，直到 1955 年受周恩来总理邀请才正式改行。他从 1920 年代早期就开始研究速记法，后来支持过罗马化和拉丁化，对后者更有好感。❸在政治上，周有光一直是爱国的左派人士，早年为支持五卅运动放弃了圣约翰的文凭，之后在杭州期

---

❶ Benjamin A. Elman, *Classicism, Politics, and Kinship: The Ch'ang-chou School of New Text Confucianism in Late Imperial China* (Berkeley: University of California Press, 1990). 中文版参见本杰明·艾尔曼：《经学、政治和宗族：中华帝国晚期常州今文学派研究》，赵刚译，南京：江苏人民出版社，1998。

❷ 五卅运动这一标志性事件也导致了光华大学（后来的华东师范大学）的成立，当时圣约翰大学的一群师生抗议圣约翰的帝国主义和反劳工主义立场，转而创办了光华大学。这次"割席"的领导者是另一个常州人孟宪承，周有光毕业后投身大众教育受到了孟宪承的很大影响。参见周有光：《逝年如水》，第 27—34、40—49 页。

❸ 周有光记下了国共内战期间（1947—1949）自己在长沙与中共拉丁化元老徐特立围绕新文字的讨论。周有光：《逝年如水》，第 87、155 页。

间开始了解并同情地下共产主义运动，1949 年上海解放后便结束外派离美归国，决心响应号召投身新中国的建设事业。周有光坦言自己转行的起因是一篇业余时间写的文章，这篇一经发表就引起广泛关注的文章考察了不同方言新文字的方案并提出了共同化这些方案的办法。他继此写就系列文章，后结集成书，于 1952 年出版《中国拼音文字研究》。就这样，周有光的研究引起了文改会的注意。1955 年北京召开第一次全国文字改革会议，他受邀参加，本预计这次会议之旅不会超过一个月，但会议结束时却被告知文改会想留他在北京工作，上海方面会收到周恩来总理亲自下达的调令。❶

委员会下设两个工作组，分别负责简化汉字和设计拼音，周有光加入的是后者。拼音组设计的最终方案于 1958 年正式被官方公布。❷周老一直拒绝媒体授予他的"汉语拼音之父"的名号，但对 1982 年汉语拼音获得国际标准化组织（ISO）的认证却津津乐道。那是汉语拼音国际化的重要一步，是有深刻文化意涵的准外交壮举。❸我请教周老对汉字未来的看法，他毫不犹豫地回答："汉字肯定要继续改革的。"准确地说，需要进一步改革的是汉字的"语文技术"。作为一名真正的拼音派信徒，周有光关于拉罗字母的基本立场从未改变，始终认为拉罗字母是技术上最先进、最缜密的文字，而他参与推行的汉语拼音为古老汉字开辟的正是一条通往字母技术的未来大道。周老提醒道："80 年代汉字又出问

---

❶ 周有光：《逝年如水》，第 268 页。

❷ 关于官方对拼音的认可有一系列纪念文章，参见《汉语拼音方案的制定和应用》，北京：文字改革出版社，1983。周有光关于拼音三原则——拉丁化、音素化和口语化——的论述，参见周有光：《中国拼音文字研究》，上海：东方书店，1952，第 53—59 页。

❸ 关于周有光对 ISO 会议的看法，参见周有光：《逝年如水》，第 394—398 页。

题了。"而那一次对汉字的怀疑是因为计算机输入系统与汉字的不兼容，周老总结："从来都是因为技术。"

周有光对汉字未来的判断并未偏离他的一贯立场，即他和文改会的最终目标——"中国语文的现代化"。❶ 汉字作为书写技术，其生存的前提条件是能与信息时代保持技术兼容。因此，社会主义文字改革的三项任务当中（"简化汉字、推广普通话、制定和推行汉语拼音方案"）最核心的是拼音。拉罗字母的应用为另两项任务提供了技术上的基础设施保证，并许诺将继续推进文字改革直至"拼音文字"最终实现。正如周有光在《汉字改革概论》中总结的那样："在建设汉语拼音文字的道路上虽然我们还只走了最初的一段，可是最后胜利的目标已经清楚在望了。"❷

正是因为有这个清楚在望的终极目标，周有光才能毫无保留地支持简化字，至少支持 1956 年公布的第一批简化字和 1935 年国民政府通过的简化字，认为这两张简字表能为海峡两岸的文字统一提供最大公约数。也正是因为汉字革命的终极目标，周有光倡导普通话的未来应是语体文（口语化的书面语）和文体语（书面化的口语）的合流。❸ 从他第一次涉足拼音事业，直至寿越期颐

---

❶ 周有光关于语文现代化的文章，可参阅《新语文的建设》，《周有光文集》（第 5 卷），北京：中央编译出版社，2013，第 13—53 页；《新语文和新技术》，《周有光文集》（第 5 卷），第 317—358 页；《我和语文现代化》，《周有光文集》（第 14 卷），第 468 页。

❷ 周有光的《汉字改革概论》由 1958—1959 年间在北京大学授课的讲稿编成，他当时是受委员会委员、语言学家王力的邀请去北大授课。该书初版于 1961 年，收入《周有光文集》时作了修订。参见周有光：《周有光文集》（第 1 卷），第 9—420 页，引文在第 405 页。

❸ 周有光解释了所谓的简体字和繁体字为何都偏离了"六书"的造字原则，以及在这两个简化方案的基础上实现重新统一的可能性。参见《周有光文集》（第 10 卷），第 138 页。借助语体文和文体语这两个概念，周有光为中国语文设想了新的言文一致。《周有光文集》（第 5 卷），第 671—679 页。

仍然著述不倦，矢志未改——汉字革命终将成功。

　　我的采访提纲上还有很多具体问题，比如周有光在安娜堡（Ann Arbor）听赵元任讲座时作的笔记，罗马化元老黎锦熙在文改会中的角色，文改会与朝鲜和日本方面的交流，以及少数民族语文的字母化工作等。周老和蔼地告诉我，教育部的档案比他日益衰退的记忆可靠得多。不久，周老的护工告诉我们午休时间已到。我大胆提出了最后的请求，请周老在他的回忆录《逝年如水》（2015）上为我签名。看到这四百多页的大部头，周老很高兴，说感恩老天给他那么多时间把所有想说的都写成文字。护工说我很走运，周老从1月起就没有拿过笔。众人于是认真地对周老行注目礼，毕竟百岁老人为读者签名不是寻常事。只见他艰难地拿起我的笔，慢慢地犹如刺绣般把自己的名字"绣"到了扉页上。周老正思量在名字旁边再写句话，护工果断拿下笔来，要他赶紧休息。他微笑着答应，双手合十。苏博士和我起身告辞之际，周老说："回来吧，语文事业还有很多工作要做。"

　　2017年1月14日，刚过完一百一十一岁生日的周有光与世长辞，国内外媒体皆撰文纪念。我打开书架上那本他亲笔签名的回忆录，最后的守护人已然逝去，留在世间的是他的文字，连同他为之奋斗的汉字革命的希望与失望、成功与遗憾。周老说得对，确实还有很多工作要做。语文事业未竟，汉字革命常青。

参考文献

一 档案材料

江苏省常州市瞿秋白纪念馆

安徽省歙县陶行知纪念馆

香港中文大学崇基学院牟路思怡图书馆卞赵如兰特藏

美国加州大学伯克利分校班克罗夫特图书馆赵元任档案

美国纽约哥伦比亚大学珍本和手稿图书馆"国际乡村改造学院"（International Institute of Rural Reconstruction）档案

美国圣经公会（American Bible Society）

二 报纸期刊

《国语月刊》

《国语周刊》

《基督教青年会驻法华工周报》

《拼音》

《文字改革》

《新教育》

《新青年》

《新社会》

《新世纪》

《中国语文》

三　中文文献

蔡翔：《革命／叙述：中国社会主义文学－文化想象（1949—1966）》，北京：北京大学出版社 2010 年版

陈奋编：《梁士诒史料集》，北京：中国文史出版社 1991 年版

陈翰笙主编：《华工出国史料》（10 辑），北京：中华书局 1980—1984 年版

陈鹤琴：《陈鹤琴全集》（6 卷），南京：江苏教育出版社 1992 年版

——：《我的半生》，上海：华华书店 1946 年版

——：《语体文应用字汇》，上海：商务印书馆 1933 年版

陈梦家：《梦甲室存文》，北京：中华书局 2006 年版

——：《新月诗选》，上海：新月书店 1931 年版

——：《铁马集》，上海：开明书店 1934 年版

陈梦熊口述：《我的水文地质之路：陈梦熊口述自传》，长沙：湖南教育出版社 2013 年版

陈平原、王德威、商伟编：《晚明与晚清：历史传承与文化创新》，武汉：湖北教育出版社 2004 年版

陈三井：《华工与欧战》，台北："中央研究院"近代史研究所 1986 年版

陈三井、吕芳上、杨翠华编：《欧战华工史料》，台北："中央研究院"近代史研究所 1997 年版

程巍：《语言等级与清末民初的"汉字革命"》，见刘禾主编：《世界秩序与文明等级：全球史研究的新路径》，北京：生活·读书·新知三联书店 2016 年版

村田雄二郎：《五四时期的国语统一论争——从"白话"到"国语"》，赵京华译，见王中忱等编：《东亚人文·第一辑》，北京：生活·读书·新知三联书店 2008 年版

——：《语言·民族·国家·历史：村田雄二郎中国研究文集》，重庆：重庆出版社 2020 年版

《第一次全国文字改革会议文件汇编》，北京：文字改革出版社 1957 年版

丁文江、赵丰田编：《梁启超年谱长编》，上海：上海人民出版社 1983 年版

杜子劲辑：《一九四九年中国文字改革论文集》，北京：大众书店 1950 年版

费锦昌主编：《中国语文现代化百年记事（1892—1995）》，北京：语文出版社 1997 年版

凤冈等编：《民国梁燕孙先生士诒年谱》，台北：商务印书馆 1978 年版

清华大学中共党史教研组编：《赴法勤工俭学运动史料》（3 卷），北京：北京出版社 1979—1981 年版

中国文字改革委员会拼音方案部编：《各地人士寄来汉语拼音文字方案汇编》（2 卷），北京：中国文字改革委员会拼音方案部 1954—1955 年版

耿振生主编：《近代官话语音研究》，北京：语文出版社 2007 年版

顾杏卿：《欧战工作回忆录》，上海：商务印书馆 1937 年版

胡适：《胡适全集》（第 37 卷），合肥：安徽教育出版社 2003 年版

——：《胡适文集》（第 1 卷），北京：北京大学出版社 1998 年版

黄德宽、陈秉新：《汉语文字学史》，合肥：安徽教育出版社 1990 年版

黄锦树：《章太炎语言文字之学的知识（精神）系谱》，新北：花木兰文化出版社 2012 年版

季剑青：《"声"之探求：鲁迅白话写作的起源》，《文学评论》2018 年第 3 期

老舍：《〈老牛破车〉新编——老舍创作自述》，香港：三联书店 1986 年版

木山英雄：《文学复古与文学革命：木山英雄中国现代文学思想论集》，赵京华译，北京：北京大学出版社 2004 年版

黎锦熙：《国语模范读本首册》，上海：中华书局 1928 年版

——：《国语四千年来变化潮流图》，北平：文化学社 1929 年版

——：《国语运动史纲》，北京：商务印书馆 2011 年版（1935 年初版）

李绵：《陕甘宁边区一次很有意义的文字改革试验——怀念吴玉章同志》，《陕西师范大学学报（哲学社会科学版）》1980 年第 2 期

李天纲：《中国礼仪之争：历史·文献和意义》，上海：上海古籍出版社 1998 年版

梁启超：《欧游心影录》，北京：商务印书馆 2014 年版

林焘、耿振生：《音韵学概要》，北京：商务印书馆 2004 年版

林少阳：《鼎革以文——清季革命与章太炎"复古"的新文化运动》，上海：上海人民出版社 2018 年版

——：《"五四"新学之修辞学：语言思想之现代嬗变》，《中国现代文学》2018 年第 34 期

刘进才：《语言运动与中国现代文学》，北京：中华书局 2007 年版

刘勰：《文心雕龙》，上海：上海古籍出版社 2008 年版

刘增人、冯光廉编：《叶圣陶研究资料》，北京：十月文艺出版社 1988 年版

陆法言：《切韵》，南京：江苏广陵古籍刻印社 1987 年版

鲁迅：《鲁迅全集》（18 卷），北京：人民文学出版社 2005 年版

陆胤：《国文的创生：清季文学教育与知识衍变》，北京：社会科学文献出版社 2022 年版

卢戆章：《一目了然初阶》，北京：文字改革出版社 1959 年版（1892 年初版）

罗常培：《耶稣会士在音韵学上的贡献》，《中央研究院历史语言研究所集刊》1930
　　年第 1 本第 3 分

罗家伦：《简体字运动》，台北："中央文物供应社" 1954 年版

罗志田：《国家与学术：清季民初关于"国学"的思想论争》，北京：生活・读
　　书・新知三联书店 2003 年版

——：《清季围绕万国新语的思想论争》，《近代史研究》2001 年第 4 期

梅祖麟：《比较方法在中国，1926—1998》，《语言研究》2003 年第 23 卷第 1 期

孟庆澍：《无政府主义与五四新文化》，开封：河南大学出版社 2006 年版

倪海曙编著：《拉丁化新文字运动的始末和编年纪事》，上海：知识出版社 1987 年版

——：《清末汉语拼音运动编年史》，上海：上海人民出版社 1959 年版

——：《中国拼音文字运动史简编》，上海：时代书报出版社 1948 年版

——：《中国拼音文字概论》，上海：时代书报出版社 1948 年版

——：《中国语文的新生：拉丁化中国字运动二十年论文集》，上海：时代书报出
　　版社 1949 年版

倪慧如、邹宁远：《橄榄桂冠的召唤：参加西班牙内战的中国人（1936—1939）》，
　　台北：人间出版社 2001 年版

倪伟：《清末语言文字改革运动中的"言文一致"论》，《杭州师范大学学报（社会
　　科学版）》2016 年第 5 期

聂鸿音：《中国文字概略》，北京：语文出版社 1998 年版

彭春凌：《以"一返方言"抵抗"汉字统一"与"万国新语"——章太炎关于语言
　　文字问题的论争（1906—1911）》，《近代史研究》2008 年第 2 期

钱玄同：《钱玄同文集》（6 卷），北京：中国人民大学出版社 1999 年版

瞿秋白：《瞿秋白文集・文学编》（6 卷），北京：人民文学出版社 1985—1989 年版

商金林编：《叶圣陶年谱》，南京：江苏教育出版社 1986 年版

——：《叶圣陶年谱长编》（4 卷），北京：人民教育出版社 2004—2005 年版

苏金智：《赵元任传：科学、语言、艺术与人生》，南京：江苏文艺出版社 2012 年版

孙晓忠：《村庄中的文书行政：以土改合作化小说为中心》，《中国现代文学研究丛
　　刊》2017 年第 6 期

唐兰：《唐兰全集》（12 卷），上海：上海古籍出版社 2015 年版

陶行知：《陶行知全集》（8 卷），长沙：湖南教育出版社 1984—1985、1995 年版

——：《陶行知全集》（12 卷），成都：四川教育出版社 1991、1998、2002 年版

——：《行知书信集》，合肥：安徽人民出版社 1981 年版

王东杰：《声入心通：国语运动与现代中国》，北京：北京师范大学出版社 2019 年版

王风：《世运推移与文章兴替——中国近代文学论集》，北京：北京大学出版社 2015年版

汪晖：《现代中国思想的兴起》（4卷），北京：生活·读书·新知三联书店2004年版

——：《声之善恶：什么是启蒙？——重读鲁迅的〈破恶声论〉》，《开放时代》2010年第10期

——：《世纪的诞生》，北京：生活·读书·新知三联书店2020年版

王均主编：《当代中国的文字改革》，北京：当代中国出版社1995年版

王颖：《杜威教育学派与中国教育》，北京：北京理工大学出版社2007年版

王中忱：《作为事件的文学与历史叙述》，台北：人间出版社2016年版

文振庭编：《文艺大众化问题讨论资料》，上海：上海文艺出版社1987年版

渥丹：《中国文字拉丁化文献》，上海：拉丁化出版社1940年版

吴相湘：《晏阳初传：为全球乡村改造奋斗六十年》，台北：时报文化出版有限公司1981年版

吴晓峰：《国语运动与文学革命》，北京：中央编译出版社2008年版

吴玉章等：《简化汉字问题》，北京：中华书局1956年版

夏丏尊：《文心》，台北：开明书店1977年版

夏衍：《上海屋檐下：三幕话剧》，北京：中国戏剧出版社1957年版

许地山：《论"反新式风花雪月"》，《大公报》1940年11月14日

——：《许地山散文》，北京：中国广播电视大学出版社1996年版

——：《许地山语文论文集》，香港：新文学学会1941年版

——：《无忧花》，南京：江苏文艺出版社2008年版

徐国琦：《文明的交融：第一次世界大战期间的在法华工》，北京：五洲传播出版社2007年版

叶宝奎：《明清官话音系》，厦门：厦门大学出版社2001年版

叶圣陶：《叶圣陶集》（26卷），南京：江苏教育出版社1987年版

——：《叶圣陶选集》，北京：开明书店1951年版

叶圣陶、夏丏尊：《文心》，北京：中国青年出版社1983年版

晏阳初：《平民教育新运动》，《新教育》1922年12月第5卷第5期

——：《晏阳初全集》（3卷），长沙：湖南教育出版社1992年版

——：《晏阳初文集》，成都：四川教育出版社1990年版

袁家骅等：《汉语方言概要》，北京：文字改革出版社1960年版

袁先欣：《语音、国语与民族主义：从五四时期的国语统一论争谈起》，《文学评论》2009年第4期

袁一丹：《另起的新文化运动》，北京：生活·读书·新知三联书店2021年版

余英时：《五四新论》，台北：联经出版事业有限公司1999年版

翟时雨：《汉语方言与方言调查》，重庆：西南师范大学出版社1986年版

湛晓白：《语文与政治：民国时期汉字拉丁化运动研究》，郑州：河南人民出版社
2019年版

张建国：《中国劳工与第一次世界大战》，济南：山东大学出版社2009年版

张建国、张军勇编著：《万里赴戎机：第一次世界大战参战华工纪实》，济南：山
东画报出版社2009年版

章太炎：《章太炎全集》（第4卷），上海：上海人民出版社1985年版

赵黎明：《"汉字革命"：中国现代文化与文学的起源语境》，北京：中国社会科学
出版社2010年版

赵萝蕤：《读书生活散札》，南京：南京师范大学出版社2009年版

赵新那、黄培云编：《赵元任年谱》，北京：商务印书馆1998年版

赵荫棠：《等韵源流》，北京：商务印书馆2011年版

赵元任：《最后五分钟》，上海：中华书局1929年版

——：《现代吴语的研究》，北京：商务印书馆2011年版

——：《赵元任全集》（第1，3，4，7，11，14—16卷），北京：商务印书馆
2002—2007年版

——：《赵元任语言学论文集》，北京：商务印书馆2002年版

——：《关于苏俄的拉丁化中国语》，《国语周刊》1934年第6卷第139期

郑毓瑜：《姿与言：诗国革命新论》，台北：麦田出版社2017年版

周恩来：《当前文字改革的任务》，见王均主编：《当代中国的文字改革》，北京：
当代中国出版社1995年版

周有光：《中国拼音文字研究》，上海：东方书店1952年版

——：《汉字改革概论》，北京：文字改革出版社1961年版

——：《拼音化问题》，北京：文字改革出版社1980年版

——：《周有光文集》（15卷），北京：中央编译出版社2013年版

——：《逝年如水：周有光百年口述》，杭州：浙江大学出版社2015年版

周振鹤、游汝杰：《方言与中国文化》，上海：上海人民出版社2006年版

周质平：《晚清改革中的语言乌托邦：从提倡世界语到废灭汉字》，《二十一世纪》
2013年6月号

朱经农、陶行知编：《平民千字课》，上海：商务印书馆1923年版

朱麟公编：《国语问题讨论集》，上海：中国书局1921年版

张仲民：《世界语与近代中国知识分子的世界主义想象——以刘师培为中心》，《学
术月刊》2016年第4期

四　外文文献

Anderson, Benedict. *Imagined Communities: Reflections on the Origin and Spread of Nationalism*. London: Verso, 2006.

——. *Language and Power: Exploring Political Cultures in Indonesia*. Ithaca, N.Y.: Cornell University Press, 1990.

——. "Western Nationalism and Eastern Nationalism." *New Left Review* 9 (May-June 2001).

Anderson, Marston. *The Limits of Realism: Chinese Fiction in the Revolutionary Period*. Berkeley: University of California Press, 1990.

Bachner, Andrea. *Beyond Sinology: Chinese Writing and the Scripts of Culture*. New York: Columbia University Press, 2014.

Bell, Alexander Melville. *Visible Speech: The Science of Universal Alphabetics*. London: Simpkin, Marshall, 1867.

Bernards, Brian. *Writing the South Seas: Imagining the Nanyang in Chinese and South-east Asian Postcolonial Literature*. Seattle: University of Washington Press, 2015.

Bloomfield, Leonard. *An Introduction to the Study of Language*. New York: Holt, 1914.

Boase, Paul, ed. *The Rhetoric of Christian Socialism*. New York: Random House, 1969.

Broomhall, Marshall. *The Bible in China*. London: China Inland Mission, 1934.

Buck, Pearl. *Tell the People: Talks with James Yen about the Mass Education Movement*. New York: Day, 1945.

Bush, Christopher. *Ideographic Modernism: China, Writing, Media*. Oxford: Oxford University Press, 2010.

Capps, John M., and Donald Capps, eds. *James and Dewey on Belief and Experience*. Urbana: University of Illinois Press, 2005.

Chan, Gerald. "China and the Esperanto Movement." *Australian Journal of Chinese Affairs*, no. 15 (January 1986).

Chao, Yuen Ren. *Language and Symbolic Systems*. Cambridge: Cambridge University Press, 1968.

——. *Mandarin Primer: An Intensive Course in Spoken Chinese*. Cambridge, Mass.: Harvard University Press, 1948.

——. "The Problem of the Chinese Language: Scientific Study of Chinese Philology." *The Chinese Students' Monthly* 11, no. 6 (1916); no. 7 (1916); no. 8 (1916).

Chen Heqin. "Latinization of the Chinese Language." *China Quarterly* 3 (1938).

Chow, Tse-tsung. *The May Fourth Movement: Intellectual Revolution in Modern China.* Cambridge, Mass.: Harvard University Press, 1960.

Clark, Katerina. *The Soviet Novel: History as Ritual.* Chicago: University of Chicago Press, 1981.

Coulmas, Florian. *The Writing Systems of the World.* Oxford: Blackwell, 1989.

Crespi, John. *Voices in Revolution: Poetry and the Auditory Imagination in Modern China.* Honolulu: University of Hawai'i Press, 2009.

Culp, Robert. *Articulating Citizenship: Civic Education and Student Politics in South-eastern China, 1912–1940.* Cambridge, Mass.: Harvard University Press, 2007.

Darwin, Charles. *The Descent of Man, and Selection in Relation to Sex.* 1871. Reprint, Cambridge: Cambridge University Press, 2009.

Davis, John A. *The Chinese Slave-Girl: A Story of Woman's Life in China.* Chicago: Student Missionary Campaign Library, 1880.

——. *Leng Tso, the Chinese Bible-Woman: A Sequel to "The Chinese Slave-Girl."* Philadelphia: Presbyterian Board of Publication, 1886.

DeFrancis, John. *The Chinese Language: Fact and Fantasy.* Honolulu: University of Hawai'i Press, 1984.

——. *Colonialism and Language Policy in Vietnam.* The Hague: Mouton, 1977.

——. *Nationalism and Language Reform in China.* Princeton, N.J.: Princeton University Press, 1950.

——. *Visible Speech: The Diverse Oneness of Writing Systems.* Honolulu: University of Hawai'i Press, 1989.

Denning, Michael. *The Cultural Front: The Laboring of American Culture in the Twentieth Century.* London: Verso, 2010.

Denton, Kirk A., ed. *Modern Chinese Literary Thought: Writings on Literature, 1893–1945.* Stanford, Calif.: Stanford University Press, 1996.

Derrida, Jacques. *Monolingualism of the Other; or, The Prosthesis of Origin.* Translated by Patrick Mensah. Stanford, Calif.: Stanford University Press, 1998.

——. *Of Grammatology.* Translated by Gayatri Chakravorty Spivak. Baltimore: Johns Hopkins University Press, 2016.

Dirlik, Arif. "The Ideological Foundations of the New Life Movement: A Study in Counterrevolution." *Journal of Asian Studies* 34, no. 4 (August 1975).

Driver, Godfrey Rolles. *Semitic Writing: From Pictograph to Alphabet.* London: Oxford

University Press, 1976.

Eco, Umberto. *The Search for the Perfect Language*. Oxford: Blackwell, 1997.

Elman, Benjamin A. *Classicism, Politics, and Kinship: The Ch'ang-chou School of New Text Confucianism in Late Imperial China*. Berkeley: University of California Press, 1990.

———. *From Philosophy to Philology: Intellectual and Social Aspects of Change in Late Imperial China*. 2nd ed. Los Angeles: University of California Press, 2001.

———. *On Their Own Terms: Science in China, 1550–1900*. Cambridge, Mass.: Harvard University Press, 2005.

Ertürk, Nergis. *Grammatology and Literary Modernity in Turkey*. Oxford: Oxford University Press, 2011.

Fabian, Johannes. *Time and the Other: How Anthropology Makes Its Object*. New York: Columbia University Press, 2002.

Fairbank, John King. *Chinabound: A Fifty-Year Memoir*. New York: HarperCollins, 1983.

———. *The Great Chinese Revolution*. New York: Harper and Row, 1986.

Fitzgerald, John. *Awakening China: Politics, Culture, and Class in the Nationalist Revolution*. Stanford, Calif.: Stanford University Press, 1996.

Fitzpatrick, Sheila. *The Commissariat of Enlightenment: Soviet Organization of Education and the Arts under Lunacharsky, October 1917–1921*. Cambridge: Cambridge University Press, 1970.

Gitelman, Lisa. *Scripts, Grooves, and Writing Machines: Representing Technology in the Edison Era*. Stanford, Calif. Stanford University Press, 1999.

Graft, Stephen G. "Angling for an Invitation to Paris: China's Entry into the First World War." *International Historical Review* 16, no. 1 (February 1994).

Grenoble, Lenore A. *Language Policy in the Soviet Union*. Dordrecht: Kluwer Academic, 2003.

Griffin, Nicholas John. "The Use of Chinese Labour by the British Army, 1916–1920: The 'Raw Importation,' Its Scope and Problems." PhD diss., University of Oklahoma, 1973.

Gunn, Edward. *Rendering the Regional: Local Language in Contemporary Chinese Media*. Honolulu: University of Hawai'i Press, 2006.

Hamilton, W. B., Mrs. *The Chinese Bible Woman*. New York: Women's Board of Foreign Missions of the Presbyterian Church, n.d.

Harootunian, Harry. *Overcome by Modernity: History, Culture, and Community in Interwar*

Japan. Princeton, N.J.: Princeton University Press, 2000.

Harris, Roy. *Language, Saussure and Wittgenstein: How to Play Games with Words*. New York: Routledge, 1990.

Harris, Roy, and Talbot Taylor, eds. *Landmarks in Linguistic Thought I: The Western Tradition from Socrates to Saussure*. New York: Routledge, 1997.

Haugen, Einar. "Dialect, Language, Nation." *American Anthropologist* 68, no. 4 (August 1966).

Havelock, Eric. *Origins of Western Literacy*. Toronto: Ontario Institute for Studies in Education, 1976.

Hayford, Charles. *To the People: James Yen and Village China*. New York: Columbia University Press, 1990.

Hayles, N. Katherine. *How We Became Posthuman: Virtual Bodies in Cybernetics, Literature, and Informatics*. Chicago: University of Chicago Press, 1999.

Hayot, Eric, Haun Saussy, and Steven G. Yao, eds. *Sinographies: Writing China*. Minneapolis: University of Minnesota Press, 2008.

Heidegger, Martin. *The Question Concerning Technology and Other Essays*. Translated by William Lovitt. New York: Harper Torchbooks, 1977.

Hessler, Peter. *Oracle Bones: A Journey Between China's Past and Present*. New York: HarperCollins, 2006.

Hill, Michael G. "New Script and a New 'Madman's Diary.' " *Modern Chinese Literature and Culture* 27, no. 1 (Spring 2015).

Hobsbawm, Eric. *The Age of Extremes: A History of the World, 1914–1991*. New York: Vintage Books, 1996.

Hsia, C. T. *A History of Modern Chinese Fiction, 1917–1957*. New Haven, Conn.: Yale University Press, 1971.

Hung, Chang-tai. *Going to the People: Chinese Intellectuals and Folk Literature, 1918–1937*. Cambridge, Mass.: Harvard University Press, 1985.

Huters, Theodore. "The Difficult Guest: May Fourth Revisits." *Chinese Literature* 6, no. 1/2 (July 1984).

——. "Legibility vs. the Fullness of Expression: Rethinking the Transformation of Modern Chinese Prose." *Journal of Modern Literature in Chinese* 10, no. 2 (December).

Ivy, Marilyn. *Discourses of the Vanishing: Modernity, Phantasm, Japan*. Chicago: University of Chicago Press, 1995.

Jameson, Fredric. *The Antinomies of Realism.* London: Verso, 2013.

——. *The Prison-House of Language: A Critical Account of Structuralism and Russian Formalism.* Princeton, N.J.: Princeton University Press, 1972.

Jones, Andrew F. *Developmental Fairy Tales: Evolutionary Thinking and Modern Chinese Culture.* Cambridge, Mass.: Harvard University Press, 2011.

Joseph, John E. *Saussure.* Oxford: Oxford University Press, 2012.

Kalfus, Ken. *The Commissariat of Enlightenment.* New York: Ecco, 2003.

Karatani, Kojin. "Nationalism and Écriture." *Surfaces* 5, no. 201.1 (1995).

——. *Origins of Modern Japanese Literature.* Translated by Brett de Bary et al. Durham, N.C.: Duke University Press, 1993.

Karl, Rebecca. *Staging the World: Chinese Nationalism at the Turn of the Twentieth Century.* Durham, N.C.: Duke University Press, 2002.

——. "A World Gone Wrong." *London Review of Books* 33, no. 23 (December 2011).

Karlgren, Bernhard. *Études sur la phonologie chinoise.* Leiden: Brill, 1915–1926.

——. *Philology and Ancient China.* Oslo: Aschehoug; Cambridge, Mass.: Harvard University Press, 1926.

——. *The Romanization of Chinese: A Paper Read Before the China Society on January 19, 1928.* London: China Society, 1928.

Kaske, Elizabeth. *The Politics of Language in Chinese Education, 1895–1919.* Leiden: Brill, 2008.

Kemp-Welch, A. *Stalin and the Literary Intelligentsia, 1928–1939.* New York: Palgrave Macmillan, 1991.

Kittler, Friedrich. *Gramophone, Film, Typewriter.* Stanford, Calif.: Stanford University Press, 1999.

Koeneke, Rodney. *Empires of the Mind: I. A. Richards and Basic English in China, 1929–1979.* Stanford, Calif.: Stanford University Press, 2004.

Lahusen, Thomas. "Cement." In The Novel, Volume 2: *Forms and Themes*, edited by Franco Moretti, Princeton, N.J.: Princeton University Press, 2006.

——. *How Life Writes the Book: Real Socialism and Socialist Realism in Stalin's Russia.* Ithaca, N.Y.: Cornell University Press, 1997.

Lanza, Fabio. *Behind the Gate: Inventing Students in Beijing.* New York: Columbia University Press, 2010.

Lau, Joseph S. M., C. T. Hsia, Leo Ou-fan Lee, eds. *Modern Chinese Stories and Novellas, 1919–1949.* New York: Columbia University Press, 1981.

Lee, Yeounsuk. *The Ideology of Kokugo: Nationalizing Language in Modern Japan.* Translated by Maki Hirano Hubbard. Honolulu: University of Hawai'i Press, 2010.

Lehmann, Winfred P. *Historical Linguistics: An Introduction.* New York: Routledge, 1993.

Levin, Thomas Y. "'Tones from out of Nowhere': Rudolph Pfenninger and the Archaeology of Synthetic Sound." *Grey Room*, no. 12 (Summer 2003).

Lew, Timothy Ting-fang. "The Psychology of Learning Chinese: A Preliminary Analysis by Means of Experimental Psychology of Some of the Factors Involved in the Process of Learning Chinese Characters." PhD diss., Columbia University, 1920.

Li, Fang-Kuei 李方桂 . "Languages and Dialects of China." Chinese Year Book, 1936 - 1937. Reprinted in *Journal of Chinese Linguistics* 1, no. 1 (1973).

Lin, Yü-sheng 林毓生 . *Crisis of Chinese Consciousness: Radical Antitraditionalism in the May Fourth Era.* Madison: University of Wisconsin Press, 1979.

Liu, Lydia H. *The Clash of Empires: The Invention of China in Modern World Making.* Cambridge, Mass.: Harvard University Press, 2004.

———. *The Freudian Robot: Digital Media and the Future of the Unconscious.* Chicago: University of Chicago Press, 2010.

———. "Translingual Folklore and Folklorics in China." In *A Companion to Folklore,* edited by Regina F. Bendix and Galit Hasan-Rokem. Malden, Mass.: Wiley Blackwell, 2012.

———. *Translingual Practice: Literature, National Culture, and Translated Modernity China, 1900 - 1937.* Stanford, Calif.: Stanford University Press, 1995.

Lurie, David. "Language, Writing, and Disciplinarity in the Critique of the 'Ideographic Myth': Some Proleptical Remarks." *Language and Communication* 26 (2006).

———. *Realms of Literacy: Early Japan and the History of Writing.* Cambridge, Mass.: Harvard University Press, 2011.

MacMillan, Margaret. *Paris 1919: Six Months that Changed the World.* New York: Random House, 2002.

Mair, Victor H. "Advocates of Script Reform." In *Sources of Chinese Tradition,* Vol. 2, edited by Wm. Theodore de Bary and Richard Lufrano. New York: Columbia University Press, 2000.

———. "Language and Script." In *The Columbia History of Chinese Literature,* edited by

Victor H. Mair. New York: Columbia University Press, 2001.

Malmqvist, N. G. D. *Bernhard Karlgren: Portrait of a Scholar*. Bethlehem, Penn.: Lehigh University Press, 2010.

Manela, Erez. *The Wilsonian Moment: Self-Determination and the International Origins of Anticolonial Nationalism*. Oxford: Oxford University Press, 2007.

Martin, Terry. *The Affirmative Action Empire: Nations and Nationalism in the Soviet Union, 1923-1939*. Ithaca, N.Y.: Cornell University Press, 2001.

McLuhan, Marshall. *Understanding Media: The Extensions of Man*. Corte Madera, Calif.: Gingko Press, 2003.

Meng, Yue. *Shanghai and the Edges of Empires*. Minneapolis: University of Minnesota Press, 2006.

Milne, A. A. *Second Plays*. London: Chatto and Windus, 1928.

Mishra, Pankaj. "Ordained as a Nation." *London Review of Books* 30, no. 4 (February 2008).

Mitchell, Timothy. *Colonizing Egypt*. Berkeley: University of California Press, 1991.

Moser, David. *A Billion Voices: China's Search for a Common Language*. Sydney: Penguin Books Australia, 2016.

Mullaney, Thomas. *The Chinese Typewriter: A History*. Cambridge, Mass.: MIT Press, 2017.

Murthy, Viren. *The Political Philosophy of Zhang Taiyan: The Resistance of Consciousness*. Leiden: Brill, 2011.

Norman, Jerry. *Chinese*. Cambridge: Cambridge University Press, 1988.

O'Conner, Timothy Edward. *The Politics of Soviet Culture: Anatolii Lunacharskii*. Ann Arbor, Mich.: UMI Research Press, 1983.

Ogden, C. K. C. K. *Ogden and Linguistics*. London: Routledge/Thoemmes Press, 1994.

——. *Debabelization: With a Survey of Contemporary Opinion on the Problem of a Universal Language*. London: K. Paul, Trench, Trubner, 1931.

Ong, Walter. *Orality and Literacy: The Technologizing of the Word*. London: Routledge, 1991.

Phan, John. "Lacquered Words: The Evolution of Vietnamese under Sinitic Influences from the 1st Century BCE through the 17th Century." PhD diss., Cornell University, 2013.

Pickowicz, Paul. *Marxist Literary Thought in China: The Influence of Ch'ü Ch'iu-pai*. Berkeley: University of California Press, 1981.

Pollock, Sheldon, Benjamin A. Elman, and Ku-ming Kevin Chang, eds. *World Philology.* Cambridge, Mass.: Harvard University Press, 2015.

Poole, Janet. *When the Future Disappears: The Modernist Imagination in Late Colonial Korea.* New York: Columbia University Press, 2014.

Porter, David. *Ideographia: The Chinese Cipher in Early Modern Europe.* Stanford, Calif.: Stanford University Press, 2001.

Potter, Ralph K., George A. Kopp, and Harriet C. Green. *Visible Speech.* New York: Van Nostrand, 1947.

Průšek, Jaroslev. *The Lyrical and the Epic: Studies of Modern Chinese Literature.* Bloomington: Indiana University Press, 1980.

Pusey, James Reeve. *China and Charles Darwin.* Cambridge, Mass.: Harvard University Asia Center, 1983.

Ramsey, S. Robert. *The Languages of China.* Princeton, N.J.: Princeton University Press, 1987.

Rusk, Bruce. "Old Scripts, New Actors: European Encounters with Chinese Writing, 1550−1700." *East Asian Science, Technology, and Medicine,* no. 26 (2007).

Saussure, Ferdinand de. *Course in General Linguistics.* Translated by Wade Baskin. Edited by Perry Meisel and Haun Saussy. New York: Columbia University Press, 2011.

Saussy, Haun. *The Ethnography of Rhythm: Orality and Its Technologies.* New York: Fordham University Press, 2016.

Schwarcz, Vera. *The Chinese Enlightenment: Intellectuals and the Legacy of the May Fourth Movement of 1919.* Berkeley: University of California Press, 1986.

Shang, Wei. "Writing and Speech: Rethinking the Issue of Vernaculars in Early Modern China." In *Rethinking East Asian Languages, Vernaculars, and Literacies, 1000−1919,* edited by Benjamin A. Elman. Leiden: Brill, 2015.

Shih, Shu-mei. *Visuality and Identity: Sinophone Articulations across the Pacific.* Berkeley: University of California Press, 2007.

Shih, Shu-mei, Tsai Chien-hsin, and Brian Bernards, eds. *Sinophone Studies: A Critical Reader.* New York: Columbia University Press, 2013.

Smith, Michael G. *Language and Power in the Creation of the USSR, 1917−1953.* Berlin: Mouton de Gruyter, 1998.

Snow, Edgar. "Awakening the Masses in China." *New York Herald Tribune,* December 17, 1933.

——. *Red Star Over China.* London: Gollancz, 1937.

Spivak, Gayatri Chakravorty. "Can the Subaltern Speak?" In *Can the Subaltern Speak? Reflections on the History of an Idea*, edited by Rosalind C. Morris, New York: Columbia University Press, 2010.

Steinberg, Mark D. *Proletarian Imagination: Self, Modernity, and the Sacred in Russia, 1910−1925*. Ithaca, N.Y.: Cornell University Press, 2002.

Sterne, Jonathan. *The Audible Past: Cultural Origins of Sound Reproduction*. Durham, N.C.: Duke University Press, 2003.

Summerskill, Michael. *China on the Western Front: Britain's Chinese Work Force in the First World War*. London: Michael Summerskill, 1982.

Tao, Xingzhi. *Education in China 1924*. Beijing: Commercial Press, 1925.

Thomas, Lawrence L. *The Linguistic Theories of N. Ja. Marr. University of California Publications in Linguistics*, vol. 14. Berkeley: University of California Press, 1957.

Thomson, James C., Jr. *While China Faced West: American Reformers in Nationalist China, 1928−1937*. Cambridge, Mass.: Harvard University Press, 1969.

Tseng, Gloria. "Chinese Pieces of the French Mosaic: The Chinese Experience in France and the Making of a Revolutionary Tradition." PhD diss., University of California, Berkeley, 2002.

Tsu, Jing. *Sound and Script in Chinese Diaspora*. Cambridge, Mass.: Harvard University Press, 2010.

Tsui, Brian. *China's Conservative Revolution: The Quest for a New Order, 1927−1949*. New York: Cambridge University Press, 2017.

Wang, David Der-wei. *Fin-de-Siècle Splendor: Repressed Modernities of Late Qing Fiction, 1848−1911*. Stanford, Calif.: Stanford University Press, 1997.

Wang, Pu. "Poetics, Politics, and Ursprung/Yuan: On Lu Xun's Conception of 'Mara Poetry.'" *Modern Chinese Literature and Culture* 23, no. 2 (Fall 2011).

West, Philip. *Yenching University and Sino-Western Relations, 1916−1952*. Cambridge, Mass.: Harvard University Press, 1976.

White, Ronald C., Jr., and Howard Hopkins. *The Social Gospel: Religion and Reform in Changing America*. Philadelphia: Temple University Press, 1975.

Wu, Shengqing. *Modern Archaics: Continuity and Innovation in the Chinese Lyric Tradition, 1900−1937*. Cambridge, Mass.: Harvard University Asia Center, 2013.

Xu Guoqi. *China and the Great War: China's Pursuit of a New National Identity and Internationalization*. Cambridge: Cambridge University Press, 2009.

——. *Strangers on the Western Front: Chinese Workers in the Great War*. Cambridge,

Mass.: Harvard University Press, 2011.

Yasar, Kerim. *Electrified Voices: How the Telephone, Phonograph, and Radio Shaped Modern Japan, 1868−1945*. New York: Columbia University Press, 2018.

Yeang, Chen-Pang. "From Modernizing the Chinese Language to Information Science: Chao Yuen Ren's Route to Cybernetics." *Isis* 108, no. 3 (September 2017).

Yen, James. *The Mass Education Movement, Bulletin No. 1 of the National Association of the Mass Education Movement*. Peking: National Association of the Mass Education Movement, 1924.

——. *New Citizens for China*. Peking: National Association of the Mass Education Movement, 1929.

——. *China's New Scholar-Farmer*. Peking: National Association of the Mass Education Movement, 1929.

——. *Ting Hsien Experiment 1930−1931*. Peking: National Association of the Mass Education Movement, 1931.

Zarrow, Peter. *Educating China: Knowledge, Society, and Textbooks in a Modernizing World, 1902−1937*. Cambridge: Cambridge University Press, 2015.

Zhang, Yingjin, and Zhiwei Xiao. "Sun Yu." In *Encyclopedia of Chinese Film*. London: Routledge, 1998.

Zhou, Gang. *Placing the Modern Chinese Vernacular in Transnational Literature*. New York: Palgrave Macmillan, 2011.

Zhou, Minglang, ed. *Language Policy in the People's Republic of China: Theory and Practice Since 1949*. Boston: Kluwer Academic, 2004.

——. *Multilingualism in China: The Politics of Writing Reforms for Minority Languages, 1949−2002*. Berlin: Mouton de Gruyter, 2003.

索引[*]

---

[*]　索引按拼音顺序排列。外国人名，有固定翻译的（如马克思、白求恩）按中文译名的
　拼音首字母顺序排序，没有固定译名的按姓氏的中文译名的拼音首字母顺序排列。

后　记

　　三联书店的钟韵编辑嘱我为这本书作后记。大疫之后，译作完成，写这篇后记意味着定义我个人漫长启蒙时代的问题终于必须画上句号，写后记也意味着我关于汉字革命和汉字革命者们的思考终于必须接受中文世界的审视。欣欣然而惴惴不安，不言自明。

　　我的第一本书能被收入三联·哈佛燕京学术丛书，要感谢三联的冯金红和钟韵两位老师。但三联对作者和作品的要求，意味着为译著质量计，我也有责任成为译者。因为我古怪的英文书名和一系列只属于我的概念，再高明的译者恐怕也会头疼；即便是作为作者，我自己也拿捏不好分寸，惮于置喙。不说"一名之立，旬月踟蹰"，至少也是译著大事，不敢造次。感谢北京师范大学的张千可博士助我一臂之力，和我共同承担了翻译任务。张博士负责第2、3、4章和第5章的部分，我负责导论、尾声、第1章和第5章的其余部分，另翻译整理索引，并负责最终统稿。翻译过程可谓漫长。作为拥有"最终解释权"的译著者，我一面感激居然在英文书付梓之后还有机会修订自己的专著，一面怀疑自己时常为概念和中文表达的"信达雅"而选择背弃文字层面的"信"，这是否为译界所不齿的便宜行为。译者和著者的双重身份引发存在危机：译者的任务要求对原文的忠诚，即便要在意译和硬译间来回摆荡；著者的责任要求对思考忠诚，即便只能放弃原文进行再创作。但是持续思考的著者，又怎么会"两次踏入同一条河流"？如果作者操刀翻译选择舍原文而近意义，那么译著的根本又在哪里？持续的自我怀疑和枯燥的自我翻译中，我只好选择以赵元任、钱玄同的"数人会"的指导思想为行动准则——"吾辈数人定则定矣"。自然，定稿中的所有错漏，吾必负全责。

这本小书的完成，从我最初对五四白话话语起疑，到最终决定以"汉字书写学"总结 20 世纪汉字革命的成果，跨越十载有余，其间得到太多师友和机构的帮助。长长的致谢名单，已敬录于英文版的"致谢"中，此处不再赘述。这里我要特别感谢自英文版出版以来，为本书慷慨点评的众位书评人，尤其是林少阳、刘津、范钟秀、王一丹、张秀阁，以及 Zev Handel, John Christopher Hamm 等学人，当然还有三联·哈佛燕京学术丛书的匿名审稿人。译稿吸收了诸多书评人和审稿人的批评意见。中文书评尤为精彩，这让我分外期待中译本问世后的讨论。书评中的真知灼见，让我看到继续推进中国语文和文学研究的若干可能性。书评里的同情之理解，也让我再次体认到汉字革命的意义。

这本小书发端于我对于"废汉字"的疑惑和好奇。汉字为什么被革命？为什么在 20 世纪转捩点被革命？革命的规模和进程如何？参与者几多？如果取信于一手材料，相信 20 世纪的汉字革命曾一度浩浩荡荡、一呼百应，是有汉字以来千年难见的奇事，那么为何时过境迁，文学史和大众文化记忆不再把汉字革命当作意欲撼动文脉、影响中国语文和文学的大事件？支持废汉字的核心人物，从中国现代语言学之父赵元任，到白话文之父胡适，再到一众以鲁迅为首的现代文学大家，可曾担心汉字尽废之后的中国语言学、白话文和中国文学还是否"中国"？中国语文和文学的基本面貌在汉字革命的理论和实践中发生了何种变化？这些变化对今天的中文书写和理论生产的意义又是什么？

这一系列的问题涉及三个面向——文字革命的历史、文字与文学的双生革命、文字革命的理论意义，是这本小书立志厘清的三个主题。学理层面的探讨，书中自有展开；至于是否有说服力，完全交给读者评判。这里谈一下完成中英两个版本之后，这三个主题教给我的三点启示。

第一，不吃后悔药。"后悔药"的说法来自李零先生的《鸟儿歌唱》，说的是启蒙、救亡和革命可以并存，没必要吃后悔革命的药。❶汉字革命作为 20 世纪中国革命的有机组成部分，自然也是"弃旧图新"，启蒙与救亡并存。庆幸汉字未被真正革命是一回事，后悔汉字经历过革命洗礼、假装汉字革命从未也不应该发生完全是另一回事。汉字革命是现代语音中心主义在世界范围抬头的重要一环、是重塑中国语文基本面貌的历史事实，大可不必一想到拉丁化、罗马化就如丧考妣，一对比繁简汉字就痛心疾首。汉字依靠自身传统，结合理论，最终得以留存，自是好事；但是汉字和使用汉字的人们经历过的关于启蒙、平等和自我解放的考问，不应该被忘记。文字、文学、文化与政治的革命母题，彼此紧紧缠绕，不可分割。承认汉字和中华文化经历过千年不遇的危机，是认识 20 世纪革命的基本前提，是批判地继承文的传统、汲取革命经验教训的必要条件，也是应对下一次可能到来的危机的重要准备。

第二，不迷信"西药"。20 世纪汉字革命的指导思想——现代语音中心主义——就是一味西药。这当然不是说中国文字和文学内部没有重视"音""韵"的传统，而是说将语言凌驾于书写之

---

❶ 李零：《太阳不是无影灯（下）——从一个展览想起的》，《鸟儿歌唱》，北京：北京大学出版社，2014，第 100 页。

上的形而上学是伴随着语言学、民族国家和殖民主义、帝国主义东进的舶来品。摸爬滚打了近半个世纪，汉字革命的中止与一定程度上的解决，靠的正是不迷信西药、中西医结合的办法。道理虽朴素却不简单。此间的中庸之道要求我们了解西方批判理论，重视非西方的理论生产，珍视自己和其他文化的理论资源，以平等的、问题为导向的方法讨论和解决难题。所以，我的英文书名挣扎再三，定为 Chinese Grammatology（汉字书写学），意在突出汉字革命内部生长出来的批判理论，以汉字拼音化为主轴，遵循语音中心主义的同时实现其内爆，最终回归汉字书写。之所以挣扎再三，是因为虽然不情愿让法国理论（解构主义）再次占据理论中心，但是更不甘心中国理论（以唐兰先生为代表的文字学和现代古文字研究）在批判理论上做出的重大贡献得不到应有的承认。回到不迷信西药的基本原则，中文语境里德里达的重要性似乎更应淡化处理，故中文书名放弃直译，回归"汉字革命"，以凸显这场运动对于中国语文现代性的意义。以字为本，探究人文之元。

第三，不吃自大药。即便经历了 20 世纪汉字革命的洗礼，汉字仍是人类四大最古老的书写系统（苏美尔文字、古埃及文字、玛雅文字与汉字）中唯一沿用至今的活文字。这值得所有认识和热爱汉字的人感到欣慰和骄傲。但由此结果反推汉字不可撼动，中华文化无往不利，那不仅反历史，而且将全面错过继承汉字革命正向遗产的机会，重复中国语文和文学实践的困境。结合不迷信西药，汉字革命明白无误地告诉我们"双重觉醒"的必要性。值得一提的是，"一战"时赴法华工傅省三一早就阐述过双重觉醒的道理，所谓西方优越和"天朝大国"都是迷梦，只有破除迷梦才能真正生发出"那强国爱国的心"（第 3 章）。既然要强国爱国，那就不能忘记汉字革命的宝贵经验。首先，汉字要保存也要进步。

其次，方言与国语不一定必然对立。既然正向的语音中心主义主张所有人、所有方言都有发声和被记录的权利，既然标准语文已然确立，那么语音中心主义的离心力未尝不能转化为语言、文字、文化和思维的多元化和丰富性。保留汉字、统一书写的前提下，打开耳朵、锻炼口舌，尽可能学习各地方言，不啻为在后革命时代践行汉字革命的好方法。如此便有望实现章太炎的期许——"合天下之异言以成新语"。[1] 汉字革命对于中国语文近乎乌托邦式的改造愿景，总结起来无外乎为汉字加强表音能力，主张正向的语音中心主义，提倡人与人、语言与语言间的平等。用谭嗣同的话说："故尽改象形字为谐声，各用土语，互译其意，朝授而夕解，彼作而此述，则地球之学，可合而为一。"[2] 再次，如果 20 世纪文字文学的双生革命最终指向的是大众书写的兴起，那么后革命时代，我们更应该思考大众书写的意义。大众书写四个字看似简单，其实却是激进且难得的进步主义，绝非民主大旗麾下的必然结论。要知道，美国宪法第一修正案原本要求"国会不得制定有关下列事项的法律……剥夺言论、书写和出版的自由"，最后去掉"书写"，只保留更安全的"言论"和"出版自由"。[3] 大众书写的能量可见一斑。后革命时代，似乎所有人确实都在书写，但是全民书写的今天究竟是众声喧哗而众口一词，还是众生实现自我启蒙之后发出的心声与新声？汉字革命后，我们更应探索大众书写自我丰富的可能性，讨论普罗文艺的质量和标准，尝试突破 20 世纪革命

---

❶ 章太炎：《与钱玄同》（1907 年 8 月 18 日），马勇编：《章太炎书信集》，石家庄：河北人民出版社，2003，第 101 页。

❷ 谭嗣同：《仁学》，《谭嗣同全集》下册，北京：中华书局，1981，第 352 页。

❸ Deborah Brandt, *The Rise of Writing: Redefining Mass Literacy* (Cambridge: Cambridge University Press, 2014), p. 1.

文学与文化的局限，真正做到鲁迅的要求——"将文字交给一切人"。❶ 从这个意义上说，汉字革命虽然中止，但革命事业不可停歇。

这本小书是我个人学习书写的起点。我要把它献给我的母亲戎跃鱼，感谢您和我一起考文知音；我还要把这本小书送给我的孩子王大锤，我们一起认字看世界。

钟雨柔

2023 年 7 月

---

❶ 鲁迅：《门外文谈》，《鲁迅全集》（第 6 卷），第 103 页。

出版后记

当前，在海内外华人学者当中，一个呼声正在兴起——它在诉说中华文明的光辉历程，它在争辩中国学术文化的独立地位，它在呼喊中国优秀知识传统的复兴与鼎盛，它在日益清晰而明确地向人类表明：我们不但要自立于世界民族之林，把中国建设成为经济大国和科技大国，我们还要群策群力，力争使中国在21世纪变成真正的文明大国、思想大国和学术大国。

在这种令人鼓舞的气氛中，三联书店荣幸地得到海内外关心中国学术文化的朋友的帮助，编辑出版这套"三联·哈佛燕京学术丛书"，以为华人学者上述强劲吁求的一种记录、一个回应。

北京大学和中国社会科学院的一些著名专家、教授应本店之邀，组成学术委员会。学术委员会完全独立地运作，负责审定书稿，并指导本店编辑部进行必要的工作。每一本专著书尾，均刊印推荐此书的专家评语。此种学术质量责任制度，将尽可能保证本丛书的学术品格。对于以季羡林教授为首的本丛书学术委员会的辛勤工作和高度责任心，我们深为钦佩并表谢意。

推动中国学术进步，促进国内学术自由，鼓励学界进取探索，是为三联书店之一贯宗旨。希望在中国日益开放、进步、繁盛的氛围中，在海内外学术机构、热心人士、学界先进的支持帮助下，更多地出版学术和文化精品！

生活·读书·新知三联书店

一九九七年五月

三联·哈佛燕京学术丛书

[一至十九辑书目]

中国史前考古学史研究 / 陈星灿著
(1895—1949)

心学之思 / 杨国荣著
——王阳明哲学的阐释

绵延之维 / 丁　宁著
——走向艺术史哲学

历史哲学的重建 / 张西平著
——卢卡奇与当代西方社会思潮

第五辑

京剧·跷和中国的性别关系 / 黄育馥著
(1902—1937)

奎因哲学研究 / 陈　波著
——从逻辑和语言的观点看

选举社会及其终结 / 何怀宏著
——秦汉至晚清历史的一种社会学阐释

稷下学研究 / 白　奚著
——中国古代的思想自由与百家争鸣

传统与变迁 / 周晓虹著
——江浙农民的社会心理及其近代以来的
　　嬗变

神秘主义诗学 / 毛　峰著

第六辑

人类的四分之一：马尔萨斯的神话
与中国的现实 / 李中清　王　丰著
　(1700—2000)

古道西风 / 林梅村著
——考古新发现所见中西文化交流

汉帝国的建立与刘邦集团 / 李开元著
——军功受益阶层研究

走进分析哲学 / 王　路著

选择·接受与疏离 / 王攸欣著
——王国维接受叔本华　朱光潜接受克罗齐
美学比较研究

为了忘却的集体记忆 / 许子东著
——解读50篇"文革"小说

中国文论与西方诗学 / 余　虹著

第七辑

正义的两面 / 慈继伟著

无调式的辩证想象 / 张一兵著
——阿多诺《否定的辩证法》的文本学
　解读

20世纪上半期中国文学的
现代意识 / 张新颖著

中古中国与外来文明 / 荣新江著

中国清真女寺史 / 水镜君
玛利亚·雅绍克　著

法国戏剧百年 / 宫宝荣著
(1880—1980)

大河移民上访的故事 / 应　星著

第八辑

多视角看江南经济史 / 李伯重著
(1250—1850)

推敲"自我"：小说在18世纪的
英国 / 黄梅著

小说香港 / 赵稀方著

政治儒学 / 蒋　庆著
——当代儒学的转向、特质与发展

在上帝与恺撒之间 / 丛日云著
——基督教二元政治观与近代自由主义

从自由主义到后自由主义 / 应奇著